새벽강단 8

누가복음 · 요한복음 · 사도행전

김원태 목사 지음

예루살렘

머리말

성경은 오늘의 세계를 위한 하나님의 말씀입니다. 우리의 매일의 생활에 말씀의 적용이 없다면 우리는 방향 감각을 잃고 표류하는 배처럼 될 것입니다. 성경은 인생 열차의 선로와도 같기에 인생은 성경이라는 선로 위에 있을 때 참 자유와 행복을 누릴 수 있습니다. 그러므로 신자는 마땅히 하나님의 말씀 양식을 매일 매일 섭취하는 만나 신자가 되어야 합니다.

본서는 진리의 양식을 매일 섭취할 수 있도록 날짜를 명기하였고, 성경을 처음부터 끝까지 차근차근 묵상해 갈 수 있도록 창세기에서 계시록까지 전 10 여권으로 엮었습니다. 그리고 새벽 예배, 가정 예배, 개인 묵상 등에 활용할 수 있도록 찬송으로 시작해서 기도로 끝나게 하였습니다.

지정된 본문을 읽으실 때는 하나님께서 내 마음에 말씀하시도록 듣는 자세로 읽으셔야 합니다. 그리고 주어진 세 문제의 답을 찾으면서 본문의 핵심과 주제를 파악하시길 바랍니다. 강해부분은 마이어(F. B. Meyer)의 「경건주석」 (Devotional Commentary)d의 형태를 도입하였습니다. 그것은 말씀의 묵상과 적용에 초점을 맞춘 것입니다. 말씀을 주야로 묵상하는 일은 그 자체가 이미 복입니다(시 1:2). 이 책을 대하는 모든 분들이 이러한 복을 받으시길 축원합니다.

졸서를 출간해 주신 예루살렘 윤희구 사장님과 수고해 주신 직원 여러분들께 감사드립니다.

김원태 목사

이 책의 활용방법

그 날에 읽을 본문입니다. 본문을 읽을 때는 기도하며 주의를 기울여서 읽도록 해야 합니다. 다시 말해 순종하는 자세로 읽어야 합니다. 물론 경우에 따라 하루에 여러 편씩 해도 좋을 것입니다.

말씀과 관련이 깊은 찬송가 두 곡을 제시해 새벽예배, 가정예배, 구역예배, 심방예배 등에서 본문 묵상에 앞서서 부르도록 하였습니다.

매 분문마다 세 문제씩 나와 있습니다. 이것은 본문의 이해를 돕고 내용을 파악하게 하자는 데 목적이 있습니다. 교회에서 통신성경공부 문제로도 활용할 수 있을 것입니다.

오늘의 말씀에 대한 응답으로 하나님께 고백과 회개와 감사와 결단의 기도를 드리게 했습니다. 기도는 반드시 말씀에 대한 응답이어야 합니다.

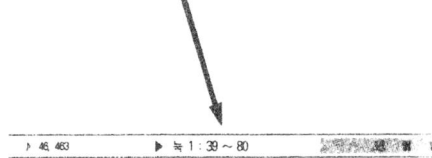

존경과 칭송

1. 아비야는 하나님의 어떤 선을 찬양했습니까?(49절)
2. 사가랴의 찬송을 들은 군중의 반응이 어떠했습니까?
   0선
3. 누가복음의 하나님의 목적 두 가지를 말하십시오.
   자절

믿음의 사람들이 서로 만나 하나님을 체험하고 깨달은 바를 나눌 때 하나님의 엄청난 구속의 역사가 창조됩니다. 믿음의 사람들이 모여서 깨닫고 신앙 체험을 나눌 때 믿음이 더욱 깊어지고 믿음의 비전이 생깁니다. 아무리 연약해지고 낙심될 때도 믿음의 사람들이 모인 곳에 가서 하나님의 성품을 찬양하며 믿는 자들 가운데 역사하신 하나님의 행하심을 들을 때 새 힘을 얻게 됩니다.

신자들은 철저하게 하나님의 뜻을 찾고 하나님의 뜻에 순종해야 합니다. 기쁨의 구원이 되시는 하나님을 존경하고 칭송해야 합니다. 그리할 때 주위 모든 사람이 두려워 놀라으로 하나님의 뜻을 깨닫고 하나님의 하시는 일에 관심을 둘 것입니다. 하나님께서 노를 거두시고 사가랴의 입을 열어 주셨습니다. 입이 벌어지자 그는 하나님의 은혜를 찬양하고 이 일로 인해서 모든 사람들이 하나님을 두려워했습니다.

세계는 여전히 암흑과 전생과 죽음의 그늘 아래 있지만 하나님은 암흑의 세상에 빛을 비춰어서 세상을 변화시키고 또 믿는 자들의 발을 평강의 길로 인도하여 하나님의 평강을 누리게 하십니다. 곧 예수 그리스도께서 그렇게 하십니다(요 14:27). '비춰고' '인도하신다'는 말은 하나님의 목적을 나타내고 있습니다. 우리 주님의 비추심과 인도하심이 함께 하시길 기원합니다.

 존경과 칭송을 받으시기에 합당하신 하나님. 우리를 하나님의 백성 되게 하시고 서로 교제케 하심을 감사드립니다. 이 공동체 안에서 하나님의 뜻을 함께 깨닫게 하옵시고 연합하여 하나님을 경외케 하옵소서. 주께서 우리를 및 가운데 인도하실 것을 믿사옵고 예수님의 이름으로 기도 드립니다. 아멘.

이 책의 활용방법

> 생명의 양식인 하나님의 말씀을 정기적으로 일정하게 섭취하도록 날짜를 명기하도록 하였습니다. 빠지는 날이 없도록 날짜를 체크하십시오.

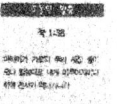

> 하나님의 말씀을 묵상하고 암기하는 것은 매우 중요합니다. 그것은 삶의 순간순간 '검'이 됩니다. 요절은 그 본문의 핵심절에 해당됩니다.

> 전체가 세 단락으로 되어 있습니다. 첫째 단락은 서론 부분으로 도입 단계에 해당하는 내용입니다. 둘째 단락은 본론 부분으로 본문을 해석하고 있습니다. 셋째 단락은 결론 부분으로 자신의 삶에 적용토록 했습니다.

목 차

♠ 머 리 말 ·· 3
♠ 이 책의 활용방법 ································ 4

♣ 누가복음

♣ 누가복음 - 하나님의 아들의 인간생활 ··············· 16
♣ 누가복음 서론 ···································· 18

♣ 1: 1~38　　주 앞에 큰 자 ······················· 19
♣ 1:39~80　　존경과 칭송 ························· 20
♣ 2: 1~21　　큰 기쁨의 좋은 소식 ················· 21
♣ 2:22~52　　탄생하신 후 ························· 22
♣ 3: 1~20　　회개의 열매 ························· 23
♣ 3:21~39　　하나님과 나 ························· 24
♣ 4: 1~13　　시험을 이기는 무기 ················· 25
♣ 4:14~30　　예수님의 설교 ······················· 26
♣ 4:31~44　　이적과 복음 ························· 27
♣ 5: 1~16　　말씀에 순종 ························· 28
♣ 5:17~39　　새로운 생명 ························· 29
♣ 6: 1~11　　안식일의 주인 ······················· 30
♣ 6:12~49　　제자다운 삶 ························· 31

♣ 7: 1~10	이만한 믿음 ······················32
♣ 7:11~35	요한의 질문 ······················33
♣ 7:36~50	죄사함의 감각 ····················34
♣ 8: 1~18	씨뿌리는 이유 ····················35
♣ 8:19~39	주님의 명령 ······················36
♣ 8:40~56	살리시는 주님 ····················37
♣ 9: 1~27	제자의 의무 ······················38
♣ 9:28~62	그리스도의 변형 ··················39
♣ 10: 1~24	복음 전도자 ······················40
♣ 10:25~42	선한 사마리아인 ··················41
♣ 11: 1~13	기도할 때 ························42
♣ 11:14~36	내 영혼의 시력 ···················43
♣ 11:37~54	화 있을진저! ·····················44
♣ 12: 1~12	참 두려워할 자 ···················45
♣ 12:13~34	어리석은 부자 ····················46
♣ 12:35~48	깨어 준비하라 ····················47
♣ 12:49~59	분쟁의 불 ························48

♣ 13: 1~21	심판과 회개 ·······················49
♣ 13:22~35	문이 닫히기 전에 ·················50
♣ 14: 1~14	안식일 식사 ······················51
♣ 14:15~24	찬국 잔치의 심부름꾼 ··············52
♣ 14:25~35	자기 십자가 ······················53
♣ 15: 1~10	죄인 하나가 회개하면 ··············54
♣ 15:11~32	탕자의 비유 ······················55
♣ 16: 1~18	생활의 지혜 ······················56
♣ 16:19~31	부자와 나사로 ····················57
♣ 17: 1~19	주님이 원하시는 신자 ··············58
♣ 17:20~37	인자의 때 ························59
♣ 18: 1~17	과부와 세리의 기도 ················60
♣ 18:18~30	영생 얻는 유일한 길 ···············61
♣ 18:31~43	두 종류의 인물 ···················62
♣ 19: 1~10	삭개오의 구원 ····················63
♣ 19:11~27	므나의 비유 ······················64
♣ 19:28~40	예루살렘 입성 ····················65

♣ 19:41~48	비통한 눈물	66
♣ 20: 1~18	악한 농부들	67
♣ 20:19~40	함정 있는 질문	68
♣ 20:41~21:4	형식주의 자들	69
♣ 21: 5~19	말세의 징조	70
♣ 21:20~38	깨어 기도하라	71
♣ 22: 1~13	제자의 배신	72
♣ 22:14~30	최후의 만찬	73
♣ 22:31~46	기도하시는 예수님	74
♣ 22:47~71	예수님이 잡히시던 밤	75
♣ 23: 1~25	예수님의 사형 판결	76
♣ 23:26~38	못 박히신 예수님	77
♣ 23:39~56	운명하신 예수님	78
♣ 24: 1~12	부활하신 예수님	79
♣ 24:13~35	엠마오 길에서	80
♣ 24:36~53	증인의 임무	81

♥ 요한복음

- ♥ 요한복음 - 예수는 그리스도이시다 · 82
- ♥ 요한복음 서론 · 84

- ♥ 1: 1~18   말씀이신 그리스도 · 85
- ♥ 1:19~34   세례 요한의 증거 · 86
- ♥ 1:35~51   메시야를 만난 기쁨 · · · · · · · · · · · · · · · · · · · 87
- ♥ 2: 1~11   첫 번째 표적 · 88
- ♥ 2:12~25   내 아버지의 집 · 89
- ♥ 3: 1~15   거듭남의 비밀 · 90
- ♥ 3:16~36   하나님의 크신 사랑 · · · · · · · · · · · · · · · · · · · 91
- ♥ 4: 1~15   솟아나는 샘물 · 92
- ♥ 4:16~30   신령과 진정으로 드리는 예배 · · · · · · · · · · · 93
- ♥ 4:31~42   예수님의 양식 · 94
- ♥ 4:43~54   말씀을 믿고 가더니 · · · · · · · · · · · · · · · · · · 95
- ♥ 5: 1~18   베데스다의 기적 · 96
- ♥ 5:19~29   생명과 심판의 주 · 97
- ♥ 5:30~47   예수님에 대한 증거 · · · · · · · · · · · · · · · · · · 98
- ♥ 6: 1~15   큰 무리들을 먹이심 · · · · · · · · · · · · · · · · · · 99
- ♥ 6:16~40   영생하도록 있는 양식 · · · · · · · · · · · · · · · · 100
- ♥ 6:41~71   너희도 가려느냐? · · · · · · · · · · · · · · · · · · · 101
- ♥ 7: 1~13   예수님의 때 · 102
- ♥ 7:14~24   편견 없는 판단 · 103
- ♥ 7:25~36   예수님이 누구신가? · · · · · · · · · · · · · · · · · · 104

- 7:37~53　와서 마시라 · 105
- 8: 1~11　용서하시는 하나님 · · · · · · · · · · · · · · · 106
- 8:12~30　빛과 생명 · 107
- 8:31~47　진리와 자유 · 108
- 8:48~59　영원한 그리스도 · · · · · · · · · · · · · · · · 109
- 9: 1~12　하나님의 일 · 110
- 9:13~34　한 가지 아는 것 · · · · · · · · · · · · · · · · 111
- 9:35~41　은혜의 눈 뜬 자 · · · · · · · · · · · · · · · · 112
- 10: 1~21　나를 기르시는 목자 · · · · · · · · · · · · · 113
- 10:22~42　안전한 손 · 114
- 11: 1~37　부활이요 생명 · · · · · · · · · · · · · · · · · 115
- 11:38~57　살리는 권능 · · · · · · · · · · · · · · · · · · · 116
- 12: 1~11　진심을 주님께 · · · · · · · · · · · · · · · · · 117
- 12:12~36　한 알의 밀 · 118
- 12:37~50　정죄와 심판 · · · · · · · · · · · · · · · · · · · 119
- 13: 1~17　사랑의 섬김 · · · · · · · · · · · · · · · · · · · 120
- 13:18~38　서로 사랑하라 · · · · · · · · · · · · · · · · · 121
- 14: 1~14　근심하지 말라 · · · · · · · · · · · · · · · · · 122
- 14:15~31　주께서 주신 평안 · · · · · · · · · · · · · · · 123
- 15: 1~17　열매맺는 인생 · · · · · · · · · · · · · · · · · 124

♥ 15:18~27	미움을 받을 때 · 125
♥ 16: 1~15	진리의 성령 · 126
♥ 16:16~33	승리의 인생 · 127
♥ 17: 1~12	위대한 기도 · 128
♥ 17:13~26	진리의 말씀 · 129
♥ 18: 1~14	체포당하신 주님 · 130
♥ 18:15~27	부인하는 베드로 · 131
♥ 18:28~40	진리의 왕 예수 · 132
♥ 19: 1~16	빌라도의 선고 · 133
♥ 19:17~30	십자가에 못박히심 · 134
♥ 19:31~42	주님의 장례식 · 135
♥ 20: 1~18	부활하신 주님 · 136
♥ 20:19~31	의심을 믿음으로 · 137
♥ 21: 1~14	주님의 사랑 · 138
♥ 21:15~25	나를 사랑하느냐 · 139

♣ 사도행전

♣ 사도행전 - 너희가 내 증인이 되리라 ·············· 140
♣ 사도행전 서론 ······································· 142

♣ 1: 1~11	약속과 기다림	·············· 143
♣ 1:12~26	마음을 같이하여	·············· 144
♣ 2: 1~13	성령의 충만함	·············· 145
♣ 2:14~36	오순절 설교	·············· 146
♣ 2:37~47	복음의 열매	·············· 147
♣ 3: 1~10	내게 있는 것	·············· 148
♣ 3:11~26	회개하고 하나님께로	·············· 149
♣ 4: 1~22	하나님의 권세	·············· 150
♣ 4:23~27	한 마음과 한 뜻	·············· 151
♣ 5: 1~16	부정직의 죄	·············· 152
♣ 5:17~42	어려움 속에서도	·············· 153
♣ 6: 1~15	말씀과 기도	·············· 154
♣ 7: 1~53	스데반의 설교	·············· 155
♣ 7:54~60	마음에 찔려	·············· 156
♣ 8: 1~25	환난과 복음전파	·············· 157
♣ 8:26~40	전도자 빌립	·············· 158
♣ 9: 1~22	사울의 변화	·············· 159
♣ 9:23~31	내 인생의 주인	·············· 160
♣ 9:32~43	주의 능력으로	·············· 161
♣ 10: 1~23	편협한 고정관념	·············· 162
♣ 10:24~48	복음의 능력	·············· 163

♣ 11: 1~18	오해를 풀고 ························164
♣ 11:19~30	그리스도인 ························165
♣ 12: 1~10	고난받는 자세 ····················166
♣ 12:11~25	흥왕하는 역사 ····················167
♣ 13: 1~12	성령의 보내심을 받아 ············168
♣ 13:13~25	바울의 설교 ······················169
♣ 13:26~41	사죄의 복음 ······················170
♣ 13:42~14:7	듣고 믿는 자 ····················171
♣ 14: 8~28	환난을 겪어야 ····················172
♣ 15: 1~11	구원은 주 예수의 은혜 ············173
♣ 15:12~29	이방인의 구원 ····················174
♣ 15:30~41	피차 갈라서니 ····················175
♣ 16: 1~15	환상을 본 바울 ··················176
♣ 16:16~40	주 예수를 믿으라 ················177
♣ 17: 1~15	데살로니가와 베뢰아 전도 ········178
♣ 17:16~34	아덴에서의 전도 ··················179
♣ 18: 1~17	고린도에 이르러 ··················180
♣ 18:18~28	머리를 깎았더라 ··················181
♣ 19: 1~20	말씀의 힘 ························182
♣ 19:21~41	에베소 성의 소동 ················183
♣ 20: 1~16	잠들지 맙시다 ····················184

♣ 20:17~27	주 예수께 받은 사명 ················185
♣ 20:28~37	눈물의 자세 ························186
♣ 21: 1~14	죽을 것도 각오하였는가 ············187
♣ 21:15~26	교회의 화평 ························188
♣ 21:27~40	체포당한 바울 ······················189
♣ 22: 1~16	새 사람으로 새 인생을 ············190
♣ 22:17~30	이방인의 사도 ······················191
♣ 23: 1~10	범사에 양심을 따라 ················192
♣ 23:11~35	위기에서 ····························193
♣ 24: 1~16	비방 앞에 진리로 ··················194
♣ 24:17~27	벨릭스 앞에서 ······················195
♣ 25: 1~12	베스도 앞에서 ······················196
♣ 25:13~27	총독의 고민 ························197
♣ 26: 1~18	아그립바 앞에서 ····················198
♣ 26:19~32	회개에 합당한 일 ··················199
♣ 27: 1~12	로마를 향하여 ······················200
♣ 27:13~26	하나님을 믿노라 ····················201
♣ 27:27~44	276명의 구조 ························202
♣ 28: 1~10	토인들의 친절 ······················203
♣ 28:11~21	로마에 들어가니 ····················204
♣ 28:22~31	셋집에서 ····························205

누가 복음
- 하나님의 아들의 인간생활 -

- 서문(1:1~4)

I. 탄생과 시작(1:5~2:52)
    A. 선구자의 출생(1:5~25 ; 57~80)
    B. 예수님의 탄생(1:26~56 ; 2:1~20)
    C. 유년기와 성장(2:21~52)

II. 인간의 필요에 헌신하신 삶(3:1~18:30)
    A. 선구자의 사역(3:1~20)
    B. 예수님의 세례 받으심과 시험받으심(3:21,22; 4:1~13)
    C. 갈릴리 사역(4:14~9:50)
    D. 예루살렘을 향한 여행(9:51~18:30)
        70인을 내어 보내심, 기도, 자비, 심판을 가르치는 비유들.

III. 사람들이 싫어함으로 거절당하신 삶(18:31~22:7)
    A. 예루살렘을 향한 마지막 여정(18:31~19:27)
    B. 승리적 입성 - 성전의 청결(19:28~48)
    C. 심판의 비유들, 질문들, 마지막 일에 대한 가르침(20:1~21:38)
    D. 유다의 흥정(22:1~6)

Ⅳ. 인간의 죄를 속하기 위해 희생제물이 되신 삶(22:7~23:56)
   A. 최후의 만찬과 동산에서의 고뇌(22:7~46)
   B. 배반(22:47~53)
   C. 유대인과 로마인의 학대(22:54~23:25)
   D. 십자가의 못박힘과 매장(23:26~56)

Ⅴ. 다시 나타나심과 영화롭게 되신 삶(24:1~53)
   A. 무덤을 방문한 여인들(24:1~12)
   B. 엠마오로 가는 길 (24:13~35)
   C. 열한 사도에게 나타나심 (24:36~49)
   D. 승천(24:50~53)

누가복음 서론

누가복음과 사도행전은 동일한 저작의 두 부분으로, 바울의 '사랑 받는 의사'이자 동료인 누가가 두 권 모두를 기록했다는 것이 가장 가능성 있는 이야기입니다. 누가복음은 이야기체로 쓰여진 세 복음서 중에서 가장 신중하게 구성된 작품으로 묘사되고 있으며, 일반적으로 신비하고 훌륭한 십자가에 의해 깊은 감동을 받은 교양있는 사람들이 품게 되는 의문점을 해결해 준다고 인정받고 있습니다.

누가복음의 메시지는 "인자의 온 것은 잃어버린 자를 찾아 구원하려 함이니라"(19:10)는 예수님의 말씀으로 요약될 수 있습니다. 사람의 아들로 오신 메시야 예수님의 특성과 사역이 본서의 주제를 이루며, 이러한 주제를 드러내기 위해서 예수님이 행하신 기적과 교훈 등이 적절히 서술되었습니다. 누가는 사회에서 버림받은 자들(예, 14:15이하), 여인(예, 7:36 이하), 이방인(7:1 이하)에 대한 예수님의 관심에 특별히 관심을 집중시키고 있습니다.

누가는 그리스도의 복음이 보편적으로 전파되어야 한다고 주장하였습니다. 누가는 그리스도의 복음이 보편적으로 전파되어야 한다고 주장하였습니다. 따라서 민족이나 계급, 교육 정도에 따르는 특권을 모두 무시했으며 아담으로부터 주님의 족보를 기록해 놓았습니다. 복음서 기자 중에서는 "모든 육체가 하나님의 구원하심을 보리라"는 세례 요한의 메시지를 가장 강조한 사람이 누가였습니다. 전반적으로 누가복음은 희망과 사랑, 그리고 동정하는 마음과 믿음을 강조하는 복음서입니다.

♪ 399, 267　▶ 눅 1:1~38　　년 월 일

주 앞에 큰 자

1. 누가는 무엇을 토대로 예수님의 일생을 썼습니까? (3절)
2. 장차 요한이 할 사역이 무엇입니까? (17절)
3. 마리아는 '기쁜 소식'을 어떻게 받아들였습니까? (38절)

오늘의 말씀
눅 1:38
마리아가 가로되 주의 계집 종이오니 말씀대로 내게 이루어지이다 하매 천사가 떠나가니라

　목격자가 아닌 사람이 말을 쉽게 믿어서 실패할 때가 많습니다. 세상에는 거짓된 사람이 많기 때문입니다. 분명히 알고 자세히 아는 것은 힘이 됩니다. 자신이 생기고 용기가 됩니다. 예수님이 이루어 놓으신 구원의 사실을 확신하게 될 때 우리는 영혼의 만족과 생활의 담력을 얻어 어떤 환경 속에서도 그리스도의 향기가 될 것입니다.

　세상에서 누가 위대한 사람입니까? "주 앞에서 큰 자"입니다. 이런 사람은 아내와 자식을 하나님께 돌아오게 하고 또 서로 화해시키며 거역하는 자로 하여금 올바른 생각을 하게 합니다. 오늘 우리도 백성을 회개시키는 사명을 감당하기 위해서는 성령과 능력을 덧입어야 합니다(17절).

　자신이 하나님께 택함을 받았다는 사실을 깨닫자마자 마리아는 믿음 가운데 "말씀대로 이루어지이다"라고 대답하고 겸손하게 순종했습니다. 우리는 하나님의 음성에 순종하여 응답해야 합니다. 우리에게 주어지는 의무가 무엇이든, 우리 하나님께서 맡겨 주신 일이 분명하다면 마리아처럼, "말씀대로 이루어지이다"라고 대답해야 합니다. 하나님의 말씀에 대한 순종의 생활이 귀중합니다. 이 길만이 은혜 받을 수 있는 길입니다. 어떤 사람은 하나님을 이용해서 자기의 욕망을 성취하려 하는데, 이는 잘못된 태도입니다. 하나님의 일꾼인 우리는 하나님의 뜻을 이루기 위한 생활을 해야 합니다.

　삶의 근원 되시는 주님, 주님이 성취하신 구원의 사실을 확신합니다. 주님 앞에서 큰 자가 되기를 소원합니다. 주님의 음성에 겸손히 순종케 하옵소서. 우리의 나날이 주님의 뜻을 이루는 생활이 되기를 원하옵고 예수님의 이름으로 기도 드립니다. 아멘.

♪ 46, 463　　　▶ 눅 1 : 39 ~ 80　　　　　년　월　일

존경과 칭송

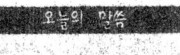

1. 마리아는 하나님의 어떤 점을 찬양했습니까? (49절)
2. 사가랴의 찬송을 들은 군중의 반응이 어떠합니까? (65절)
3. 우리를 향한 하나님의 목적 두 가지를 말하십시오. (79절)

믿음의 사람들이 서로 만나 하나님을 체험하고 깨달은 바를 나눌 때 하나님의 엄청난 구속의 역사가 창조됩니다. 믿음의 사람들이 모여서 깨닫고 신앙 체험을 나눌 때 믿음이 더욱 깊어지고 믿음의 비전이 생깁니다. 아무리 연약해지고 낙심될 때도 믿음의 사람들이 모인 곳에 가서 하나님의 성품을 찬양하며 믿는 자들 가운데 역사하신 하나님의 행하심을 들을 때 새 힘을 얻게 됩니다.

신자들은 철저하게 하나님의 뜻을 찾고 하나님의 뜻에 순종해야 합니다. 기쁨의 구원이 되시는 하나님을 존경하고 칭송해야 합니다. 그리할 때 주위 모든 사람이 두려움과 놀람으로 하나님의 뜻을 깨닫고 하나님의 하시는 일에 관심을 둘 것입니다. 하나님께서 노를 거두시고 사가랴의 입을 열어 주셨습니다. 입이 떨어지자 그는 하나님의 은혜를 찬송했고 이 일로 인해서 모든 사람들이 하나님을 두려워했습니다.

세계는 여전히 암흑과 전쟁과 죽음의 그늘 아래 있지만 하나님은 암흑의 세상에 광명을 비춰어서 세상을 변화시키고 또 믿는 자들의 발을 평강의 길로 인도하여 하나님의 평화를 누리게 하십니다. 곧 예수 그리스도께서 그렇게 하십니다(요 14:27). '비춰고' '인도하신다'는 말은 하나님의 목적을 나타내고 있습니다. 우리 주님의 비추심과 인도하심이 함께 하시길 기원합니다.

존경과 칭송을 받으시기에 합당하신 하나님, 우리를 하나님의 백성 되게 하사 서로 교제케 하심을 감사드립니다. 이 공동체 안에서 하나님의 뜻을 함께 찾아 가게 하옵시고 연합하여 하나님을 경외케 하옵소서. 주께서 우리를 빛 가운데로 인도하실 것을 믿사옵고 예수님의 이름으로 기도 드립니다. 아멘.

♪ 122, 115　　　▶ 눅 2 : 1 ~ 21　　　　　　년　월　일

큰 기쁨의 좋은 소식

1. 예수님이 태어나신 "그 때에" 어떤 일이 있었습니까? (1절)
2. 천사들이 무엇이라고 노래했습니까? (14절)
3. 아기 예수님을 본 목자들은 어떻게 하였습니까? (20절)

오늘의 말씀
눅 2:10
천사가 이르되 무서워 말라 보라 내가 온 백성에게 미칠 큰 기쁨의 좋은 소식을 너희에게 전하노라

모든 인류가 진정으로 원하는 것이 무엇일까요? 좋은 충고자일까요? 현명한 지혜자일까요? 훌륭한 개혁자일까요? 하지만 이들은 인간을 구원할 수는 없습니다. 인생에게 진정한 기쁜 소식은 우리를 죄에서 구원하시고 영생을 주시고 사랑과 평화로 다스려 주실 구주 그리스도가 탄생하셨다는 소식입니다. 세상이 경험했던 가장 어두운 시대 구주께서 베들레헴에 탄생하셨습니다.

구유에 누인 아기를 보고 천군 천사가 노래했습니다. 이 노래는 우리가 잘 알고 부르는 노래입니다. 그 내용은 ① 아들을 보내신 하나님께의 찬양과 ② 그 사랑이 이 땅에 임하여 평화를 누리게 된 사람들의 축복됨을 노래합니다. 이것이 이 아기의 탄생의 의미입니다. 이것이 이 구주, 그리스도, 주의 의미입니다.

목자들은 가난한 요셉과 마리아, 구유에 누인 아기를 찾아서 보고 그 아기가 구주임을 믿고 또한 그들에게 전했습니다. 그리고 듣고 본 그 모든 것을 인하여 하나님께 영광을 돌리고 찬송하며 돌아왔습니다. 이들이야말로 하나님의 역사를 볼 줄 아는 자들입니다. 하나님의 역사를 볼 줄 아는 자는 사람의 눈에 보잘 것이 없어도 하나님의 쓰임 받는 자들을 존귀히 여기며 하나님의 역사를 찬송합니다. 여러분 모두가 이러한 영적인 눈을 갖고 하나님의 역사를 보고 하나님께 영광을 돌리실 수 있기를 축원합니다.

인류에게 큰 기쁨의 좋은 소식이 되신 하나님, 이 침울한 세상에 큰 기쁨으로 다가 오소서. 예수님이 참으로 세상의 구주이심을 온 백성이 믿게 하옵소서. 일어나고 있는 모든 일들 속에서 하나님의 역사를 보고 증거케 하옵소서. 예수님의 이름으로 기도 드립니다. 아멘.

♪ 85, 436　　▶ 눅 2 : 22 ~ 52

탄생하신 후

1. 시므온은 어떤 사람이며 무엇을 기다렸습니까? (25절)
2. 마리아에 대한 시므온의 예언이 무엇입니까? (34, 35절)
3. 예수님은 어떻게 자라고 있습니까? (40, 52절)

오늘의 말씀
눅 2:30~32
내 눈이 주의 구원을 보았사오니 이는 만민 앞에 예비하신 것이요 이방을 비추는 빛이요 주의 백성 이스라엘의 영광이니이다

사람이 무엇을 기다리고 사는가 하는 것은 중요합니다. 여러분은 무엇을 기다리며 살고 있습니까? 시므온과 안나는 민족의 구원과 위로가 되시는 그리스도를 기다리는 사람들이었습니다. 시므온은 의롭고 경건한 자로, 성령이 그 위에 임했습니다. '의로운'이라는 말은 그가 이웃들과 맺고 있던 관계를 표현하는 말입니다. 그리고 '경건하다'는 말은 그가 하나님과 맺고 있던 관계를 표현하는 말입니다.

시므온은 많은 사람들이 이 아기 예수님을 통하여 구원받을 것을 생각하여 이스라엘의 영광이라고 찬미했습니다. 그러나 훗날 예수님을 증오하고 십자가에 못박을 자들이 있을 것을 예언하여 모친의 마음이 칼로 도리는 것과 같은 슬픔과 고통이 있을 것을 알렸습니다.

예수님은 육체적으로 강하게 자라실 뿐 아니라 영적으로도 그 지혜가 자라나셨습니다. 그래서 자랄수록 하나님과 사람에게 더 사랑스러워 갔습니다. 이처럼 생의 형성기 내내 예수님은 성숙했으며 그의 소망은 아버지의 뜻을 행하는 것이었습니다. 우리도 이렇게 성장하기를 원해야 합니다. 우리는 "우리 주 곧 구주 예수 그리스도의 은혜와 저를 아는 지식에서 자라"(벧후 3:18)기를 바래야 합니다. 여러분은 지금 몇 살이며 얼마나 육체적으로 정신적으로 또 영적으로 자랐다고 생각합니까? 무엇보다 우리는 영적으로 성숙해 가야 합니다.

산 소망이 되시는 주님, 재림하실 주님을 바라고 삽니다. 주님 주시는 평안이 우리 마음을 채우기를 소원합니다. 우리에게 은혜를 더하사 육신은 물론 지혜와 영적인 성장이 뚜렷하게 나타나기를 원하옵고 예수님의 이름으로 기도 드립니다. 아멘.

♪ 332, 338   ▶ 눅 3 : 1 ~ 20   년 월 일

회개의 열매

1. 세례 요한의 사역이 무엇입니까? (4절)
2. 회개에 반드시 따라올 것이 무엇입니까? (8절)
3. 좋은 소식을 전한 요한은 어떻게 되었습니까? (20절)

오늘의 말씀
눅 3:8
그러므로 회개에 합당한 열매를 맺고 속으로 아브라함이 우리 조상이라 말하지 말라 내가 너희에게 이르노니 하나님이 능히 이 돌들로도 아브라함의 자손이 되게 하시리라

너무 자신이 못났다고 생각하는 자나 너무 자신이 잘났다고 생각하여 마음이 교만한 자는 생각이 비뚤어져서 예수님을 모셔들이지 못합니다. 세례 요한의 사명은 골짜기와 같은 마음을 가진 자들에게 용기를 주고 산과 같이 교만한 자들은 겸손케하여 구부러진 생각을 바로 잡아서 그리스도를 영접할 마음의 준비를 하게 하는 것입니다.

회개는 죄에 대한 마음을 변화시키는 것입니다. 하나님이 죄라고 인정하신 것을 죄로 볼 수 있어야 합니다. 그리고 그것으로부터 돌아서 버리는 것입니다. 그리고 이것은 반드시 열매로 나타나야 합니다. 본문에서 우리는 '나무 뿌리에 놓인 도끼'라는 말을 봅니다. 나무는 아직 찍혀지지 않았습니다. 그러나 경고는 분명합니다. 회개는 합당한 '열매'에 의해서 뚜렷이 보여져야 된다는 것입니다.

죄를 회개할 필요는 신분과 계급을 가리지 않습니다. 만인에게 공동된 신생에의 길입니다. 군중은 요한의 가르침을 듣고 "그러면 우리가 무엇을 하리이까?"하고 물었으며, 세리와 군병들도 "선생이여, 우리는 무엇을 하리이까?"하고 물었습니다. 그러나 교만한 바리새인·교법사는 요한에게 세례를 받지 않았고(7:30), 헤롯왕은 그에게 박해를 가하고 목을 잘랐습니다. 좋은 소식을 전하는 사람은 환영보다 핍박을 받게 됨을 기억해야 합니다.

존귀하신 하나님, 우리 마음이 주를 모시기에 늘 준비되게 하옵소서. 죄에 물들지 않도록 믿음과 회개로 살게 하옵소서. 불의를 보고 자신의 안전을 위해서 입을 다물지 않고 책망할 용기를 주옵소서. 예수님의 이름으로 기도 드립니다. 아멘.

♪ 204, 307　　▶ 눅 3 : 21 ~ 39　　　　년　월　일

하나님과 나

1. 예수님이 세례 받으실 때 어떤 현상이 일어났습니까? (21, 22절)
2. 예수께서는 몇 세에 사역을 시작하셨습니까? (23절)
3. 이 족보는 누구에게까지 거슬러 올라갑니까? (38절)

오늘의 말씀
눅 3:21
백성이 다 세례를 받을새 예수도 세례를 받으시고 기도하실 때에 하늘이 열리며

우리가 올바른 방식으로, 올바른 동기를 가지고, 올바른 일을 하지 않는다면 하나님께서 우리에게 자신을 계시하시기를 기대할 수 없습니다. 예수님은 이 지구상에서 완벽한 삶을 살았던 유일한 사람이었습니다. 그가 세례를 받은 것은 그 자신의 죄 때문이 아니고 우리 죄를 대신하기 위해서였습니다. 이에 하늘이 열리며 성령이 비둘기같이 임하시고 하나님의 음성이 들렸습니다. 아버지께서 기뻐하시고 사랑하시는 분임을 입증해 주셨습니다.

누가는 예수께서 사역을 시작하실 때의 나이를 언급한 유일한 복음서 기자입니다. 30세는 레위인들이 그들의 봉사를 시작하는 나이로서(민 4:47), 남자가 완전히 성숙한 나이로 생각됩니다. 요셉은 서른 살 때 애굽의 총리 대신이 되었으며(창 41:46), 다윗은 그 나이에 왕이 되어 나라를 다스리기 시작했습니다(삼하 5:4).

여기 나오는 족보는 마태복음이 하향식인데 비해 아담과 하나님에게까지 거슬러 올라가는 상향식으로 기록되었습니다. 하나님은 예수님으로부터 아담에 이르기까지 모든 세대의 하나님이시고 아담의 하나님이신 동시에 예수님의 하나님이신 것은 바로 우리의 하나님이심을 말하여 줍니다. 그것은 그리스도의 피로 구속함을 받은 성도들에게서 아바 아버지라 부를 수 있는 하나님의 자녀인 것을 성령이 예수 믿는 자들에게 말씀하기 때문입니다(롬 8:16).

성삼위 하나님, 성부와 성자와 성령, 삼위가 항상 우리와 함께 일하심을 믿고 감사드립니다. 하나님이 기뻐하시고 사랑하시는 자답게 살아가게 하옵소서. 주님께 봉사하고픈 마음과 봉사할 준비가 갖춰지게 하옵소서. 세상이 우리로 하나님의 자녀인 것을 인정해 줄 수 있는 사람되게 하옵소서. 예수님의 이름으로 기도합니다. 아멘.

♪ 395, 241　　　▶ 눅 4 : 1 ~ 13　　　　년　월　일

시험을 이기는 무기

1. 예수님이 시험받으신 장소가 어디입니까? (1절)
2. 사단은 예수님으로 어떤 회의에 빠지게 합니까? (3절)
3. 3번 반복된 말씀이 무엇입니까? (4, 8, 10절)

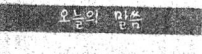

오늘의 말씀
눅 4:4
예수께서 대답하시되 기록하기를 사람이 떡으로만 살 것이 아니라 하였느니라

　　우리가 처한 현실을 '광야'에 비하기도 합니다. '광야'란 보통은 유대 남방의 사막 지대를 가리키는 말이지만, 여기서는 요단강 동쪽에 있는 광야를 가리킵니다. 예수께서 광야로 가신 것은 성령의 인도에 의해서였습니다. 광야는 돌투성이의 불모지대로, 그곳에 사는 것은 인간이 아니라 야수였습니다. 예수님은 그곳에서 아무 것도 먹지 않고 악마의 시험을 받았습니다.

　　사단은 예수님의 굶주림에서 시작하여, 하나님이라는 신분에 회의가 일어나도록 유혹합니다. 예수님은 얼마 전 자기를 '아들'이라고 부르는 하늘에서의 소리를 들었습니다(3:22). 예수님이 당면한 문제는 지금 들은 소리가 얼마 전 하늘에서 들려 온 소리와 같은 근원에서 왔는지를 가려내는 일이었습니다. 그의 대답은 성경에 있는 구절이었습니다.

　　세 번 모두 달콤하면서도 끌리는 시험들이었습니다. 그러나 그 시험들을 이기었습니다. 어떻게 이기었을까요? 그것은 하나님의 말씀을 사용한 것입니다. 세 번 다 성경에 "기록되었으되…"라고 하시면서 성경 말씀으로 물리치셨습니다. 시험을 이기는 무기는 하나님의 말씀입니다(히 4:12). 우리는 "구원의 투구와 성령의 검 곧 하나님의 말씀을 가져야"(엡 6:17) 합니다. 이 검을 언제나 사용할 수 있도록 날카롭게 갈아 놓도록 하시기 바랍니다.

　　광야 천막 위에 임재하신 하나님, 광야의 맹수 곧 사단으로부터 우리를 지켜 주옵소서. 우리는 지혜가 부족하여 마귀의 말에 우롱을 잘 당합니다. 우리로 말씀을 깨닫고 실천함으로 유혹을 이기게 하옵소서. 우리 마음에 하나님의 말씀을 깊이 알고 싶어하는 간절한 소망이 있게 하옵소서. 예수님의 이름으로 기도 드립니다. 아멘.

♪ 240, 241   ▶ 눅 4 : 14 ~ 30   년   월   일

예수님의 설교

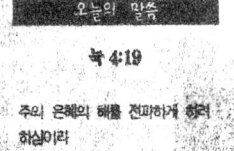

1. 예수님이 어느 책을 인용하여 설교하셨습니까? (17절)
2. 사람들은 예수님을 누구로만 보았습니까? (22절)
3. 예수님의 설교를 듣고 군중들이 어떻게 반응했습니까? (29절)

"나는 그리스도인이지만 교회에 다니지 않는다"고 하는 사람이 있습니다. 그러나 이 말은 "나는 교육을 믿지만 학교에 다니지 않는다"고 말하는 것과 같습니다. 우리는 교회에 나가 말씀을 배워야 합니다. 예수님은 회당에서 이사야를 인용하여 가르치셨습니다. 그 내용은 「하나님 나라의 복음」이며, 거기에는 다섯 가지 「해방」이 선언되어 있습니다.

그때 많은 사람들은 예수님을 자기 마을에서 자란 요셉의 아들로만 알았고 죄인들을 구원할 구세주인 것은 몰랐으므로, 이 사람이 요셉의 아들이 아니라(22절)고 무시하였습니다. 그리고 마침내는 그를 동리밖 낭떠러지로 끌고 가 밀쳐 죽이려고 했습니다. 이 배척 사건을 통해서 우리는 복음은 혈육과 인정에 속한 것이 아니고 하나님의 뜻과 성령의 인도에 따라 그 역사를 성취한 것을 알 수 있습니다.

나사렛 마을 사람들은 성경을 자기 문제로서 읽지 않았으므로, 예수를 그리스도로 믿을 수 없었습니다. 그들은 또한 육적으로 예수를 보고 영의 눈이 뜨이지 않았으므로 예수를 그리스도로 믿을 수 없었습니다. 예수님을 메시야로 영접하기 위해서는 일반적인 선입견, 과거의 나의 사고 방법을 바꾸고 정말 순수한 가운데 말씀을 듣고 영접하여야 합니다.

만백성의 하나님, 우리들은 천국 시민이오니 혈육과 인정을 넘어선 신앙생활을 하게 하옵소서, 심령이 얽매이고, 눈이 감겨 비젼을 보지 못하는 자이오니 불쌍히 여겨 주옵소서. 설교를 들으며 비판만 하는 자 되지 않고 말씀을 순수히 받아 순종하게 하옵소서. 예수님의 이름으로 기도 드립니다. 아멘.

♪ 257, 258　　▶ 눅 4 : 31 ~ 44　　년　월　일

이적과 복음

1. 사람들이 예수님의 가르침에 왜 놀랐습니까? (32절)
2. 예수님의 권세 있는 말씀이 어떻게 드러났습니까? (35절)
3. 예수님은 왜 이 땅에 보내심을 받았습니까? (43절)

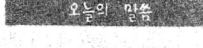

눅 4:32

저희가 그 가르치심에 놀라니 이는 그 말씀이 권세가 있음이러라

　　말씀이 역사 하는 곳에 악령도 제거됩니다. 말씀이 역사하지 못할 때 마귀가 사람들을 조롱합니다. 당시 서기관들은 저명인사들의 유명한 말을 인용하며 재미있게 설교했습니다. 그러나 그런 말씀은 아무런 권세가 없었습니다. 예수님의 말씀은 그 자체가 하나님의 말씀이므로 권세가 있었습니다. 말씀을 하나님의 말씀으로 믿고 읽을 때 우리 자신에게 크게 능력으로 역사합니다.

　　예수님의 권세 있는 말씀은 이적으로 나타났습니다. 그는 말씀으로 귀신들린 자의 귀신을 쫓아내셨습니다(32절). 베드로의 장모의 열병을 고쳐 주셨습니다(39절). 이 소문을 듣고 해질 무렵에는 많은 사람들이 병자와 귀신들린 자들을 예수님께 데리고 왔을 때 일일이 손을 얹어 고쳐 주셨습니다(40절).

　　예수님이 이렇게 이적을 행하신 것은 많은 사람들로 하여금 하나님을 알고 자신이 하나님의 아들인 것을 믿게 하려고 한 것입니다. 그는 복음을 전하기 위한 부수적인 방편으로써 이적을 행하셨습니다. 복음을 전하는 것이 그가 이 땅에 오신 목적이었습니다. 여러분의 목적과 목표가 무엇입니까? 이것이 당신의 구체적인 생활과 사람과의 관계성에 어떤 영향을 미칩니까? 바른 신앙 목표를 설정하고 그것을 이루기 위한 사명인으로 사시기 바랍니다.

　　권세와 능력이 무한하신 주님, 우리로 성경을 읽을 때마다 그 말씀이 능력으로 우리의 마음에 역사하게 하옵소서. 말씀을 통해서 우리에게 주어진 사명이 무엇인가를 알게 하시사 사명인으로 살아가게 하옵소서. 기도 가운데 주의 뜻을 찾아 실천하게 하옵소서. 그리고 말과 행실로 하나님의 복음을 전하기를 원하옵고 예수님의 이름으로 기도 드립니다. 아멘.

♪ 236, 530　　▶ 눅 5 : 1 ~ 16　　　　　년　월　일

말씀에 순종

1. 예수께서 베드로에게 뭐라고 명하셨습니까? (4절)
2. 베드로는 무엇을 근거로 그물을 내렸습니까? (5절)
3. 예수님은 문둥병자에게 어떻게 하셨습니까? (13절)

눅 5:5

시몬이 대답하여 가로되 선생이여 우리들이 밤이 맞도록 수고를 하였으되 얻은 것이 없지마는 말씀에 의지하여 내가 그물을 내리리이다 하고

우리가 처한 외부의 상황이 어떻든 그것은 우리가 주님을 얼마나 순수하게 사랑하고 믿고 순종하는지를 알 수 있는 하나님이 허락하신 상황입니다. 경험과 기술, 노력에도 불구하고 베드로는 밤새 아무것도 잡지 못했습니다. 인간의 기술과 지혜가 부족하다는 것이 드러나자 주님께 겸손히 순종하여 일생 일대의 어획고를 올리게 되었습니다.

예수님의 생각과 그들의 생각과는 완전히 차이가 있습니다. 그리고 말씀에 의지하여 살아가는 자는 이렇게 풍성한 삶을 살 수 있는 것입니다. 그러므로 성경을 읽은 후에는 믿고 그대로 순종해야 복이 됩니다. 말씀에 의지하여 믿고 순종하면 기적을 경험케 됩니다.

문둥병자는 불치의 병 때문에 마음까지도 깊이 병이 들어 인생을 자포자기할 수밖에 없었습니다. 그러나 그가 예수님께서 그의 병을 낫게 하실 수 있다는 능력을 믿고 예수님께 나와서 몸과 마음의 불치의 병이 나음을 입게 되었습니다. 우리에게 인간의 노력으로 도저히 고칠 수 없다고 생각하는 병은 없습니까? 여러분의 인생을 망치고 있는 나쁜 성격, 즉 쉽게 분냄, 열등감, 더러운 생각, 제어할 수 없는 혀, 도벽, 정욕 등 이런 문제를 주님께서 고쳐 주실 것을 확신하고 겸손하게 그 문제는 가지고 주님께 엎드리시기 바랍니다.

전능하신 하나님, 초자연적인 능력으로 우리를 붙잡으심을 감사드립니다. 능치 못함이 없으신 주의 말씀을 좇아 함께 하옵소서. 자포자기하지 않게 하옵시고 믿음으로 간구하게 하옵소서. 날마다 우리의 문제를 해결해 주시는 주님과 동행하기를 원하옵고 예수님의 이름으로 기도 드립니다. 아멘.

♪ 324, 327   ▶ 눅 5 : 17 ~ 39

새로운 생명

1. 무슨 능력이 예수님과 함께 하였습니까? (17절)
2. 예수님은 이 세상에 왜 오셨습니까? (32절)
3. 예수님은 자신의 생활양식을 무엇에 비유하셨습니까? (36절)

오늘의 말씀

눅 5:24

그러나 인자가 땅에서 죄를 사하는 권세가 있는 줄을 너희로 알게 하리라 하시고 중풍병자에게 말씀하시되 내가 네게 이르노니 일어나 네 침상을 가지고 집으로 가라 하시매

병은 세상에서 사람을 가장 괴롭히는 것 중의 하나입니다. 그것은 인간의 감정을 짓밟고 정신을 억압하고 가정과 사회와의 교제를 해칩니다. 예수님에게는 병을 고치는 능력이 있습니다. 문둥병과 같은 불치의 병이 들린 자라도 믿음으로 주님께 나오면 사죄의 권세자 예수님께서 반드시 낫게 하십니다 (24절).

예수님은 사죄의 권세자일 뿐 아니라 죄인을 구원하시기 위해서 이 땅에 오셨습니다. 사람은 죄를 짓고 싶어서 죄를 짓는 것이 아닙니다. 죄인이기 때문에 어쩔 수 없이 죄를 짓게 됩니다. 예수님은 사람들이 죄에 빠져 있는 것은 구경하시러 오시지 않았습니다. 그는 그들을 불러서 회개시켰습니다.

예수께서는 자신과 자신의 생활양식을 새 옷에, 그리고 요한과 바리새인들의 전통적인 생활양식을 낡은 옷에 비유하고 있습니다. 오랫동안의 구습이나, 조상의 유전과 망령된 행실을 끊지 아니하고 예수님을 믿으려고 하는 자는 마치 새 옷을 찢어서 낡은 옷에 붙이는 자와 마찬가지입니다. 누더기를 벗어버리고, 새 옷을 입어야 합니다. 기독교는 끊임없이 개혁해 나가야 합니다. 개혁이란 새 포도주 되신 주님을 중심한 삶을 의미합니다. 여러분은 과연 그리스도 안에서의 새로운 생명을 따라 살고 있는지요? 그리스도가 주시는 새로운 축복을 누리실 수 있기를 바랍니다.

만물을 새롭게 하시는 주님, 이 질병과 고통과 슬픔의 인생을 굽어 살피시옵소서. 죄 가운데 허덕이는 우리를 구하사 기쁨과 감사로 충만케 하옵소서. 구습에 얽매이지 않게 하옵소서. 예수님의 복음을 받아들이는 데 방해가 되는 옛날 전통은 과감히 버리게 하옵소서. 예수님의 이름으로 기도 드립니다. 아멘.

♪ 53, 58   ▶ 눅 6 : 1 ~ 11   년 월 일

안식일의 주인

1. 예수님은 안식일과 자신을 어떻게 관련시키고 있습니까? (5절)
2. 안식일에 할 일이 무엇입니까? (9절)
3. 주님은 법보다 무엇을 중시했습니까? (10절)

평소에 신앙생활을 잘 하다가도 자신에게 어떤 어려움이 닥치면 동역자도 양떼도 팽개치는 사람이 많이 있습니다. 그런 자들은 믿음의 비밀을 모르는 자들이며 신앙의 깊이가 없는 자들입니다. 바리새인들로부터 안식을 문제로 곤경에 처한 제자들을 주님은 보호하시며 해명해 주셨습니다. 우리는 사소한 일로 남을 정죄하는 죄를 범치 말아야 합니다.

안식일 엄수에 관한 유대인의 태도는 십계명의 본래 정신에서 이탈된 형식적인 규율로서 사람을 속박할 뿐이었습니다. 더구나 안식일의 참 뜻이 그리스도 안에서 완성된 이상 우리는 그 안에서 참 안식을 누려야 합니다. 우리가 안식일(주일)에 할 일은 선을 행하고 생명을 구하는 것입니다. 이렇듯 그리스도의 구원 사업이 바로 안식일의 참 뜻입니다.

안식일이라는 제도는 사람에게 휴식과 구제를 주기 위해, 하나님께서 자비로써 정하신 것입니다. 따라서 이 제도를 지키는 자의 정신은 인간을 살리려는 것이어야 합니다. 주께서 사랑의 원칙에 의거하여 율법의 속박에서 인간을 해방시켰습니다. 모든 율법의 진수는 '사랑' 한 마디로 요약됩니다. 그러기에 사랑의 율법은 안식일에 대한 율법을 능가하며, 이를 지배합니다. 법보다 사랑을 앞세우시기를 바랍니다.

영원한 안식처가 되시는 주님, 우리로 남을 정죄하기보다 용서하고 이해하는 사람되게 하옵소서, 주께서 이루셨고 이루시고 계시는 구원 사역에 동참하여 선을 행하고 생명을 구하는 일을 하게 하옵소서. 사랑으로 사람들을 해방시켜 주는 도구가 되게 하옵소서. 예수님의 이름으로 기도 드립니다. 아멘.

♪ 510, 516　　▶ 눅 6 : 12 ~ 49　　　　년　월　일

제자다운 삶

1. 주님은 제자들을 부르시기 전 무엇을 하셨습니까? (12절)
2. 하나님의 나라는 어떤 사람의 것입니까? (20절)
3. 그리스도인은 원수를 어떻게 대해야 합니까? (27절)

오늘의 말씀
눅 6:13
밝으매 그 제자들을 부르사 그 중에서 열 둘을 택하여 사도라 칭하셨으니

　　중대한 일을 결정하려고 할 때는 심사숙고해야 합니다. 생각이 방해를 받지 말아야 합니다. 우리의 생각이 방해받게 되면 우리는 혼란스러움을 느낄 뿐만 아니라 귀중한 시간을 낭비하게 될 것입니다. 예수님은 열두 제자를 선택하기 전 하나님께 기도하면서 밤을 새웠습니다. 그는 걱정하면서 시간을 보내지 않았습니다. 우리도 문제가 있을 때 이렇게 해야 합니다.

　　예수님께서는 열두 제자를 세우신 후 복된 삶의 교훈을 주십니다. 그것은 행복관에 대한 근본적인 혁명을 가져다 주었습니다. 일반적으로 세상에서 모든 것을 소유하며 쾌락과 권세와 명예를 가질 때 행복이라고 생각했지만 예수님은 가난하며 눈물과 박해와 비난 속에서도 하나님 나라에 있는 영원한 행복을 소유함이 참 행복이라고 말씀하셨습니다. 이 세상의 행복을 구하는 사람은 예수님의 제자가 될 수 없습니다.

　　기독교는 사랑의 종교입니다. 나를 사랑하지 않는 사람일지라도, 아니 원수까지라도 사랑하는 정신입니다. 진정한 사랑이란 남의 잘못을 파헤치는 것보다 싸매 주며 위로하는 용서의 마음입니다. 만약 우리가 남을 미워하고 비판하고 정죄하면 먼저 우리 자신의 마음이 괴롭습니다. 사랑할 때 우리의 마음은 하나님께 크게 열려 한없는 하나님의 축복을 누릴 수 있습니다. 마음을 부드럽게 하는 비결은 남을 축복하는 것입니다.

　　우리의 스승이신 주님, 우리의 간절한 소원은 좋은 제자가 되는 것입니다. 우리로 복된 제자의 삶을 살도록 먼저 가난한 마음을 갖게 하옵소서. 주님이 말씀하신 참 행복을 누리게 하옵소서. 참 사랑의 마음으로 가득 채워 주옵소서. 예수님의 이름으로 기도 드립니다. 아멘.

누가복음 · 31

♪ 344, 539   ▶ 눅 7 : 1 ~ 10   년   월   일

이만한 믿음

1. 백부장은 종을 어떻게 대했습니까? (2절)
2. 동리 사람과 백부장의 표현을 대조해 보십시오. (4, 6절)
3. 백부장을 보신 주님의 견해는 어떠합니까? (9절)

오늘의 말씀

눅 7:9

예수께서 들으시고 저를 기이히
여겨 돌이키사 좇는 무리에게 이
르시되 내가 너희에게 이르노니
이스라엘 중에서도 이만한 믿음은
만나 보지 못하였노라 하시더라

옛날 우리의 이야기 중에 부모님께 효도한 아들이 눈밭에서 죽순을 구해서 부모님의 병을 구했다던가 또는 얼음을 깨고 잉어를 구하여 부모님의 병을 낫게 했다는 이야기가 있습니다. 긍휼, 불쌍히 여기는 마음은 하나님의 성품 중의 하나요, 그 성품은 모든 불가능을 가능케 하는 힘이 됩니다. 여기 백부장은 당시 세계의 정복자인 로마 군대의 지휘관 중의 하나입니다. 뿐만 아니라 당시 물건처럼 여기는 종을 사랑하는 인간애가 있었습니다.

백부장에 대해 동리 사람들은 "그는 합당한 사람입니다."라고 말했습니다(4절). 하지만 그는 예수께 말하기를 "나는 능력이 없는 사람이며, 주님을 모실 만한 자질을 충분히 갖추지 못하였습니다. 그리고 나는 내 자신이 주님께 나아오기에도 합당치 못한 자라고 생각합니다."고 하였습니다.

이 백부장에 대한 주님의 견해는 그가 놀랄 만한 믿음을 소유한 사람이라는 것입니다. 이처럼 철저하게 자기의 무가치함을 깨닫고 그리스도를 믿는 확신 가운데 사는 자는 주님의 칭찬과 축복이 넘칩니다. 문제는 사람입니다. 예수님이 하나님의 아들이라 믿는 것이 전부이며, 이렇게만 한다면 인생에서 받을 수 있는 최대의 선물이 하나님의 의로부터 주어지는 것입니다. 여러분 모두가 이런 돈독한 신앙의 사람이 될 수 있길 바랍니다.

긍휼이 풍성하신 하나님. 우리로 순수하고 단순한 믿음을 갖게 하옵소서. 좀더 소박하고 거짓이 없는 믿음을 위해서 노력하기를 원하오니 도와 주시옵소서. 이 나라의 지도자들이 진정으로 백성에게 유익을 줄 수 있는 지도력을 갖추게 하옵소서. 민족을 지극히 사랑하는 마음을 주옵소서. 예수님의 이름으로 기도 드립니다. 아멘.

♪ 83, 432   ▶ 눅 7 : 11 ~ 35

요한의 질문

1. 세례 요한이 물은 질문이 무엇입니까? (19절)
2. 어떤 삶이 복있는 사람입니까? (23절)
3. 예수님은 비난에 대해 뭐라고 대답했습니까? (35절)

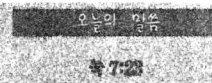

일이 잘못될 때, 우리가 진정한 그리스도인인지 의심하는 것은 이상한 일이 아닙니다. 사단은 우리의 상황을 취해 우리를 믿지 못하도록 유혹합니다. 이런 일이 일어날 때 의심이 불신앙과 동일한 것이 아님을 기억합시다. 감옥생활을 하고 있던 요한은 그처럼 확신있게 예수님을 증거했던 확신이 (3:16, 17) 흔들렸습니다.

예수님은 성경에 약속된 메시야의 직분을 행하고 있었습니다(23, 사 61:1). 예수님은 "너희가 가서 보고 들은 것을 요한에게 고하라"고 대답하셨습니다. 주님께 충성하는 사람도 때로 주님이 하시는 일에 회의가 생길 때가 있습니다. 그러나 성서적인 입장에서 주님의 역사를 살펴볼 때 우리의 의심병을 고칠 수 있습니다.

하나님은 자기의 계획에 따라 자기의 뜻대로 행하시는 분이십니다. 우리 편에서 다소 힘들고 이해하기 어려워도 끝까지 그 뜻대로 사는 것이 진정으로 복이 됩니다. 어리석은 비판자들의 거부와는 달리, 영적으로 현명한 사람들은 요한과 예수님의 사역들이 그들의 차이에도 불구하고 경건했음을 알 수 있었습니다(35절). 여러분은 더 이상 주의 말씀에 의심을 갖거나 무감각한 자들이 되지 않기를 바랍니다.

온전하신 주님, 주님에게는 모순과 잘못이 없음을 믿습니다. 생각이 부족하고 눈이 어두워 의심하고 좌절할 때가 많은 우리들을 치료하여 주옵소서. 내 기준으로 주님의 사역을 보지 않게 하시고 주님의 섭리로 나를 가게 하옵소서. 주의 말씀만 의지하고 나아가길 원하옵고 예수님의 이름으로 기도 드립니다. 아멘.

♪ 197, 205　　▶ 눅 7 : 36 ~ 50

죄사함의 감각

1. 죄인인 한 여자가 예수님께 어떻게 했습니까? (38절)
2. 사랑과 죄사함의 관계를 말하십시오 (47절)
3. 예수께서 여인에게 뭐라고 말씀하셨습니까? (50절)

오늘의 말씀

눅 7:47

이러므로 내가 네게 말하노니 저의 많은 죄가 사하여졌도다 이는 저의 사랑함이 많음이라 사함을 받은 일이 적은 자는 적게 사랑하느니라

초기 교회사에 박애 정신이 높기로 이름난 포카스라는 위대한 성자가 있었습니다. 그는 자신을 죽이러 온 사람까지도 저녁 식사에 초대하였습니다. 진실로 그리스도를 향한 순수한 사람의 징표 중 한 가지는 이웃을 지극하게 대접하는 것입니다. 죄인인 한 여인은 몸을 숙여 눈물로 주님의 발을 적시고는 자신의 많은 머리를 풀어 주님의 발을 씻고는 거기에 입맞추었습니다.

예수님은 시몬에게 여인의 죄가 모두 용서되었다고 말씀하셨습니다. 신약 성경의 일관된 가르침은, 비록 그 죄가 아무리 크고 많다 하더라도 하나님의 은혜는 그것들을 용서하신다는 진리입니다. 이 여인의 행동은 죄사함의 감격에서 나온 것입니다. 눈물은 진실과 감격을 향유는 헌신을 의미합니다. 예배는 감격과 헌신이 있어야 합니다. 나를 죄에서 구원하시고 사형선고 받은 데서 사면해 주시고 영생을 주신 예수님 앞에 감격하지 않을 수 없습니다.

많은 죄를 용서받은 자가 주님을 많이 사랑하고 주님을 많이 사랑한 자가 많은 은혜를 받습니다. 그런 의미에서 주님은 특히 세리와 죄인의 벗이었습니다. 예수님은 이 여인을 돌려보내시면서 '평안히 가라'고 말씀하셨습니다. 주님으로부터 사죄의 은총을 받은 자에게는 평안이 주어집니다. 여러분에게 죄사함의 감격과 평안이 가득하길 바랍니다.

사랑의 하나님, 죄사함 받은 은혜를 감사드립니다. 우리의 마음을 주장하사 주님께 애정과 헌신을 쏟을 수 있게 하옵소서. 주님께 헌신하는 우리의 태도가 법에 의한 의식이나 형식 이상의 것이 되게 하옵소서. 주님께 아낌없이 드리며 헌신하는 복된 삶을 살기를 원하옵고 예수님의 이름으로 기도 드립니다. 아멘.

♪ 260, 311　　▶ 눅 8 : 1 ~ 18　　　　년　월　일

씨뿌리는 이유

1. 예수님은 무슨 이유로 말씀하셨습니까? (5절)
2. 말씀을 받고도 왜 열매를 맺지 못할까요? (7, 12, 13절)
3. 좋은 땅에 있다는 것의 의미를 말하십시오 (15절)

오늘의 말씀
눅 8:8
더러는 좋은 땅에 떨어지매 나서 백배의 결실을 하였느니라 이 말씀을 하시고 외치시되 들을 귀 있는 자는 들을지어다

예수님의 수많은 이유 중에서도 가장 대표적인 것은 「씨뿌리는 이유」입니다. 이것은 최초의 비유이며, 그 내용이 충실하고 주님 자신의 해설까지 달려 있는 유명한 비유입니다. 주님은 여기서 '어떤 씨 뿌리는 자' (a sower)라고 하지 않으시고 '씨를 뿌리는 자' (the sower)가 '그 씨를' 뿌리러 나갔다고 하셨습니다.

종말에 그리스도가 세상에 오셔서 하나님 나라가 완성되는 것은 뿌려진 씨가 자라는 방식과 같다는 것입니다. 뿌려진 씨가 100배의 결실을 맺듯이 종말에 임할 하나님의 나라는 영광스러운 모습으로 임하게 될 것을 말씀하십니다. 그런데 말씀을 받고도 열매를 맺지 못하는 것은 사단 때문이거나(12), 말씀을 깊이 읽고 묵상하고 받아 드리지 않고 감정적으로 또는 즉흥적으로 받아 드리기 때문이며(13), 세상과 짝하는 마음가짐 때문입니다(17).

그러나 옥토 같은 마음을 지닌 사람도 있습니다. 그들은 하나님의 말씀을 듣고 간직하며, 그 말씀을 지킵니다. 하나님의 영광을 위해 열매를 맺는 것은 이와 같은 사람들입니다. 우리 각 사람은 "나는 어느 부류의 청중인가?" 하고 물어야 합니다. 혹 내 마음이 완악하거나 편협하거나 경쟁하는 마음이라면 주의 성령으로 옥토 같은 마음이 되도록 하셔야 합니다. 그리하여 좋은 열매를 맺는 인생을 사시기 바랍니다.

말씀이신 주님, 제 마음속에 뿌려진 말씀의 씨앗이 열매 맺기를 소원합니다. 새처럼 달려드는 사단을 막아 주옵소서. 고통과 시련을 참아 이기게 하옵소서. 이생의 걱정과 재물과 환락에 빠지지 않게 하옵소서. 하나님의 말씀을 듣고 묵상하며, 그 말씀을 지켜 아버지께 영광을 돌리게 하옵소서. 예수님의 이름으로 기도 드립니다. 아멘.

♪ 441, 489　　▶ 눅 8 : 19 ~ 39

주님의 명령

1. 누가 예수님의 참된 가족입니까? (21절)
2. 근심한 제자들을 향해 주님은 뭐라고 하셨습니까? (25절)
3. 마을 사람들이 예수님을 보고 어떠했습니까? (35절)

인간은 세 가지 관계의 욕구가 있습니다. 물질적 욕구, 정신적 욕구, 영적 욕구가 있습니다. 물질적 욕구는 의식주의 동물적 차원의 본능 욕구이며, 심리적 욕구는 안녕과 번영을 구하는 자아 추구의 욕구이며, 영적인 욕구는 자아를 성장시키려는 창조 욕구입니다.

우리에게는 두 종류의 가족이 있는데, 그것은 자연적으로 형성된 혈연의 가족과 우리가 믿고 거듭남으로 말미암아 형성된 하나님의 가족입니다. 혈연의 가족이 화목하게 사는 것도 행복한 일이지만 하나님의 말씀을 듣고 순종하는 믿음의 가족들이 서로 화목하게 지내는 것은 더욱 행복한 일입니다. 믿는 우리들에게는 주님과 함께 있어도 역경을 당할 때가 있습니다. 그러나 아무리 크고 무서운 역경일지라도 주님이 계심으로 결코 못이기는 법이 없습니다.

예수님은 모든 역경과 악의 힘을 겪을 수 있는 능력을 가지신 분입니다. 그러므로 우리가 끝까지 하나님의 신실하심을 믿고 우리의 삶에 여러 가지로 공격해 오는 악과 싸우면 근본적으로 하나님은 우리로 하여금 승리하도록 도우십니다. 이 세상에서 악의 힘이 아무리 강하다 하더라도 그리스도의 힘은 훨씬 더 강합니다. 자연과 악령들의 힘은 주님의 명령에 순종합니다. 우리는 주께서 말씀하시는 것을 듣고 순종해야 하겠습니다.

권세와 능력이 무한하신 하나님, 우리를 하나님의 가족 되게 하심을 감사드립니다. 주안에서 서로 화목케 하옵소서, 세상 풍파가 밀어닥칠지라도 당황치 않고 주님 믿는 믿음 위에 서게 하옵소서. 능력의 주님께서 명하시는 명령에 귀 기울이게 하옵소서. 예수님의 이름으로 기도 드립니다. 아멘.

♪ 93, 94, 19   ▶ 눅 8 : 40 ~ 56   년 월 일

살리시는 주님

1. 회당장 야이로가 예수께 어떻게 했습니까? (41절)
2. 믿음의 결과는 무엇입니까? (48, 50절)
3. 예수님은 죽은 자를 보고 뭐라고 하셨습니까? (52절)

오늘의 말씀
눅 8:50
예수께서 들으시고 가라사대 두려워 말고 믿기만 하라 그리하면 딸이 구원을 얻으리라 하시고

모든 육체적인 병이 반드시 죄 때문에 오는 것은 아닙니다. 그러나 모든 죄는 반드시 삶에 어두운 그림자를 드리웁니다. 본문은 우리에게 얼마나 비참하고 또 괴로운 죄악이 이 세상에 들어왔는가를 보여줍니다. 먼저 우리는 죽어 가고 있는 딸 때문에 큰 걱정과 근심에 사로잡혀 있던 한 아버지를 봅니다. 그리고 12년 동안이나 치료가 불가능한 질병으로 말미암아 고통을 받아 왔던 한 여인을 만나게 됩니다.

그런데 여기서 우리는 믿음으로 병고침을 믿으면 죽었다가 다시 사는 구원의 역사를 봅니다. 여인은 자기 믿음과 행동을 고백했습니다. 이에 주님은 그에게 구원과 평안을 주셨습니다. 야이로의 딸이 죽자 사람들은 크게 실망했습니다. 이때 예수님은 믿음을 촉구하셨습니다. 믿으면 산다, 죽은 것이 아니라 잔다고 하시며 마침내 죽은 자를 살리셨습니다.

오늘날도 사람들은 병고침을 받습니다. 예수님은 오늘날도 죽은 자를 일으키십니다. 그렇습니다. 그리스도가 없는 사람은 성경에 영적으로 죽은 사람이라고 묘사되어 있습니다. 우리 안에 새생명, 즉 그리스도의 생명 없이 우리는 영적인 일을 전혀 할 수 없습니다. 구세주 없이 우리는 죄와 허물 가운데서 죽은 것입니다(엡 2:1). 그러나 믿음으로 주께 나아가는 자는 치유와 살아남의 은총을 받습니다.

생명이신 주님, 생노병사를 벗어날 수 없는 인간들을 긍휼히 여기소서. 믿음은 이 모든 것에서 자유함을 얻게 하는 것임을 알게 하시니 감사합니다. 그리스도를 믿음으로 생명과 건강을 갖고 살게 하옵소서. 살리시는 주님을 의지하고 참 삶을 살게 하옵소서. 예수님의 이름으로 기도 드립니다. 아멘.

누가복음 · 37

♪ 510, 514   ▶ 눅 9 : 1~27   년 월 일

제자의 임무

1. 예수님께서 제자들에게 주신 것이 무엇입니까? (1절)
2. 제자들이 해야 할 사역이 무엇입니까? (2절)
3. 예수님을 따르는 자들은 어떻게 해야 합니까? (25절)

오늘의 말씀
눅 9:1
예수께서 열 두 제자를 불러 모으
사 모든 귀신을 제어하며 병을 고
치는 능력과 권세를 주시고

인간은 언제나 선택하여야 하고 그 선택의 책임을 자신이 져야 합니다. 여기에서 인간은 시작은 같지만 일생을 살다 보면 천태만상의 결과가 생겨납니다. 인간이 참 가치 있는 삶을 택하는 데 절대 필요한 것이 하나님의 인도하심입니다. 예수께서는 제자들에게 능력과 권세를 주셨습니다. 능력은 에너지이고, 힘이며, 다이너마이트입니다. 권세란 능력을 행할 수 있는 권리를 말합니다.

그렇다면 그들이 한 일은 무엇입니까? 주님은 하나님의 나라를 전파하라고 그들을 보내셨습니다. 열두 제자들이 해야 할 위대한 사역은 '하나님의 나라를 전파하는 것'이었습니다. 그리고 병고치는 일, 곧 인간의 필요를 돕는 일은 부수적인 일입니다. 그러나 복음 역사에 있어서 후자는 무시할 수 없는 중요한 일입니다.

그리스도의 제자들은 생의 모든 영역에서 죽어야 됩니다. 이 일은 단번에 완성되어 버릴 수 있는 일이 아닙니다. 쉽사리 끝장낼 수 있는 일이 아니라 매일 행해야 하는 것입니다. 그래야 우리는 비로소 그를 따를 수가 있습니다. 예수님을 따르려는 우리 자신은 인생 코스의 분기점에서의 선택에 잘못이 없도록 하나님의 지도를 바라는 마음에서 주님처럼 기도하지 않을 수 없습니다. 예수님의 제자가 되는 것은 엄청난 용기를 필요로 합니다. 우리는 주님의 제자로 알려지는 것을 부끄러워하지 말아야 합니다(롬 1:16).

우리가 따를 참 스승이신 주님, 우리를 부르사 주의 제자로 살게 하심을 감사 드립니다. 우리에게 주신 능력과 권세를 우리로 잘 사용케 하옵소서. 날마다 우리 자신을 죽일 수 있게 하옵소서. 두렴없이 담대하게 주님을 따를 수 있는 용기를 주옵소서. 예수님의 이름으로 기도 드립니다. 아멘.

♪ 375, 360   ▶ 눅 9 : 28 ~ 62   년   월   일

그리스도의 변형

눅 9:29

기도하실 때에 용모가 변화되고 그 옷이 희어져 광채가 나더라

1. 예수께서 기도하실 때 그 용모가 어떠했습니까? (29절)
2. 주님은 이 세대를 무엇이라고 불렀습니까? (41절)
3. 어떤 자가 하나님의 나라에 불합당합니까? (62절)

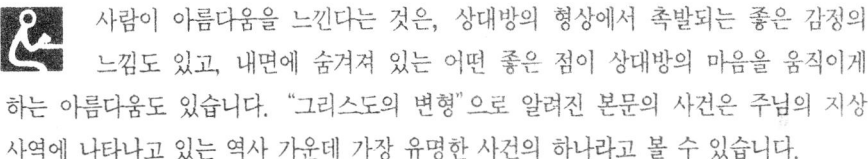 사람이 아름다움을 느낀다는 것은, 상대방의 형상에서 촉발되는 좋은 감정의 느낌도 있고, 내면에 숨겨져 있는 어떤 좋은 점이 상대방의 마음을 움직이게 하는 아름다움도 있습니다. "그리스도의 변형"으로 알려진 본문의 사건은 주님의 지상 사역에 나타나고 있는 역사 가운데 가장 유명한 사건의 하나라고 볼 수 있습니다.

우리는 예수님께서 "용모가 변화되고 그 옷이 희어져 광채가 날 때 그와 함께 있던 제자들이 그의 영광을 보더라"는 기록을 대합니다. 이 놀라운 환상이 주의 제자들을 격려하고 또 담대하게 했을 것은 의심할 수 없는 일입니다. 제자들은 친히 하나님의 증거하심을 통해 그리스도의 인격과 가르침에 대한 확신을 얻게 되었습니다(36). 주님을 그리스도로 고백하고 순종하는 사람은 확고한 신앙 체험을 합니다(벧후 1:16~18).

예수님은 변화산상에서 영광을 체험하신 후 다시 믿음이 없고 패역한 인간 세계에 내려오셨습니다. 하나님의 이상을 실현한 유일한 인간이신 주께서 그 산을 떠나 골짜기로 내려오신 것입니다. 우리가 주님을 따르는 것은 영화가 아니요, 고난과 가난의 길입니다(58). 따라서 인륜과 세속 일에 초연할 각오가 되어 있어야 하며(60), 세상을 돌아보아서는 안됩니다. 마치 쟁기를 잡은 농부와 같이 예수님을 따르는 일에 전념해야 합니다.

빛나고 높은 보좌에 계신 주님, 주님을 닮아 영화롭게 될 그 날을 늘 사모합니다. 그 영광에 자리에 이를 것을 바라보며 현실의 비참함을 극복하게 하옵소서. 하나님 나라에 합당한 자로 인정받기 위해 세상의 영화를 돌아보지 않고 예수님 가실 길을 따라 가게 하옵소서. 예수님의 이름으로 기도 드립니다. 아멘.

♪ 257, 263   ▶ 눅 10 : 1 ~ 24

복음 전도자

1. 주님이 전도자를 보내는 심정을 말하십시오. (3절)
2. 전도자에게 경계한 것이 무엇입니까? (4절)
3. 70인이 주님께 뭐라고 보고하였습니까? (17절)

오늘의 말씀
눅 10:20
그러나 귀신들이 너희에게 항복하는 것으로 기뻐하지 말고 너희 이름이 하늘에 기록된 것으로 기뻐하라 하시니라

인구 증가는 기하 급수적인데, 복음 전도는 산술 급수의 증가에도 미치지 못합니다. 이 시대야말로 우리가 "추수할 일꾼을 보내 주소서"라고 하나님께 간절히 부르짖어야 할 때입니다. 예수님은 복음을 전하고자 하는 간절한 심정이 있었습니다. 그래서 12제자 외에 70인을 뽑아 보내고 나서도 추수할 일꾼이 아직도 많이 필요함을 말씀하셨습니다(2).

주님은 70인 전도자를 보냄이 마치 어린양을 이리 가운데 보냄과 같은 줄 알면서도 "갈지어다" 하고 명령하셨습니다. 과연 이 세상은 미움과 싸움과 시기와 유혹이 가득 찬 위험한 세상입니다. 단단히 각오하고 나서야 합니다. 전도자의 생활 자세는 허례허식으로 시간을 허비하지 말고(4), 누구에게나 적극적으로 복음을 전해야 하며(5), 사랑을 베풀고, 회개의 복음을 전해야 합니다.

70인 전도자는 주님의 능력으로 엄청난 권세를 갖고 많은 복음 전도의 성과를 이루었습니다. 그리고 기뻐하며 주님께 "주의 이름으로 귀신들도 우리에게 항복하더이다"라고 보고합니다. 주님은 전도의 성공으로부터 오는 기쁨보다 성도의 이름이 하늘에 기록된 것으로 기뻐하라고 가르칩니다(20). 우리의 가장 큰 기쁨은 무엇보다도 우리가 하늘에 속하고 하나님의 자녀가 되었다는 한 가지 사실입니다.

우리를 복음 전도자로 세워주신 하나님, 오늘 늑대 같은 자들에게 약탈과 강탈 당하는 자들을 구원하여 주옵소서. 우리가 비록 이리 가운데 있는 양처럼 연약할지라도 하나님만 믿고 가는 전도자가 되게 하옵소서. 저희들에게 성공적인 결과를 체험케 하사 주님을 향해 기뻐하며 감사케 하옵소서. 천국 백성의 기쁨을 누리게 하시는 예수님의 이름으로 기도 드립니다. 아멘.

♪ 511, 373   ▶ 눅 10 : 25 ~ 42

선한 사마리아인

1. 율법사의 질문이 무엇입니까?? (25절)
2. 선한 사마리아인은 어떤 마음을 가졌습니까? (33절)
3. 마리아와 마르다 중 누가 좋은 편을 선택했습니까? (42절)

오늘의 말씀
눅 10:27
대답하여 가로되 네 마음을 다하며 목숨을 다하며 힘을 다하며 뜻을 다하여 주 너의 하나님을 사랑하고 또한 네 이웃을 네 몸과 같이 사랑하라 하였나이다

세상을 이기는 가장 좋은 무기는 사랑과 말씀입니다. 사랑은 타인을 상대하는 무기요, 말씀은 자기 자신과 하늘을 상대하는 무기입니다. "어떻게 영생을 얻을 수 있습니까?" 물어 온 율법사에게 예수님은 율법(말씀)을 지켜, 사랑하는 것이라고 하셨습니다. 그런데 율법사는 실패하였습니다. 그는 율법을 문자적으로 잘 알고 있었으나 그 진정한 뜻을 실천하는 신앙이 없었습니다.

선한 사마리아 사람은 비록 율법사, 제사장은 아니지만 네 하나님을 사랑하고 네 이웃을 네 몸과 같이 사랑하라는 계명을 실천하고 있습니다. 다른 사람을 향한 우리의 사랑은 그 뿌리가 하나님이어야만 온전한 것이 될 수 있습니다. 이웃을 소중하게 여기도록 붙잡아 주시는 하나님 안에 있지 않다면 아무도 이웃을 완전하게 사랑할 수 없습니다. 우리는 하나님을 사랑하는 데서 시작해야 합니다. 그래야 하나님 안에서 우리의 이웃을 사랑하는 것이 가능해집니다.

마르다는 많은 일을 했으나 불만을 가졌습니다. 주님과의 깊은 사귐, 주님을 사랑하는 마음을 가진 마리아가 더 좋은 편을 택한 것입니다. 우리가 하루 일과 중에 가장 조용한 시간을 마련하여 주님과 깊은 교제를 나누는 시간을 갖는 것을 먼저 우선으로 둘 때 우리는 마르다와 같은 실수를 하지 않을 것입니다. 인간은 하나님 안에서만 진정한 사랑을 할 수 있습니다.

사랑의 하나님, 주님께서 주신 말씀과 사랑으로 우리가 인간답게 살기를 소원합니다. 우리의 도움을 필요로 하는 사람을 찾아 한 사람의 선한 사마리아인이 되게 하옵소서. 먼저 하나님과 우리 자신과의 바른 관계로부터 이웃을 향한 진실한 사랑이 싹트게 하옵소서. 예수님의 이름으로 기도 드립니다. 아멘.

♪ 480, 482   ▶ 눅 11 : 1 ~ 13   년   월   일

기도할 때

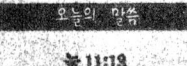

1. 제자 중 하나가 주님께 뭐라고 요청하였습니까? (1절)
2. 기도의 내용에서 먼저 오는 것이 무엇입니까? (2절)
3. 천부께서 구하는 자에게 어떻게 하십니까? (13절)

　손은 땅의 것과 바다의 것과 공중의 것을 취하는 가장 좋은 도구입니다. 그런데 만약에 이 손이 기도하는 일에만 동참한다면, 하늘의 것을 딸 수 있는 가장 탁월한 장대일 것입니다. 주님의 제자들은 "주님, 우리에게 기도하는 방법을 가르쳐 주십시오"라고 말하지 않고 "기도를 가르쳐 주옵소서"라고 했습니다.

기도는 호흡처럼 중요합니다. 공기가 폐 속을 자유로이 드나들어야 하듯 하나님과의 교제가 쉴 사이 없이 이루어져야 살아갈 수 있습니다. 또한 기도는 의지하는 자세를 말합니다. 단순한 보고나 요청이 아니라 계속해서 하나님께 매어 달리는 믿음의 표현입니다. 우리는 무엇보다도 하나님의 이름을 위한 기도와 아버지의 나라가 넓어지기를 기도해야 합니다. 그리고 우리에게 양식을 주시고 죄에서 구원해 달라는 기도를 해야 합니다.

우리가 끝까지 인내하며 기도할 때(8), 하나님께서는 반드시 주십니다(13). 기도는 단순하고 솔직하며 천진하고 열의에 차 있어야 합니다. 예수님의 이름으로 일상생활 속에서 기도하는 사람은 천부로부터 좋은 것을 받아 희열이 충족됩니다. 개인 날이나 비오는 밤에도, 기도의 생애를 보내는 사람은 행복합니다. 참된 기도는 하나님이 주의하시지 않는 일이 없고, 듣지 않으시는 경우가 없습니다. 하나님께서 제일 좋다고 판단하시는 대로 그 기도는 항상 응답될 것입니다.

　우리의 기도를 들으시는 하나님, 우리에게 기도하는 손과 무릎을 주신 것 감사드립니다. 우리로 하나님을 의식하면서 사랑의 아버지께 하듯 기도하게 하옵소서. 포기하지 않고 인내하며 끝까지 기도할 힘을 주옵소서. 하나님의 영광과 나라를 구할 수 있는 참된 기도를 드리게 하옵소서. 예수님의 이름으로 기도 드립니다. 아멘.

♪ 488, 485　　▶ 눅 11 : 14 ~ 36　　　년　월　일

내 영혼의 시력

1. 예수님은 무엇을 힘입어 귀신을 쫓아내셨습니까? (20절)
2. 표적을 구하는 세대는 어떤 세대입니까? (29절)
3. 우리 몸의 등불은 무엇입니까? (34절)

오늘의 말씀

눅 11:28

예수께서 가라사대 오히려 하나님의 말씀을 듣고 지키는 자가 복이 있느니라 하시니라

정원에 설 아름다운 나무가 되려면 정원사의 손에 휘어져야 합니다. 인간도 마찬가지입니다. 하늘에 설 하나님의 형상으로서의 인간이 되려면, 예수의 손에 의해 꺾이고, 잘리고, 휘어져야 합니다. 예수님이 귀신을 쫓아내시고 그 사람의 마음에 성령을 보내사 다스리게 하시는 것은 사단을 정복하신다는 뜻입니다. 예수님만 사단을 이길 수 있는 유일한 분입니다(14).

요행이나 표적을 바라는 신앙 생활은 말씀을 듣기 위해 땅끝에서 온 남방 여왕이나(31), 요나의 말을 듣고 회개한 니느웨 사람들 보다 못하며 정죄를 받습니다. 신자는 먼저 남방 여왕 같이 말씀을 갈급해하고 니느웨 사람 같이 예수님의 말씀을 듣고 회개해야 합니다. 표적을 바라는 세대는 악한 세대입니다.

등불은 말씀을 상징한다고 볼 수 있습니다(시 119:15). 말씀이 비록 등경 위에서 밝게 공개되어 빛나고 있더라도 내 눈이 나쁘면 어두움에 사는 자입니다(34). 우리 마음을 열고 말씀의 빛을 받을 때 그리스도를 밝히 볼 수 있고 내 생활은 밝은 생활을 할 수 있습니다(35). 우리가 한 분 예수님만을 사랑할 때 우리의 시력은 회복됩니다(마 6:19~24). 눈에 보이는 표적보다는 말씀을 공부하고 회개하는 생활을 하시기 바랍니다.

사단을 정복하신 주님, 우리를 주님에게 속한 행복한 백성 되게 하심을 감사드립니다. 우리 마음에 성령을 보내사 더 철저히 다스려 주옵소서. 우리의 눈을 열어서 말씀을 깨닫게 하옵소서. 말씀을 갈급해 하게 하옵소서. 우리의 눈을 치료하사 난시나 근시가 없는 완전한 눈으로 오직 주님께만 초점을 맞추게 하옵소서. 예수님의 이름으로 기도 드립니다. 아멘.

♪ 361, 512　　　▶ 눅 11 : 37 ~ 54　　　년　월　일

화 있을진저!

1. 바리새인은 어떤 점을 이상히 여겼습니까? (38절)
2. 바리새인은 결국 무엇을 버렸습니까? (42절)
3. 율법사가 선지자들을 어떻게 했습니까? (49절)

오늘의 말씀

눅 11:44

화 있을진저 너희여 너희는 평토장한 무덤 같아서 그 위를 밟는 사람이 알지 못하느니라

　　진노나 분노는 인격이 갖고 있는 정상적인 사건입니다. 즉 상대에 대하여 기대에 못 미칠 때 마음속에서 겪는 좌절감이나 실망감을 말합니다. 본문에서 예수님은 여섯 번이나 "화 있을진저"라는 말을 하십니다. 처음 세 번은 바리새인들을 두고 하신 것이며 그 다음 세 번은 서기관들을 두고 하신 것입니다. 이 말은 사람들도 하여금 그들의 노선에 미치지 못하게 만드는 말입니다.

바리새인들은 더러운 마음속을 씻을 생각은 않고 외모만 다듬는데 신경을 썼습니다(37~41). 종교적인 행사 위주의 신앙 생활을 했습니다. 내용이 없었습니다. 하나님보다 사람에게 잘 보이려고 애쓴 것입니다. 이런 신자는 평토장한 무덤 같은 위선자입니다. 예수님의 크신 책망을 면할 길이 없습니다. 그러므로 오늘 우리 자신이 지금 어느 정도의 믿음에 있는지 알고 싶을 때에 가장 관심 있게 눈을 돌려야 할 부분은 우리의 심적 상태입니다.

우리는 여기서 아무 두려움이나 편견 없이 율법사들의 죄를 과감하게 책망하시는 주님을 볼 수 있습니다. 그들은 자기도 하지 못하는 일을 남에게 강요했습니다. 자기 의견과 맞지 않는다고 예언자들을 핍박했습니다(47~51). 오늘 우리는 내 자신이 지기 어려운 짐을 남에게 강요하지는 않습니까? 우리 모두 진실과 성심으로 주님을 섬깁시다.

　　심판주 하나님, 우리는 주님의 격렬한 분노를 받을 수밖에 없는 요소들을 다 갖고 있습니다. 회개하오니 우리의 위선을 벗겨 주옵소서. 내용 없는 행사 위주의 신앙 생활을 하지 않게 하옵소서. 진실 되이 말씀을 지키게 하옵소서. 예수님의 이름으로 기도 드립니다. 아멘.

♪ 432, 307   ▶ 눅 12 : 1 ~ 12   년   월   일

참 두려워할 자

1. 예수님은 무엇을 주의하라고 하셨습니까? (1절)
2. 우리는 누구를 두려워해야 하니까? (5절)
3. 왜 우리는 사람 앞에서 인자를 시인해야 합니까? (8절)

> 눅 12:5
> 마땅히 두려워 할 자를 내가 너희에게 보이리니 곧 죽인 후에 또한 지옥에 던져 넣는 권세 있는 그를 두려워하라 내가 참으로 너희에게 이르노니 그를 두려워하라

세상에는 두려운 일이 많습니다. 그러나 우리가 진정 두려워해야 할 분은 오직 하나님 한 분밖에 없습니다. 예수님은 제자들에 대한 바리새인들의 공격이 심해질 것을 아시고 거기에 대비할 것을 가르치십니다. 핍박을 두려워하지 말고 용기와 성실로 살라고 말씀하십니다

예수님은 바리새인의 외식을 주의하라고 합니다. 골방에서 귀에 대고 말한 것이 집 위에서 전파되어 심판을 받습니다(3). 감추인 것은 반드시 드러납니다. 위선은 아무리 교묘히 위장해도 나중에는 폭로되게 마련입니다. 설사 이 세상을 몽땅 속일 수 있다고 하더라도 마지막 심판 날에 모든 거짓과 위선은 하나님 앞에서 규탄을 받게 되어 있습니다.

우리 성도들은 핍박을 두려워할 필요가 없습니다. 하나님은 공중의 참새 한 마리라도 보호하시며, 머리털도 세시는 섬세한 분이시기 때문입니다(7). 뿐만 아니라 세상의 핍박은 일시적이며 육체적인 고난이 있을 뿐입니다. 그러나 정말 두려워해야 할 분은 영혼의 생명을 쥐고 있는 하나님이십니다. 우리가 비록 개인적으로는 고통을 당하고 죽는 한이 있을지라도 영적으로 하나님을 두려워하면 영원히 우리의 마음이 충만함을 얻을 것입니다. 주님의 섬세하신 사랑과 권능의 말씀을 붙들고 믿음을 가지시기 바랍니다.

머리털까지도 세시는 하나님, 아버지께서는 우리의 고통, 우리의 부족함, 우리의 필요한 것을 아시고 우리의 위험을 아시고 보호하심을 믿습니다. 주님 앞에서 늘 살므로 두렵지 않는 나날을 보내게 하옵소서. 하나님 앞에서 담대히 살기를 원하옵고 예수님의 이름으로 기도 드립니다. 아멘.

♪ 71, 353   ▶ 눅 12 : 13 ~ 34   년 월 일

어리석은 부자

1. 우리 중 한 사람의 요청이 무엇입니까? (13절)
2. 하나님은 이 부자를 뭐라고 칭하셨습니까? (20절)
3. 보물과 무엇이 함께 있습니까? (34절)

오늘의 말씀

눅 12:33
너희 소유를 팔아 구제하여 낡아 지지 아니하는 주머니를 만들라 곧 하늘에 둔바 다함이 없는 보물 이니 거기는 도적도 가까이 하는 일이 없고 좀도 먹는 일이 없느니 라

배금주의는 많은 사람들에게 돈을 벌기 위해서 혈안이 되게 했습니다. 그리고 그 돈을 가지고 자신들을 위하여 평안히 쉬고, 먹고 마시는데 사용하는 어리석은 부자를 양산하게 되었습니다. 많은 사람들이 세상에 부를 쌓았지만 인생의 종말 앞에 아무런 힘이 못되고 물질을 의지하여 계획했던 꿈들이 무산되는 것을 봅니다.

여기 어리석은 부자는 열심히 일하고 절제하여 재산을 모았습니다. 미래에 대한 계획도 잘 세웠고 안식의 기쁨도 누렸습니다. 그러나 어느 날 하나님이 이 사람의 생명을 찾아가서 모든 것이 수포로 돌아갔습니다. 열심히 노력하여 재물을 얻고 권력을 얻는 것이 나쁘지는 않습니다. 그러나 이것들이 생명을 구할 수 없습니다. 따라서 행복도 가질 수 없습니다. 그러므로 이것을 전적으로 의지하고 사는 자는 어리석은 자입니다.

지혜로운 신자는 세상의 의식주에 매이지 않습니다(22~30). 왜냐하면 주님이 필요를 아시고 공급하실 것을 믿기 때문입니다. 오히려 그들의 관심은 이 땅에 그의 나라가 이루어지기를 바라며 살아가는 것입니다. 34절과 같이 보물보다 귀한 마음이 썩어질 것에 있지 않고 하나님께 있으니 더욱 복이 됩니다. 마음과 보물은 항상 손을 잡고 있습니다. 사람의 마음은 그의 정열과 관심의 핵으로서 항상 그의 보물 즉 그가 가장 귀하게 여기는 것과 함께 있습니다.

우리를 지으신 여호와여, 우리로 물질의 노예가 되지 않게 하옵소서. 만유의 주이신 하나님을 주인으로 삼고 주인을 위해 아낌없이 쓸 줄 아는 사람되게 하옵소서. 우리의 마음이 늘 주님을 향하길 원하옵고 예수님의 이름으로 기도 드립니다. 아멘.

♪ 163, 167　　▶ 눅 12 : 35 ~ 48　　　　　년　월　일

깨어 준비하라

1. 준비된 세 가지 자세가 무엇입니까? (35절)
2. 어떻게 하고 있어야 복있는 종이 됩니까? (37절)
3. 우리는 어떤 청지기가 되어야 합니까? (42절)

오늘의 말씀
눅 12:35
허리에 띠를 띠고 등불을 켜고서 있으라

시대가 악할수록 사람들은 예수님의 재림이 어디에 있는가 하며 어리석은 생활을 합니다. 그러나 예수님은 재림을 예비하며 슬기 있는 생활을 하도록 경고하십니다. 예수님은 제자들이 준비 태세를 갖추도록 말씀하십니다. 허리띠를 조이는 것은 준비에 대한 첫 단계입니다. 주님은 이 세대에서 허리에 띠를 띠고 자기를 섬기는 자들을 찾으실 것입니다.

주님은 생각지 않을 때에, 도적같이 오실(살전 5:2 이하) 것입니다. 고로 항상 깨어 끊임없이 성령의 기름을 받아 등불을 켜고(35절) 있어야 하겠습니다. 또한 주님을 기다리는 것은 헌신과 봉사에 힘쓰는 일입니다. 재림을 기다리는 것은 곧 주님의 사명을 충실하게 수행하는 일입니다. 이 임무를 게으르게 할 경우 우리는 육욕에 빠지게 됩니다(45).

집중하는 힘과 초연한 태도는 함께 존재합니다. 다시 말해서, 옷을 추스르는 식으로 단단히 행장을 갖추었다는 것은 모든 일에 초연하고 그 일에만 집중하고 있다는 표시일 뿐만 아니라 행장을 단단히 갖추기 위해서는 한 가지에 집중하고 다른 것에 초연할 필요가 있음을 말하기도 합니다. 주님 앞에 허리띠를 단단히 두르고 서 있는 종은 주님이 말씀하실 때 언제라도 달려갈 준비가 되어 있다는 것을 말합니다. 늘 깨어 준비하는 생활을 하시기 바랍니다.

소망의 하나님, 정신없이 돌아가는 세상에 마음의 중심을 빼앗겨 버리지 않게 하옵소서. 항상 깨어 기도하고 말씀 위에 굳게 서서, 지혜 있고 충성된 청지기로 살게 하옵소서. 주님이 이끄시는 대로 기꺼이 가고자 하는 준비가 되어 있게 하옵소서. 예수님의 이름으로 기도 드립니다. 아멘.

누가복음 · 47

♪ 173, 332　　▶ 눅 12 : 49 ~ 59　　　년　월　일

분쟁의 불

1. 예수님은 무엇을 하러 왔다고 하십니까? (49절)
2. 주님은 화평 대신 무엇을 하려 합니까? (51절)
3. 복음으로 인해 집안에 어떤 현상이 일어납니까? (53절)

오늘의 말씀
눅 12:51
내가 세상에 화평을 주려고 온 줄로 아느냐 내가 너희에게 이르노니 아니라 도리어 분쟁케 하려 함이로라

　　불은 단지 물질을 사루어 소멸시킬 뿐만 아니라, 순수한 것과 불순한 것을 분리시켜 정련·정화시키는 작용을 합니다. 예컨대 광석을 용광로 속에 던져 넣어 불사려서 불순한 성품과 정관된 성품이 분리되어 찌꺼기는 버리고 정광을 꺼내 사용하는 것처럼 불은 야금과 정련에 없어서는 안되는 것입니다. 예수께서는 불을 던지기 위해 세상에 오셨다고 합니다.

　　복음은 빛이요, 진리이기 때문에 어둠의 세력으로부터 심한 반발과 박해가 있습니다. 그러므로 신자는 세상에 대하여 일면 전투적 자세를 가져야 합니다. 진리를 따르므로 핍박도 각오해야 합니다. 이같은 분쟁의 불이 없는 신앙 생활은 결국 진리 앞에 똑바로 서지 못했다는 증거가 됩니다. 예수님의 자녀들이 세상에 들어가면 사상적 윤리적 갈등이 일어나야 합니다. 이같은 갈등은 필수적이며 그 후에 주님으로부터 오는 평화가 있게 되는 것입니다.

　　우리가 그리스도를 삶의 중심에 모시고 있기 때문에 친구들이 더 이상 우리를 인정하지 않는다면 그들은 우리를 떠날 것입니다. 그러나 우리는 예수님을 떠날 수 없고 또 떠나서도 안됩니다. 그는 우리를 사랑하셨고 우리를 위해 자신을 바치셨습니다. 우리는 그에게 신실하게 머물러야 합니다. 그것만이 살 길입니다. 그것만이 임박한 진노를 피할 길입니다.

　　우리의 의이신 하나님, 불로 우리 세대를 정화시켜 주옵소서. 진리의 빛으로 어둠을 몰아내어 주옵소서. 성과 속의 갈등에서 우리는 늘 성의 자리에 서게 하옵소서. 주님을 중심에 모신 자로 요동치 않게 하옵소서. 심판의 그 날이 우리에게는 구원의 날이 될 것을 믿사옵고 예수님의 이름으로 기도 드립니다. 아멘.

♪ 190, 200   ▶ 눅 13 : 1 ~ 21   년 월 일

심판과 회개

1. 회개하지 않으면 어떤 결과가 주어집니까? (3절)
2. 18년된 병자에게 예수님이 안수하자 어떻게 되었습니까? (13절)
3. 이 여인은 누구의 딸로 불렸습니까? (16절)

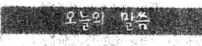

사람들은 누가 잘못되는 것을 보면 그 사람은 죄가 많아서 하나님의 진노를 받았다고 생각합니다. 그러면서 자기는 그 대상에서 제외된다고 착각합니다. 여기 갈릴리 사람들이나 실로암 사람들이 죄가 더 많아서 벌을 받은 것은 아니었습니다. 사고로 죽은 사람이나 우리들이나 똑같은 죄인입니다. 다만 3년 동안 열매를 맺지 아니하므로 찍어 버리려다가 1년을 더 기다리는 무화과나무와 같은 존재일 뿐입니다 (6~9).

경고를 받을 때 우리는 자신을 돌아봐야 합니다. 하나님의 심판이 같이 임해야 하지만 예수님의 은혜로 연기되고 있습니다. 예수님은 너희도 회개치 아니하면 다 이와 같으리라고 분명히 말씀하십니다. 우리 주위에 나타나는 하나님의 경고를 내 것으로 삼고, 복음을 기준으로 하여 나의 신앙에 매일매일 구체적 회개가 있어야 하겠습니다. 하나님께서 기다리고 계시는 동안에 급히 회개하십시오. 지금은 은혜 받을 때입니다. 이 기회를 놓쳐서는 안됩니다.

신앙생활은 형식으로 할 수 없습니다. 작은 겨자씨와 누룩의 비유는 하나님 나라의 성장과 팽창을 보인 것입니다. 작더라도 생명이 있으면 발전하고 확대하며 주위에 감화를 끼칠 수 있습니다. 우리는 사단의 나라에 충성할 것이 아니라 하나님 나라에 충성해야 합니다. 그 일을 찾는 삶을 사시기 바랍니다.

심판주 하나님, 벌써 찍혀 버렸을 우리들을 참아 주시니 감사합니다. 우리에게 회개할 수 있는 믿음을 주사, 회개에 합당한 열매를 맺게 하옵소서. 사단의 사슬에 다시 걸려들지 않게 하시고 하나님 나라의 성장을 위해 충성하게 하옵소서. 예수님의 이름으로 기도 드립니다. 아멘.

♪ 235, 318   ▶ 눅 13 : 22 ~ 35   년 월 일

문이 닫히기 전에

1. 주님께서 무슨 일에 힘쓰라고 하십니까? (24절)
2. 누가 슬피 울며 이를 갈게 될 것입니까? (28절)
3. 주님의 사랑을 무엇에 비유하고 있습니까? (34절)

눅 13:24

좁은 문으로 들어가기를 힘쓰라 내가 너희에게 이르노니 들어가기를 구하여도 못하는 자가 많으리라

현실은 새 하늘과 새 땅을 연결시키는 다리입니다. 현실 그 자체가 구원은 아닙니다. 구원은 현실을 통해서 이루어져야 합니다. 은혜는 구원을 이루는 자료이지 구원 자체가 아닙니다. 구원은 나의 믿음, 즉 현실적인 참여가 있어야 합니다. 구원의 문은 좁습니다. 들어갈 자가 적고, 찾는 이가 적은(마 7:14) 것이 현실입니다. 죄를 버리고 겸손히 자기를 낮추지 않으면 안되기 때문입니다.

지금은 은혜의 때입니다. 언제나 문을 두드리기만 하면 구원의 좁은 문은 열립니다. 그러므로 문이 열렸을 때 들어가야 합니다. 많은 사람이 그 문은 믿지 않고, 그 문으로 가면 세상 욕심을 마음껏 채울 수 없고, 인간이 그 문으로 통행하려면 핍박을 받기 때문에 좁은 문이지만 적극적으로 들어가기를 힘써야 합니다. 왜냐하면 제2의 기회는 없으며 (25), 기회를 잃으면 슬피 울며 이를 갊이 있기 때문입니다(28).

예수님께서 기뻐하시는 것은 바로 죄인들의 구원입니다. 그는 아무도 멸망치 않고 다 회개하기를 원하십니다(벧후 3:9, 딤전 2:4). 우리 앞에 놓여 있는 이 진리의 말씀을 마음 속 깊이 간직하여 생활의 열매를 맺을 수 있기를 바랍니다. 하나님의 주권과 인간의 책임이 완전하게 일치감을 이루게 될 날이 꼭 도래할 것입니다.

구원의 문이신 주님, 좁은 문으로 들어가도록 늘 인도하옵소서. 욕심을 버리게 하옵시고 인내심과 적극적인 자세를 갖추게 하옵소서. 죄인의 구원을 그토록 원하시는 주님의 사랑을 확신케 하옵소서. 저 구원밖에 있는 자들을 구원의 길로 인도할 힘을 주옵소서. 예수님의 이름으로 기도 드립니다. 아멘.

♪ 262, 324　　▶ 눅 14 : 1 ~ 14　　　　년　월　일

안식일 식사

1. 안식일에 예수께서 누구의 집에 초대되었습니까? (1절)
2. 주님의 질문에 바리새인의 반응이 어떠했습니까? (6절)
3. 어떤 사람을 초청하는 것이 좋습니까? (13절)

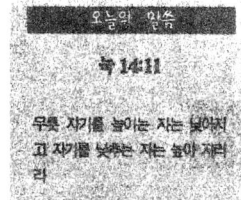

유대인들은 일반적으로 평일보다 안식일날 식탁을 더 성대하게 차립니다. 그것은 그렇게 함으로써 스스로 더 경건하고 종교적이 된다고 생각하기 때문입니다. 안식일에 바리새인의 집에 초대되어 간 예수님은 고창병에 시달리는 사람을 만나게 되었습니다. 예수님은 아들이나 소가 우물에 빠지면 구하지 않겠느냐고 반문하시며 그 병자를 고쳐 주셨습니다(5). 예수님이 오실 때 그는 우물에 빠진 소와 같이 급박한 상황이었습니다.

바리새인은 율법과 권력에 매여 아무것도 할 수 없었습니다. 옳은 줄 알면서도 대답할 수 없었습니다(4, 6). 바리새인들은 사람을 정죄하려고 엿보고 있으나 예수님은 누구에게나 서슴지 않고 은혜를 베푸셨습니다. 바리새인들은 율법 때문에 오히려 교만했습니다. 예수님이 이 잔치에서 느끼신 것은 바리새인들의 교만이었습니다.

사실 우리는 우리의 학벌, 지위, 재능 등으로 자랑하며 이것으로 하나님 앞에 서려고 하고 있습니다. 그러나 우리의 자랑은 우리의 죄를 더 무겁게 할 뿐입니다. 자랑은 우리를 멸망으로 이끄는 것입니다. 자기를 낮추는 것은 바로 그리스도의 마음입니다. 또한 사람들을 초대할 때 대가를 바라면 안됩니다. 갚을 것이 없는 사람, 가난한 사람, 절름발이, 장님을 초대하는 것이 더 낫습니다. 이런 사람을 초대하면 여러분이 큰 축복을 받을 것입니다.

겸비하신 우리 주님, 온유하고 겸손하신 주님을 닮기 원합니다. 교만하여 패망하지 않도록 막아 주옵소서. 우리로 물질, 체면보다는 사람을 더 사랑하게 해 주옵소서. 윗자리 보다 주님 계신 곳을 사랑하게 하옵소서. 대가를 바라지 않고 사람을 사랑케 하옵소서. 예수님의 이름으로 기도 드립니다. 아멘.

♪ 268, 257   ▶ 눅 14 : 15 ~ 24   년 월 일

천국 잔치의 심부름꾼

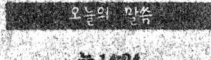

1. 누가 복된 사람입니까? (15절)
2. 잔치 시간에 종은 사람들에게 어떻게 하였습니까? (21절)
3. 분노한 집주인이 종에게 뭐라고 합니까? (21절)

교회는 하나님의 잔치집입니다. 하나님은 천국 잔치를 베풀어 놓으시고 우리들에게 즐거움으로 참여하도록 하십니다. 이 잔치집은 쉬지 않고 손님을 초대합니다. 그리고 이곳에는 영원히 주리지 않는 영의 양식이 가득합니다.

주인은 모든 것을 준비해 놓고 초청하였으나 물욕(18,19), 세상 즐거움(20) 등 육신의 일로 인하여 모두가 거절하였습니다. 천국 초대에 방해물이 되는 것은 언제나 육신의 일입니다. 주인은 대노하여 거리로 나가서 가난하고 병든 자, 소경들을 초청하라고 합니다. 잔치에 참석할 수 있는 사람은 교만한 자가 아니라 자기가 병자(죄인)인줄 알고 초대에 응하는 자입니다.

잔치집에 손님을 초청하고 심부름하는데 종은 매우 중요합니다. 주인은 종에게 말합니다 "빨리 시내의 거리와 골목에 가서 강권하여 데려 오라"(21). 신자는 천국 잔치를 이루게 하는 심부름꾼입니다. 우리는 길과 산울가로 나가서 사람을 강권하여 데려다가 주님의 집을 채워야 합니다. '길'이란 다른 도시로 이어지는 곳이며, '산'으로 가라는 것은 버림받은 자들이 오두막을 짓고 사는 곳입니다. 그곳에서 사람들을 찾는 것은 여간 어려운 일이 아닙니다. 만날 수 있는 약속도 없는 곳으로 찾아 나서야 합니다. 그들을 만나서는 강권해야 합니다.

우리의 영원한 기쁨이 되시는 하나님, 초대받을 아무런 자격이 없는 저희들을 천국 잔치에 초대해 주신 것 감사드립니다. 평계하는 자 되지 않게 하시고 주와 함께 충만한 기쁨을 누리게 하옵소서. 그리고 이제는 이 잔치의 일꾼이 되었음을 알고 불쌍한 영혼들을 강권하여 이 집으로 데려오게 하옵소서. 예수님의 이름으로 기도 드립니다. 아멘.

♪ 367, 365   ▶ 눅 14 : 25 ~ 35   년 월 일

자기 십자가

1. 예수님이 제시한 제자의 조건을 말하십시오. (26절)
2. 망대를 세우고자 할 때 무슨 일을 먼저 합니까? (28절)
3. 어떻게 해야 능히 제자가 될 수 있습니까? (33절)

오늘의 말씀
눅 14:27
누구든지 자기 십자가를 지고 나를 좇지 않는 자도 능히 나의 제자가 되지 못하리라

교회의 지붕 꼭대기에는 십자가가 있습니다. 이 십자가는 "이 집으로 들어오라"는 표입니다. 그리고 이 지붕 아래 사람들은 십자가를 메고 "밖으로 나가라"는 뜻입니다. 예수님을 따르는 길은 십자가의 길입니다. 가시밭처럼 고달픈 생애를 각오하지 않고는 주님의 제자가 될 수 없습니다(27). 자기 부모나 형제나 목숨보다도 예수님을 더 사랑하여야 합니다(26).

예수님은 우리들의 구주요, 스승으로서 우리를 위하여 먼저 십자가를 지고 가셨습니다. 그리고 제자들에게 "자기 십자가를 지고 나를 따르라"고 하셨습니다. 예수님은 '나의 십자가'라고 말씀하지 않으시고 '자기 십자가'라고 말씀하셨습니다. 이 말은 궁극적으로는 '주님의 십자가'라고 해석되어야 하겠지만 강조점이 주어진 것은 개인적으로 겨야 할 십자가입니다. 예수님을 따르면서 십자가를 질 각오가 없이 안일과 유익만을 추구하는 자는 주님의 제자가 될 수 없습니다.

주님을 따르는 길은 자기의 모든 것을 버리는 길입니다. 재산 뿐 아니라 명예나 생명까지라도 버릴 각오가 있어야 합니다. 소금이 짠맛을 잃으면 필요 없는 것처럼 주님을 위하여 버릴 줄 모르는 신자도 필요 없습니다(34). 토목 공사를 하기 전에 예산을 세우고 공사를 시작합니다. 또한 전쟁을 하기 전에 먼저 작전계획을 세우며 죽을 각오를 하고 전쟁을 시작합니다. 주님을 따르려면 분명한 각오와 결단이 필요합니다.

스승이신 우리 주님, 우리로 주님을 따르는 제자가 되게 하심을 감사드립니다. 이 세상의 그 누구, 그 무엇보다 주님을 사랑하게 하옵소서. 내 몫에 대인 자기 십자가를 능히 지고 따라가게 하옵소서. 예수님의 이름으로 기도 드립니다. 아멘.

♪ 315, 215　　▶ 눅 15 : 1 ~ 10　　　　년　월　일

죄인 하나가 회개하면

1. 바리새인들은 어떤 점을 비난했습니까? (2절)
2. 양 한 마리가 없어지면 주인은 어떻게 합니까? (4절)
3. 무엇이 하나님의 사자들 앞에 기쁨이 됩니까? (10절)

눅 15:7

내가 너희에게 이르노니 이와 같이 죄인 하나가 회개하면 하늘에서는 회개할 것 없는 의인 아흔 아홉을 인하여 기뻐하는 것보다 더 하리라

　　재물과 명예를 바치는 것보다도 죄인 한 사람이 회개하는 것을 하나님은 더 기뻐하십니다. 돌아온 죄인들을 위하여 하늘에서는 잔치를 베풉니다. 세리와 죄인들이 예수님과 함께 즐기는 것을 보고 바리새인들은 비난했습니다(2). 그러나 예수님께서는 "내가 의인을 부르러 온 것이 아니요 죄인을 부르러 왔노라"(마 9:13)고 말씀하셨습니다. 세리는 부정 공무원이며, 죄인들은 버림받은 전과자들입니다.

4절에 나오는 목자는 잃은 양 한 마리가 마음에 걸려 밤잠을 이루지 못하고 피곤한 몸을 이끌고 찾으러 나갑니다. 그리고 찾은즉 즐거워합니다. 8절의 드라크마를 잃은 여인도 잃은 드라크마가 마음을 차지하고 있습니다. 예수님은 1/100이 떨어져 나가도 잠을 주무시지 못하는 분입니다. 그러나 바리새인은 죄인을 판단하고 미워해도 사랑은 없습니다(2).

그리스도의 사랑은 깊고 능력 있는 사랑입니다. 목자가 그의 양을 찾고 기뻐하며, 여인이 돈을 찾고 즐거워함 같이 주 예수님께서도 죄인을 구원하시고 기뻐하십니다. 불길 속에서 보화를 건져낸 것처럼 죄인들을 구원하는 것은 주님의 참된 기쁨이 됩니다. 양에 대한 상한 심정은 행동으로 나타납니다. 양 잃은 목자는 찾도록 찾았습니다(5). 특별히 드라크마를 잃은 여인은 등불을 켜고 부지런히 찾았습니다. 오늘 교회나 선교 단체는 양을 찾되 말씀의 등불을 켜고 부지런히 방을 쓸 듯이 치밀하게 찾도록 찾는 전도의 자세가 필요합니다.

　　선한 목자이신 주님, 잃은 양이었던 저희를 찾아 주님의 목장에 거하게 하심을 감사드립니다. 이제는 저희들도 목자의 심정을 갖고 잃은 양을 찾는 일에 힘쓰게 하옵소서. 주님과 같이 찾도록 찾을 수 있게 하옵소서. 예수님의 이름으로 기도 드립니다. 아멘.

♪ 336, 315　　▶ 눅 15 : 11 ~ 32　　　　년　월　일

탕자의 비유

1. 둘째 아들이 어떤 짓을 했습니까? (13절)
2. 마지막 순간 뭐라고 고백하였습니까? (17절)
3. 첫째 아들은 자신을 어떻게 보고 있습니까? (29절)

오늘의 말씀

눅 15:24

이 내 아들은 죽었다가 다시 살아 났으며 내가 잃었다가 다시 얻었 노라 하니 저희가 즐거워하더라

　탕자의 비유는 예수님의 마음, 타락한 신자의 마음, 그리고 열심히 율법적 신앙 생활을 하는 신자들의 상태를 아주 잘 그린 비유 중의 비유입니다. 아버지의 사랑 가운데 행복을 누리던 둘째 아들은 아버지와 형으로부터 독립하여 마음껏 즐기고 싶은 욕심이 생겼습니다. 그래서 아버지를 떠났습니다. 그러나 하나님을 떠나는 신자는 후회합니다(17). 그곳에는 굶주림과 어둠과 절망만이 기다리고 있었습니다.

　뒤늦게나마 탕자는 집으로 돌아올 것을 결심했습니다(18). 차마 아버지라고 부를 면목이 없어서 하인으로 써 달라고 했지만(21), 아버지는 제일 좋은 옷을 입히고 반지를 끼워 주고(22), 살진 송아지를 잡아 잔치를 베풀었습니다(23). 그리고 "내 아들은 죽었다가 살아왔다"(24)고 반가운 마음을 털어 놓았습니다.

　허랑 방탕한 동생이 돌아와 융숭한 대우를 받는 것을 본 첫째 아들은 자기의 의가 강하여 받아들일 수가 없었습니다. 그의 마음 가운데 동생을 용서할 수 없었던 것입니다. 그는 자기 행위를 자랑하며, 자기만이 온전한 아들이라고 생각했습니다(29). 그는 아버지의 깊은 사랑을 이해하지 못한 마음이 좁은 사람이었습니다. 오늘 우리는 불평하는 장자가 되지 않도록 해야 합니다. 포용력 있는 마음을 가지시기 바랍니다. 우리 모두가 원래는 집 떠난 탕자와 같은 사람이었던 것을 기억하시기 바랍니다.

　자비로우신 아버지, 받을 가치가 없는 우리에게 베푸시는 아버지의 사랑을 생각하며 감사, 감격합니다. 아버지의 뜻을 어기고 마음대로 살아온 죄인들을 용서하옵소서. 이제는 아버지의 집에서 아버지의 사랑 받는 자녀로 신실하게 살기를 원하옵고 예수님의 이름으로 기도 드립니다. 아멘.

♪ 356, 361　　▶ 눅 16 : 1 ~ 18　　년　월　일

생활의 지혜

1. 청지기에 대해 어떤 소문이 들렸습니까? (1절)
2. 재물을 값있게 사용하는 방법이 무엇입니까? (9절)
3. 재물을 갖고 우리들이 취할 자세가 무엇입니까? (11절)

오늘의 말씀

눅 16:13
집 하인이 두 주인을 섬길 수 없나니 혹 이를 미워하고 저를 사랑하거나 혹 이를 중히 여기고 저를 경히 여길 것임이니라 너희가 하나님과 재물을 겸하여 섬길 수 없느니라

　　세상을 살아갈 때에 재물은 반드시 필요합니다. 그러나 이것을 올바로 관리하지 못할 때 오히려 이 재물로 인하여 더욱 큰 죄를 짓게 됩니다. 낭비만 일삼는 착실하지 못한 청지기 비유를 통해서 예수님께서는 생활의 바른 지혜를 교훈하십니다.

　　불의한 청지기가 있었습니다. 주인이 이 청지기를 해고하려고 하므로 청지기는 살 궁리를 하다가 주인에게 빚진 자들에게 은혜를 베풀었습니다. 왜냐하면 나중에 해고되면 그 사람들에게 도움을 받고자 하는 생각에서였습니다(1~8). 예수님은 여기서 "불의한 청지기가 재물을 가지고 앞날을 예비하는 지혜를 배우라"고 합니다. 그렇다고 불의한 방법을 용납하신 것은 아닙니다. 신자는 재물을 가지고 영원한 처소를 마련해야 합니다(9).

　　재물을 잘 관리하고 모아야 하지만(10) 한 청지기가 두 주인을 섬기지 못하듯 신자는 재물과 하나님을 동시에 섬길 수 없습니다(13). 그러므로 신자는 하나님께 충성해야 합니다. 재물은 하나님을 섬기는 도구가 되어야 합니다. 그러할 때 하나님은 모든 소유를 맡겨 주십니다(12). 그런데 어떤 사람들은 하나님을 재물을 섬기는 도구로 사용하는 어리석음을 범하고 있습니다. 우리는 하나님이 우리 손에 맡겨 주신 것을 우리 마음대로 사용할 자유가 없습니다. 하늘과 땅의 오직 한 분이신 주인이시며 모든 것의 주가 되시는 하나님이 기뻐하시는 대로 사용하여야만 합니다.

　　만유의 주재이신 하나님, 우리에게 주신 재물을 바로 사용케 하옵소서. 우리들로 재물을 섬기지 아니할 뿐 아니라 적극적으로 하나님을 섬기는 데 재물을 사용하게 하소서. 돈 때문에 우정이 깨어지지 않도록 돈 보다 인간애를 중시하게 하옵소서. 예수님의 이름으로 기도 드립니다. 아멘.

♪ 221, 293   ▶ 눅 16 : 19 ~ 31   년   월   일

부자와 나사로

1. 한 부자의 생활상을 말하십시오 (19절)
2. 거지 나사로의 형편이 어떠합니까? (20, 21절)
3. 부자와 거지의 내세를 비교하십시오 (22, 23절)

오늘의 말씀

눅 16:25

아브라함이 가로되 얘 너는 살았을 때에 네 좋은 것을 받았고 나사로는 고난을 받았으니 이것을 기억하라 이제 저는 여기서 위로를 받고 너는 고민을 받느니라

우자(愚者)가 우(愚)에 참을 수 있으면 현자(賢者)입니다. 추녀(醜女)가 추(醜)에 움추림이 없으면 하늘의 미(美)도 가진 자입니다. 빈자(貧者)가 빈(貧)에 대하여 부끄럼이 없으면 그는 결코 가난한 자는 아닙니다. 오늘 본문에 두 인물이 나옵니다.

부자가 아름다운 옷에 호화로운 잔치를 하며 즐길 때 거지 나사로는 대문 밖의 쓰레기통에서 나오는 부스러기를 먹으며 살았습니다 (19~20). 그러다가 이 부자는 죽어서 꺼지지 않는 지옥 불에 던져져 갈증을 이기지 못합니다. 천국에 간 나사로에게 부탁하여 혀끝에 물 한 방울을 원합니다. 사람은 뿌리는 대로 거두는 것입니다 (요 5:29, 갈 6:8). 자기만을 위하여 사는 이기주의자의 말로입니다. 있는 자는 없는 자를 돌아보아야 합니다.

부자는 이제 자기는 포기하고 나사로를 보내어 자기 형제라도 지옥에 오지 않게 하기를 원합니다. 그러나 물질에 대한 탐욕과 자기 안락 가운데 있는 사람은 죽은 사람이 돌아오는 기적이 나타나도 회개하지 않습니다 (32). 죽은 후에는 회개의 기회가 없습니다 (26). 여러분은 여러분의 생활 목표를 단순하게 하고, 하나님만을 섬기시기 바랍니다. 하나님과 재물을 겸하여 섬기지 마시기 바랍니다. 내세의 영원한 거처에 유의하고 현세를 살아가셔야 합니다. 현세 본위로 사는 사람은 내세를 잃어버립니다.

존귀하신 주님, 이 시대의 사람들이 자기 중심적이고 외견상 화려함에 빠져 있습니다. 그리고 현세가 전부라고 생각합니다. 오늘 우리에게 믿음을 주셨사오니 세상의 삶이 끝난 후에 영혼이 복을 누릴 곳을 사모하며, 이웃을 위해 베푸는 삶을 살게 하옵소서. 우리에게 현재를 넘어서는 삶을 보게 하옵소서. 예수님의 이름으로 기도드립니다. 아멘.

♪ 330, 331　　　▶ 눅 17 : 1 ~ 19　　　년　월　일

주님이 원하시는 신자

1. 실족케 하는 자는 어떤 벌을 받아 마땅합니까? (2절)
2. 문둥병자 열 명이 어떤 자세로 주님께 나왔습니까? (13절)
3. 오직 누가 하나님께 영광을 돌렸습니까? (18절)

오늘의 말씀
눅 17:10
이와 같이 너희도 명령 받은 것을 다 행한 후에 이르기를 우리는 무익한 종이라 우리의 하여야 할 일을 한 것 뿐이라 할지니라

　　신자는 자기 나름대로의 이기주의적 신앙이 아니라 주님이 원하시는 신자가 되어야 합니다. 신자는 자기 좋을 대로 살아가는 것이 아니라 양을 실족치 않도록 살아가는 것이 중요함을 알 수 있습니다. 양에 대한 깊은 이해와 관심 그리고 관용을 갖고 대해야 합니다(3, 4). 나의 행동과 말이 양을 중심으로 이루어져야 합니다. 이런 일을 행한 후 교만하지 않고 무익한 종의 자세를 가져야 합니다(10).

　여기 열 사람이란 땅 위에서 예수를 믿는 모든 신자들을 가리킵니다. 우리 모두는 하나님의 은혜를 받은 자들입니다. 그런데 아홉 사람은 받은 은혜를 잊어버리고 물러갔습니다. 이들에 대하여 주님은 섭섭한 마음으로 찾으시고 계십니다. 오늘 우리는 주님의 은혜를 배신하고 있지는 않는지요?

　그 중에 한 사람인 이방인은 어떻게 했습니까? 이 사람은 죄사함 받은 은혜를 감사하고 주님께 영광을 돌린 자입니다. 구원받은 신자는 하나님께 영광을 돌리며 감사하는 생활을 잊을 수 없습니다. 우리는 무엇보다도 우리 자신들의 죄악성과 죄책, 그리고 자격이 없음을 깊이 깨닫도록 기도합시다. 결국 이것이 감사하는 정신을 가질 수 있는 참된 비결입니다. 감사하는 사람은 매일같이 하나님의 은혜에 진 빚을 실감하고 자신이 진실로 지옥에 갈 수밖에 없다는 사실을 매일 기억하는 사람입니다.

　　궁휼히 풍성하신 하나님, 지금까지 살아오면서 여러 사람을 실족케 한 죄를 용서하옵소서. 늘 언행을 조심하여 주변 사람들에게 주님의 모습을 보여주길 원합니다. 주님께 감사하기 위해 늘 주의 은혜의 빚진 자의 심정을 갖게 하옵소서. 예수님의 이름으로 기도 드립니다. 아멘.

♪ 163, 167　　▶ 눅 17 : 20 ~ 37　　　　년　월　일

인자의 때

1. 바리새인들의 질문이 무엇입니까? (20절)
2. 인자의 날은 마치 무엇과 같을 것입니까? (24절)
3. 인자의 때에 인류는 어떻게 나눠질 것입니까? (34, 35절)

오늘의 말씀
눅 17:26
노아의 때에 된 것과 같이 인자의 때에도 그러하리라

인류 역사는 하나님의 공의로운 심판을 보여주고 있습니다. 시간의 시작이 있었기에 시간의 마지막도 있습니다. 우리 신자는 근본적으로 하나님 나라를 소망하기 때문에 고난과 수고 가운데서 살아갑니다. 본문에서 우리는 하나님의 나라는 세상의 나라와는 전혀 다른 것임을 볼 수 있습니다. 그리고 예수 그리스도의 재림은 아주 갑작스러운 사건이 되리라는 사실을 배웁니다.

하나님 나라는 예기치 못하는 때에 임하게 됨으로 아무도 모릅니다. 하나님만 아십니다. 그러나 사람들이 하나님을 조롱하고 육체의 정욕을 즐기고 살아갈 때 하나님 나라가 가까운 줄 알고 예비해야 합니다(27, 28). 노아의 시대와 롯의 시대의 사람들은 무엇을 하고 있었습니까? 주님이 다시 오실 때도 마찬가지입니다(31, 34, 35).

인자의 때에 마지막 심판은 어느 지역만이 아니라 전 세계에 동시에 임합니다. 이 때 인류의 일부는 구원받고 일부는 멸망할 것입니다. 인자가 어느 때 오는가, 어디에 오는가? 하고 관념 적으로 호기심에서 추구할 문제가 아니라, 일상생활의 신앙 속에서 대망 해야 할 소망입니다. 재림의 소망은 현세의 고난을 견디는 힘을 주며, 현세의 고난을 견디려는 각오는 일상생활에 평안과 참을성을 줍니다. 인자의 때를 소망하면서 그 때를 준비하며 사시기 바랍니다.

다시 오실 주님, 우리가 천국을 바라며, 이 땅에서 고난도 즐겁게 받으며 살겠습니다. 그 날을 소망합니다. 우리로 목숨을 스스로 보존하려고 하기 보다 하나님께 맡기고 하나님을 위해 사는 사람들 되게 하옵소서. 마지막 날 구원의 자리에 이르기를 소망하옵시고, 예수님의 이름으로 기도 드립니다. 아멘.

♪ 215, 337   ▶ 눅 18 : 1 ~ 17   년 월 일

과부와 세리의 기도

1. 이 비유는 무슨 의도에서 하신 것입니까? (1절)
2. 재판관이 과부의 원한을 들어준 이유가 무엇입니까? (5절)
3. 세리는 기도할 때 자신을 무엇이라 불렀습니까? (13절)

오늘의 말씀

눅 18:17

내가 진실로 너희에게 이르노니 누구든지 하나님의 나라를 어린 아이와 같이 받들지 않는 자는 결단코 들어가지 못하리라 하시니라

인생을 살면서 찾아오는 삶의 압박은 우리로 하여금 신앙을 포기하도록 유도합니다. 이 비유에 나오는 과부는 엄청난 압박을 받고 있었습니다. 모든 것이 그녀에게는 불리했습니다. 그녀는 끈덕지게 호소하였습니다. 결코 하나님을 두려워하지 않고 사람도 무시하는 인정 사정 없는 재판관이었지만 그 원한을 갚아 주었습니다. 우리가 기도할 때 이처럼 끊임없이 인내심을 갖고 해야 합니다.

바리새인은 자기는 의롭고 다른 사람은 멸시하는 기도를 합니다. 판단합니다(11). 뿐만 아니라, 기도를 이용하여 자기 자랑을 합니다(12). 반면 세리의 기도는 하나님 앞에 두렵고 떨림과 통회하는 심정으로 기도합니다. 죄인임을 고백합니다. 하나님은 어린아이 같이 겸손한 자를 기뻐하십니다(15~17). 모든 사람들은 겸손하도록 부름 받았습니다. 적어도 이 한 가지 은혜만 지니고 있다면 아주 무식하고 가난한 신자라도 아름답게 드러날 수 있을 것입니다. 그것은 바로 겸손의 은혜입니다.

우리 각자는 자신들의 죄를 자각하고 그리스도의 이름을 의지합시다. 하나님의 자비를 간절히 구합시다. 우리의 기도가 비록 보잘 것 없고, 힘이 없고, 더듬거리며 체계가 없는 것처럼 보일 지라도 여러분은 세리를 생각하면서 용기를 얻으시기 바랍니다. 세리의 기도를 칭찬하셨던 바로 그 예수님이 하나님의 우편에 앉으셔서 여러분의 기도에 응답하실 것입니다.

우리와 대화해 주시는 하나님, 지금까지 우리들이 기도를 교만하게 했었음을 회개합니다. 이제부터는 겸손한 기도를 하게 도와주옵소서, 기도를 통해 자신을 바로 보고 어린 아이 같이 겸손케 하옵소서. 예수님의 이름으로 기도 드립니다. 아멘.

♪ 289, 397   ▶ 눅 18 : 18 ~ 30   년 월 일

영생 얻는 유일한 길

1. 어떤 관원이 예수님께 뭐라고 물었습니까? (18절)
2. 구원은 누구의 힘으로 가능합니까? (27)
3. 하나님의 나라를 위해 헌신한 자에게 무엇이 주어집니까? (30)

오늘의 말씀

눅 18:22

예수께서 이 말을 들으시고 이르시되 네가 오히려 한 가지 부족한 것이 있으니 네게 있는 것을 다 팔아 가난한 자들을 나눠 주라 그리하면 하늘에서 보화가 네게 있으리라 그리고 와서 나를 좇으라 하시니

 사람은 누구나 행복을 원합니다. 그러나 인간은 근본적으로 죄 가운데 있어서 하나님과 불화 관계에 있기 때문에 행복할 수 없습니다. 그러므로 이 죄 문제를 해결해야 합니다. 오늘 말씀에 이 문제로 갈등하는 관원이 예수님께 나왔습니다. 예수님은 영생에 이르는 길을 말씀하십니다.

예수님께 나온 사람은 물질적으로 풍요을 누렸고 지방 회당의 관원이었습니다 (20, 21). 그러나 부와 도덕적인 생활이 그 영혼 문제를 해결할 수는 없었습니다. 세상에 부귀영화로 만족하는 사람을 본 일이 있습니까? 그런데도 그것만을 위해서 산다는 것은 어리석습니다. 예수님께서 보실 때 이 청년은 세상 것 특히 물질을 움켜쥐고 하나님 나라를 구합니다. 그는 물질이 하나님이었습니다.

구원이란 사람의 힘으로 얻을 수 있는 것이 아닙니다(27). 선하신 하나님께서(17) 하나님 나라를 위하여 자기 것을 버리고 좇는 자에게 주시는 선물입니다. 즉 주님을 그리스도로 모시고 사는 생활입니다(막 8:29). 내게는 재물, 지식, 명예, 친구, 오락, 예술, 스포츠, 가족, 애인 등 무엇이 방해물인지 살펴봅시다. 인간은 스스로 자기의 의지나 욕심을 이기지 못합니다. 그러기에 하나님을 찾고 도우심을 구하여야 합니다. 그것이 믿음이요, 영생 얻는 유일한 길입니다.

영원하신 하나님, 우리가 세상 것으로 만족하는 생활을 할 수 없음을 압니다. 우리 자신의 애착물을 다 버리고 주를 따를 수 있게 하옵소서. 영생을 얻기 위해 옛 것을 버리는 생활을 하게 하옵소서 내 힘을 의지하지 말고 주님의 전능하심을 의지하게 하옵소서. 예수님의 이름으로 기도 드립니다. 아멘.

♪ 485, 539　　▶ 눅 18 : 31 ~ 43　　　년　월　일

두 종류의 인물

오늘의 말씀
눅 18:41
네게 무엇을 하여 주기를 원하느
냐 가로되 주여 보기를 원하나이
다

1. 예수님의 말씀을 제자들은 어느 정도 이해했습니까? (34절)
2. 소경은 예수님을 향해 뭐라고 외쳤습니까? (38절)
3. 보게 된 소경은 어떻게 반응하였습니까? (43절)

여기 두 종류의 사람들이 아주 대조적으로 나오고 있습니다. 육신적으로 멀쩡하지만 자기 중심적이어서 하나님 나라의 비밀한 세계를 볼 수 없는 영적 소경과 비록 육신적으로 소경이나 심오한 하나님 나라를 볼 수 있어서 기쁨을 누리는 사람들입니다.

예수님의 예루살렘 입성을 앞둔 제자들은 예수님이 왕이 되시고 자기들은 일등 신하가 되는 것으로 기대하고 있었습니다. 우리의 관심이 세상으로 쏠릴 때 우리의 귀는 닫히고 눈은 감겨지는 법입니다. 그러나 35절의 소경은 어떠하였습니까? 그는 주님(하나님)의 말씀이 스치고 지날 때 놓치지 않고 붙잡았습니다. 그는 많은 사람들과 부끄러움 속에서도 들을 수 있었고 "더욱 심히 소리 질러"(39) 예수님을 불렀습니다.

나는 복잡한 생활 중에서라도 주님의 말씀에 귀를 기울이고 또 예수님을 향하여 불러 본 일이 있습니까? 주님은 나의 부르짖음에 민감한 반응을 보이시는 분임을 기억합시다. 소경이 눈을 떴을 때 제일 처음 본 것은 무엇이었을까요? 바로 예수님의 얼굴이었겠지요. 그 환희와 기쁨은 결코 예루살렘에서 일등 신하가 되려는 세상적 흥분 속에서는 얻을 수 없는 것입니다.

권세와 영광을 한 몸에 지니신 우리 하나님, 매일 말씀을 보고 들으면서도 욕심, 체념, 타성 때문에 깨닫지 못합니다. 우리의 귀와 눈을 여사 세상 일에는 둔하고 주님을 아는 지식에 예민할 수 있게 하옵소서. 고요한 심령으로 주님을 찾아 주님과 신령한 교제를 나누게 하옵소서. 그리하여 우리 얼굴이 늘 환희의 기쁨으로 가득하게 하옵소서. 예수님의 이름으로 기도 드립니다. 아멘.

♪ 338, 210　　▶ 눅 19 : 1 ~ 10　　　　년　월　일

삭개오의 구원

1. 삭개오의 직업과 재산은 어느 정도였습니까? (2절)
2. 예수께서 삭개오를 보시고 뭐라고 말씀하셨습니까? (5절)
3. 삭개오가 서서 주님께 뭐라고 말하였습니까? (8절)

 사람들은 흔히 돈이면 만사가 해결되는 것으로 압니다. 그러나 인간의 행복은 결코 물질에서 오지 않습니다. 삭개오에게서 우리는 출세한 현대인의 모습을 보는듯 합니다. 그저 안간힘을 다해 억지로 모은 돈과 높은 자리를 갖고도 계속 불행하고 고독하기만 합니다.

예수님은 여리고에서 삭개오를 만났습니다. 구하지도 않았는데 주님은 멈추셔서 삭개오에게 말씀하셨습니다. 구하지도 않았는데 죄인의 집에 손님이 되시기를 자청하셨습니다. 구하지도 않았는데 세리의 마음 속에 새롭게 하는 성령의 은혜를 주시고 바로 그날 하나님의 자녀 중의 하나로 삼으신 것입니다. 이처럼 구원은 행위로 인한 것이 아니라 은혜로 말미암습니다. 구원을 받을 만한 일을 하지 않았어도 주님이 찾으셔서 구원하셨던 영혼이 있었다면 그것은 삭개오일 것입니다.

예수님과 만난 삭개오는 구체적인 회개의 열매를 맺었습니다. 소유의 절반을 가난한 자들에게 나누어주고(8), 남에게 토색한 것은 네 배나 갚겠다고 했습니다(9). 진정한 회개는 자기 죄를 깨닫고 자기의 가장 귀한 것일지라도 희생하는 용기와 실천입니다. 예수님을 영접한다는 것은 단순한 방문객이 아닌 나의 주님으로 맞이하고 그 말씀대로 사는 것입니다. 이것이 바로 잃어 버렸다가 찾아지는 생활이며 죄인 되었다가 구원받는 생활입니다.

 죄인을 찾아 구원하시려 오신 주님, 구원 밖에서는 진정한 만족이 없음을 깨달읍니다. 주님을 중심에 모시고 세상 것을 버리는 결단을 하게 하옵소서, '갖겠다'는 인생이 아니라 '주겠다'는 인생으로 살게 하옵소서. 적극적인 자세로 주님을 사랑하길 원하옵고 예수님의 이름으로 기도 드립니다. 아멘.

♪ 372, 378   ▶ 눅 19 : 11 ~ 27   년 월 일

므나의 비유

1. 귀인이 무슨 일로 어디를 갔습니까? (12절)
2. 첫째 종에게는 어떤 칭찬이 주어졌습니까? (17절)
3. 어떤 종을 죽이라고 형벌을 내렸습니까? (27절)

오늘의 말씀
눅 19:17
주인이 이르되 잘하였다 착한 종
이여 네가 지극히 작은 것에 충성
하였으니 열 고을 권세를 차지하
라 하고

 우리 신자들은 므나를 맡은 종들과 같습니다. 각각 생명을 므나로 받았습니다. 그러므로 열심히 일해서 이윤을 남길 의무가 있습니다. 오늘 본문은 우리 신자들이 하늘나라를 막연히 기다리는 안일한 삶보다는 충성스런 사명인으로 살아야 할 것을 말씀하십니다. 따라서 사명인으로 살고자 애쓰는 신자들에겐 격려와 소망이 되며, 안일한 삶을 살고자 하는 신자들에겐 경고의 말씀이 됩니다.

귀인이 떠날 때 그는 종들에게 각각 장사 밑천을 주었습니다. 그중 두 명은 일한 대가로 칭찬과 여러 고을을 차지했습니다. 그러나 셋째 종은 입으로만 주님을 찬양하고 손발은 놀고 있었습니다. 많은 사람들이 게으름을 은폐하기 위하여 하나님은 엄하기 때문에 그랬다고 악평합니다. 그러나 이런 사람은 있는 것도 빼앗깁니다. 아무리 작은 것이라도 주님이 주신 일에 최선을 다하는 사람은 다섯 므나이건 열 므나이건 축복을 누리게 됩니다 (17, 19).

오늘 우리는 우리 자신에게 물어야 합니다. "나는 이 세 부류 중 어느 집단에 속하는가?" 우리는 그리스도의 충실한 종입니까? 우리는 오직 우리의 입술로만 구원받은 불충한 종입니까? 아니면 우리는 "우리는 이 사람이 우리의 왕됨을 원치 아니 하나이다" (14)라는 무서운 말을 내 뱉었기 때문에 완전히 망하게 될 사람들 가운데 속합니까?

 왕이신 하나님, 이 못난 것들을 주의 종으로 삼으신 것을 감사드립니다. 우리가 주님이 맡겨 주신 므나를 묵묵히 장사하여 이윤을 남겨 칭찬을 받고 싶습니다. 작은 일이라도 충성스럽게 하도록 도와 주옵소서. 예수님의 이름으로 기도 드립니다. 아멘.

♪ 138, 146　　▶ 눅 19:28~40

예루살렘 입성

1. 예수께서 제자들에게 시키신 심부름이 무엇입니까? (30절)
2. 무리들이 뭐라고 소리치며 찬양했습니까? (38절)
3. 바리새인의 요청에 주님이 뭐라고 답하셨습니까? (40절)

오늘의 말씀
눅 19:38
가로되 찬송하리로다 주의 이름으로 오시는 왕이여 하늘에는 평화요 가장 높은 곳에는 영광이로다 하니

예수님의 공생애의 마지막 일주일이며 절정이었던 예루살렘에 입성하시는 감격적인 순간입니다. 주님은 스가랴의 예언대로 나무로 만든 십자가를 지시고 가시 면류관을 쓰시기 위해서 입성하십니다. 예수님은 제자들을 보내어 아직 아무도 타 보지 않은 나귀 새끼를 끌고 오도록 하셨습니다(30절).

보냄 받은 제자들은 갔고 나귀 주인은 주가 쓰시겠다는 말에 나귀를 내놓아 주님은 나귀를 타고 입성하셨습니다(33-35). 예수님은 약속된 왕이요, 평화의 왕인 것을 만 백성에게 선포하시는 것입니다(슥 9:9). 나귀를 타시므로 자신이 사랑과 평화의 왕이심을 보여 주십니다. 그 분은 백마를 타고 총, 칼을 차고 군대로 다스리는 폭군이 아니십니다.

예수님이 나귀를 타고 입성하시자 제자들은 겉옷을 벗어 안장을 만들고 길에 깔았습니다(35, 36). 큰 소리로 하나님을 찬양했습니다. 사랑과 평화로 오셔서 온 인류를 구원할 이 소식은 승리의 순간입니다. 그런데 바리새인들은 이 기쁨의 열기 속에서도 율법에 얽매여 냉랭할 뿐만 아니라 시기와 질투 속에 괴로워하고 기쁨을 맛보지 못했습니다(39). 오늘 여러분의 경우 나 자신에게 예수님을 찾는 기쁨을 누리지 못하게 하는 것은 무엇입니까? 여러분에게 제자들과 같이 항상 주님을 맞는 기쁨이 충만하시길 축원합니다.

사랑과 평화의 왕이신 주님, 우리로 주님을 모시기 위하여 늘 준비되게 하옵소서. 주님께서 우리 마음에 오시고 우리도 겸손해지게 하옵소서. 시기와 질투가 사라지게 하옵시고, 기쁨과 평화로 충만하게 하옵소서. 날마다 주님의 길을 예비하기 원하옵고 예수님의 이름으로 기도 드립니다. 아멘.

♪ 261, 431　　　▶ 눅 19 : 41 ~ 48　　　년　월　일

비통한 눈물

눅 19:46

1. 예수님은 예루살렘을 보시고 어떻게 하셨습니까? (41절)
2. 예수께서 성전의 장사치들을 어떻게 하셨습니까? (45절)
3. 예수께서 성전에서 날마다 무슨 일을 하셨습니까? (47절)

저희에게 이르시되 기록된바 내 집은 기도하는 집이 되리라 하였거늘 너희는 강도의 굴혈을 만들었도다 하시니라

워즈워드는 말합니다. "여기에서 그리스도는 눈물을 흘리시므로 인간이자 하나님이신 자신의 두 가지 성품을 드러내고 계신다." 여기에서 운다는 뜻으로 쓰인 단어는 단순히 주님이 눈물을 금치 못하시고 주님의 얼굴에서 눈물이 흘러 내렸다는 것만을 뜻하지는 않습니다. 그것은 오히려 한숨을 쉬고 흐느끼며 고통에 차서 부르짖는 것을 뜻합니다.

성전은 하나님을 모시는 집입니다. 하나님의 말씀이 있고 속죄소가 있는 곳입니다. 성전은 백성들의 영적·정신적인 중심이었습니다. 그런데 이 거룩한 곳이 강도의 소굴이 되고 시장 바닥이 되었습니다. 예수님께서는 이를 보고 노하시고 죽음을 무릅쓰고 이 불의와 대항하셨습니다. 그리고 백성들에게 말씀을 가르쳐 깨우치고 계십니다(47, 48). 예수님은 뒷전으로 가고 내 욕심과 유익을 채우기 위하여 음모하고 싸우는 곳은 시장 바닥이며 강도의 소굴입니다.

하나님의 성전은 우리들 자신을 가리킵니다(고전 6:19). 그렇다면 우리 속에 있는 더러운 것들을 모두 쫓아내야 할 것입니다. 시기, 교만, 악습, 무절제, 무정함 기타 이런 것들은 모두 마음의 도둑들입니다. 예수님은 죄의 속박에서 구원받은 모든 사람들의 마음과 삶 속에서 다스리는 왕으로 오셨습니다. 그는 사람들의 마음 속에 거하러 오셨습니다.

　긍휼이 풍성하신 하나님, 우리의 마음 속이 시장 바닥같이 되지 않도록, 중심을 지켜 주옵소서. 우리 몸은 하나님의 거룩한 성전이라는 의식을 갖고 깨끗하게 보존하게 하옵소서. 예수님의 이름으로 기도 드립니다. 아멘.

♪ 370, 271　　　▶ 눅 20 : 1 ~ 18　　　년　월　일

악한 농부들

1. 예수님을 향한 종교 지도자들의 질문이 무엇입니까? (2절)
2. 포도원 주인은 아들을 보내면서 무슨 기대를 했습니까? (13절)
3. 농부들이 아들에게 어떻게 했습니까? (15절)

오늘의 말씀
눅 20:18
무릇 이 돌 위에 떨어지는 자는 깨어지겠고 이 돌이 사람 위에 떨어지면 저를 가루로 만들어 흩으리라 하시니라

마음 속에 교만과 시기가 가득차 있는 사람은 상대방을 바로 볼 수 없습니다. 바리새인들은 당을 지어 와서 "무슨 권세로 이런 일을 하느냐"고 질문합니다(1-2). 그들은 분명 예수님의 말씀이 자기들의 가르침과는 달리 새롭고 능력 있는 것임을 알았지만, 이를 인정하기가 싫었습니다. 오히려 그의 말을 책잡아 그를 궁지에 몰아넣기만 바랐습니다.

본문에 악한 농부의 비유에서 포도원은 이스라엘, 주인은 하나님, 농부는 유대 종교 지도자들, 종은 선지자들, 아들은 예수님을 의미합니다. 소출의 얼마란 선민으로서 마땅히 갖추어야 할 의(義)와 공평과 믿음을 말합니다(사 5:7). 그리스도인이 본문의 농부와 같이 자기 욕심에 빠지게 될 때 진리에 대하여 어둡게 되고 점점 악하게 되어 마침내는 그리스도까지 십자가에 못 박게 되는 것입니다.

나는 과연 어떤 포도원에서 어떻게 일을 하고 있다고 생각됩니까? 내가 사는 집이나, 옷이나 혹은 돈 같은 것이 모두 내 것으로만 여겨질 때는 없는지요? 이 모든 것은 다 하나님이 우리에게 맡기신 것에 불과합니다. 결코 내 것이 아닙니다. 우리는 다만 하나님의 포도원을 맡은 농부로서 소출을 내기 위하여(10) 일하고 있으니까요. 소출을 내기 위해선 우리가 가진 모든 것을 동원해야 합니다.

말씀하시는 주님, 우리로 진리를 듣게 하시고 말하게 하옵소서. 욕심으로 어두워진 눈을 밝혀 주옵소서. 부지런하고 착한 농부가 되기 위해 힘쓰게 하옵소서. 하나님의 아들로 오신 주님을 존귀케 해 드릴 수 있게 하옵소서. 나의 욕심에서 벗어나 주님의 진리를 수행케 하옵소서. 예수님의 이름으로 기도 드립니다. 아멘.

♪ 265, 94 ▶ 눅 20 : 19 ~ 40 년 월 일

함정 있는 질문

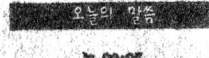
눅 20:25
가이사의 것은 가이사에게, 하나님의 것은 하나님께 바치라 하시니

1. 서기관과 바리새인의 함정 있는 질문이 무엇입니까? (22절)
2. 예수님의 명쾌한 대답에 나타난 두 가지 의무를 말하십시오. (25절)
3. 하나님은 누구의 하나님이십니까? (38절)

우리는 인생을 살면서 지혜로운 교훈을 실천하며 '온갖 말을 믿는 어리석은 자' 노릇을 하지 말아야 합니다(잠 14:15). 여기 제사장, 학자들이 파견한 스파이가 예수님께 와서 함정 있는 질문을 하였습니다. 사람을 지으시고 그 중심을 다 아시는 주님은 저들의 간계를 아셨습니다(24). 그래서 '가이사의 것은 가이사에게 하나님의 것은 하나님에게'(25) 라는 명쾌한 답을 하십니다.

우리는 하나님의 형상을 입었으니 충성심을 먼저 하나님께 드려야 합니다. 하나님께 바쳐야 할 것을 가이사에게 바치는 사람처럼 큰 죄인은 없습니다. 또한 우리가 예수 믿는다는 핑계로 국가에 대한 의무를 소홀히 해서는 안됩니다(롬 13:1~7; 벧전 2:13~17).

부활이 없다 하는 사두개인들의 유치한 질문에는 두 가지 헛점이 있습니다. 첫째는 땅에 속한 일에 근거를 갖고 하늘의 일, 부활을 부인하려고 합니다. 하늘 나라에는 땅의 일들이 그대로 적용될 수 없습니다. 부활 문제는 생명을 얻느냐 잃느냐 하는 심각한 문제입니다(계 21:1~4). 둘째는 하나님은 산 자의 하나님이십니다(38, 출 3:1~4). 그러므로 죽음을 전제로 말하는 것은 큰 잘못입니다. 주님의 역사는 살아 있는 역사이지 죽은 역사가 아닙니다. 우리는 부활의 복된 생명에 참여하기 위해 의로운 사람이 되어야만 합니다(35).

선하신 하나님, 우리는 선보다 악한 데 더 지혜롭습니다. '선한 데 지혜롭게' 하옵소서. 그리하여 땅의 일을 근거로 하나님 나라의 일을 판단하는 어리석음을 범치 않게 하소서. 장차 부활의 복된 생명체에 참여할 수 있게 하실 것을 믿사옵고 예수님의 이름으로 기도합니다. 아멘.

♪ 185, 348　　▶ 눅 20 : 41 ~ 21 : 4　　　　년　월　일

형식주의 자들

1. 다윗이 그리스도를 뭐라고 칭하였습니까? (44절)
2. 바리새인들은 어떤 모습으로 기도하였습니까? (47절)
3. 과부가 많이 넣었다고 평가받은 근거가 무엇입니까? (4절)

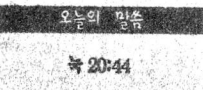

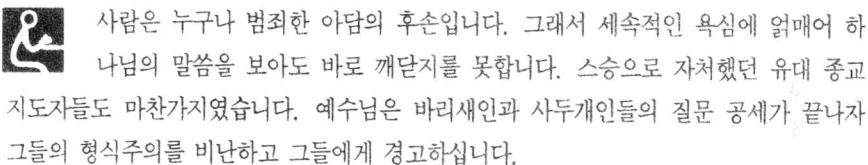　사람은 누구나 범죄한 아담의 후손입니다. 그래서 세속적인 욕심에 얽매어 하나님의 말씀을 보아도 바로 깨닫지를 못합니다. 스승으로 자처했던 유대 종교 지도자들도 마찬가지였습니다. 예수님은 바리새인과 사두개인들의 질문 공세가 끝나자 그들의 형식주의를 비난하고 그들에게 경고하십니다.

그들은 말씀을 형식적으로 알고 있었습니다(41~44). 외식으로 길게 기도하였습니다(45~47). 형식적인 헌금을 하였습니다(2:1~4). 예수님은 말씀을 잘 안다고 하는 그들에게 시편 110:1의 뜻을 물어 보셨습니다. 그들은 대답하지 못했습니다. 그들은 긴 옷을 입고 거룩한 체 합니다. 높은 자리에 앉기 좋아하고 칭찬 받는 것을 좋아합니다. 그러나 실제 생활은 과부들의 가산을 뺏으며 악독한 생활을 합니다. 남 보기에 좋도록 기도합니다. 그런 사람들은 마땅히 심판을 받습니다(47).

신자의 생활은 감사의 생활입니다. 내가 가진 모든 것, 심지어 내 생명까지 모두가 하나님의 것입니다. 신약 성경에는 십일조를 말하지 않았습니다. 생활비 전부를(4) 바치게 되어 있습니다. 본문의 과부는 구제 받을 대상자였지만 자기도 구제 헌금을 바쳤습니다. 나는 하나님께 나의 전부를 바치는 생활을 하고 있습니까? 바치는 물질의 다과는 액수 자체로는 판단할 수 없습니다. 그 사람이 지불하는 희생의 정도에 의해 판단됩니다. 그리고 희생의 크기는 사랑의 정도에 따릅니다.

　중심을 보시는 하나님, 우리가 바리새인과 같은 형식주의자가 안되기를 기도 드립니다. 진심으로 기도하고, 말씀 공부하고, 헌금하게 하소서. 우리 주님께 큰사랑을 받았사오니 큰사랑을 또한 주님께 드리게 하옵소서. 예수님의 이름으로 기도합니다. 아멘.

♪ 539, 544　　▶ 눅 21 : 5 ~ 19　　년　월　일

말세의 징조

1. 말세에 어떤 유혹이 있습니까? (8절)
2. 종말이 있기 전에 성도들에게 어떤 일이 있습니까? (12절)
3. 말세에 성도들은 어떻게 대처해야 합니까? (19)

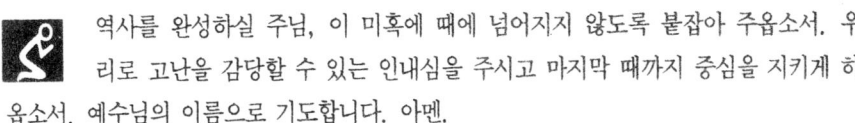

제사장들은 예수님을 죽이려 하고, 예수님은 예루살렘의 멸망을 예언합니다. 파국은 다가오고 있고, 때는 급격히 다가오고 있습니다. 이 판국에 무엇보다도 중요한 것은 제자들에게 시대의 의미를 깨닫게 하고, 그들의 신앙을 굳건히 지키게 하는 것이었습니다.

성전에 모인 많은 사람들이 성전이 아름다운 돌과 바친 물건으로 잘 꾸며진 것을 보고 서로 이야기합니다. 그들은 물질로 된 건물을 보고 황홀해졌습니다. 그러나 그 내부는 썩었습니다(19:45, 46). 하나님의 사람들은 겉보기에 화려한 것에 넘어가서는 안됩니다. 재난의 징조는 적그리스도가 나타나고(7), 전쟁과 난리의 소문을 듣게 되고(9), 민족과 민족이 나라가 나라와 싸운다는 것입니다(10). 그리고 질병이 퍼진다고 합니다(11).

이런 종말이 있기 전에 성도들은 고난을 당합니다. 형제와 친구에게 배반을 당합니다(12, 13). 시험과 증오를 받게 됩니다(16, 17). 이런 때 성도들은 염려 말고 인내로 감당해야 합니다(14, 19). 주님은 성도의 머리털 하나도 다치지 않게 합니다. 신자는 구원받게 됩니다. 그러므로 우리는 두려워 말고 인내해야 합니다. 인내에 의하여 우리 영혼의 구원을 소유해야 합니다. 얻어야 합니다. 차지해야 합니다. 인내는 하나님이 정하신 방법으로 그것에 의하여 그리고 그 안에서 우리의 구원이 우리의 소유가 되도록 합니다.

역사를 완성하실 주님, 이 미혹에 때에 넘어지지 않도록 붙잡아 주옵소서. 우리로 고난을 감당할 수 있는 인내심을 주시고 마지막 때까지 중심을 지키게 하옵소서. 예수님의 이름으로 기도합니다. 아멘.

♪ 162, 163　　▶ 눅 21 : 20 ~ 38　　　년　월　일

깨어 기도하라

1. 무엇을 보고 멸망이 가까운 줄 알라고 하셨습니까? (20절)
2. 이 세상의 일월성신에는 무엇이 있다고 합니까? (25절)
3. 장차 올 일에 대비하여 무엇을 해야 합니까? (36절)

오늘의 말씀
눅 21:36
이러므로 너희는 장차 올 이 모든 일을 능히 피하고 인자 앞에 서도록 항상 기도하며 깨어 있으라 하시니라

　　종말과 재림의 징조가 어느 때보다 뚜렷하게 나타나고 있습니다. 이러한 때 우리는 예수님의 경고와 위로의 말씀을 들어야 하겠습니다. 우리는 본문에서 우리 주 예수 그리스도의 완벽한 지식에 유의해야 합니다. 주님은 장차 예루살렘에 임할 비참한 사건들에 대한 두려운 광경을 보여주고 계십니다. 예루살렘은 예수님이 예언하신 대로 멸망했습니다. 주님의 말씀은 없어지지 아니하고 반드시 이루어집니다.

　주님은 말씀하고자 하는 바를 위하여 자연현상을 예로 들고 계십니다. 주님이 드신 예는 모든 일에는 원인이 있다는 것입니다. 주님이 오실 때는 무화과나무가 싹이 나면 여름이 오는 것을 아는 것 같이 여러 가지 징조가 나타납니다(30절). 이와 같이 우리는 하나님의 말씀을 통해(33절) 하나님 역사의 징조를 알 수 있습니다(31절).

　이러한 때 사람들은 불안감, 허무감을 없애기 위하여 술취함과 방탕함, 스포츠에 몸을 맡겨 버립니다(34절). 그러나 예수님은 우리에게 절제하고 항상 깨어 기도하라고 하십니다(36절). 우리는 주님의 재림이 불과 같이 임하지 않도록 세상에 취하지 말아야 합니다. 그리하여 항상 기도하며 깨어 있어 경건 생활에 힘써야 합니다.

　　역사를 주관하시는 하나님, 이 시대를 보면서 주님의 경고와 위로의 음성을 되새깁니다. 깨어 기다리면서 인내하고 미혹 받지 않도록 저희들을 붙잡아 주시옵소서. 이 지상에 나타나는 혼란과 고통 너머에 주께서 이루실 구원을 보며 소망 중에 살게 하옵소서. 예수님의 이름으로 기도 드립니다. 아멘.

♪ 208, 507   ▶ 눅 22 : 1 ~ 13

제자의 배신

1. 가룟 유다에게 무엇이 들어갔습니까? (3절)
2. 예수를 넘겨줄 조건으로 어떻게 하였습니까? (5절)
3. 물 긷던 사람이 한 일이 무엇입니까? (12절)

눅 22:2

대제사장들과 서기관들이 예수를 무슨 방책으로 죽일꼬 연구하니 이는 저희가 백성을 두려워함이더라

평소에 신임하여 모든 일을 맡겼던 사람이 배신했을 때 그 아픔과 실망을 경험한 적이 있는지요? 여기 오랫동안 예수님의 측근에서 침식을 같이 하면서 특별한 사랑과 신임을 받아 온 가룟 유다가 스승을 배반하고 적의 손에 스승을 넘기는 역할을 자청하고 나섰습니다. 이것은 사단이 그의 마음속에 들어갔다고 설명하는 수밖에 없습니다.

이 어려운 때 누구보다도 예수님을 옹호하고 예수님을 위하여 싸울 때입니다. 그러나 유다는 이 때에 원수에게 가서 상의하고(4), 돈을 받기로 하고, 예수님을 넘겨주기로 결정했습니다(6). 유다는 사단을 향해 마음의 문을 열어 놓았기 때문에 사단이 들어갔습니다. 유다가 따로 없습니다. 복음 역사가 어려울 때 자기 유익을 위하여 원수들과 합세하는 자는 누구나 유다같이 될 수 있습니다.

물긷던 사람은 예수님에 대한 이야기를 듣고 큰 다락방을 빌려주었습니다(12, 13). 그는 진정 숨은 봉사자요, 예수님을 섬기는 사람입니다. 예수님은 우리 각자에게 손님을 위한 우리 마음의 방을 요청하십니다. 여러분의 마음이 큰 다락방처럼 열려 있기를 바랍니다.

유월절 양이 되신 주님, 어려울수록 나의 유익을 구하기 보다 주님의 고난을 생각하게 하옵시고 더욱 충성스런 종이 되게 하옵소서. 우리의 마음이 주님을 향해서는 항상 열려 있게 하옵시고 사단을 향해서는 결코 마음을 빼앗기지 않게 하옵소서. 예수님의 이름으로 기도 드립니다. 아멘.

♪ 351, 426　　▶ 눅 22 : 14 ~ 30　　　년　월　일

최후의 만찬

1. 예수께서는 고난받기 전에 무엇을 원하셨습니까? (15절)
2. 예수님은 잔에 대해 어떤 의미를 부여하셨습니까? (20절)
3. 예수님이 보신 지도자 상은 무엇입니까? (27절)

눅 22:20

저녁 먹은 후에 잔도 이와 같이 하여 가라사대 이 잔은 내 피로 세우는 새 언약이니 곧 너희를 위하여 붓는 것이라

죽음을 앞에 놓고 베풀어진 식탁, 그 자리에는 십자가를 지실 주님과 주님을 배신할 가룟 유다, 그리고 영문을 모르는 제자들이 참석한 자리였습니다. 주님은 이 유월절 식사가 마지막임을 잘 아셨습니다(16). 그리고 십자가의 고난이 뒤따를 것을 아셨습니다. 그러나 죄인을 구원하시려는 간절한 열망이 최후의 만찬을 간절히 원하시게 하였습니다(15절).

예수님은 유월절 어린양이 되사 자신의 살과 피를 희생하여 우리에게 새 언약(렘 31:31-34)을 주신 것입니다. 예수님의 마음은 희생 그 자체입니다(요 1:29, 히 10:12). 신자는 예수님의 살과 피를 먹고 마시므로 구원을 얻은 사람입니다. 그러므로 예수님의 이 희생 정신을 갖고 살아야 할 의무가 있습니다. 이 땅 곳곳에는 우리의 희생과 봉사를 요구합니다.

예수님은 심각하게 죽으심을 말할 때 자기 중심적인 제자들은 누가 크냐는 싸움을 하고 있습니다. 그러나 신자는 장차 하늘 나라를 유업으로 받고 그리스도와 함께 왕 노릇해야 될 사람입니다(29, 30). 따라서 세상의 왕들과는 달라야 합니다(25, 26). 이 세상 집권자들은 임의로 아랫사람을 지배하고 다스립니다. 그러나 하늘 나라에서는 이와 정반대입니다. 교회에서 누가 크냐는 다툼은 가장 어리석은 짓입니다. 주님이 큰 자로서 자신을 희생하고 제자들을 섬기신 것 같이 섬기는 생활을 하시기 바랍니다.

희생과 봉사의 본이 되신 주님, 예수님의 마음과 우리 마음의 차이점으로 인하여 심히 부끄럽습니다. 주님께서 우리를 위해 고난을 받으시고 몸과 피를 주신 그 십자가의 사랑을 잊지 않게 하옵소서. 주님의 희생 정신을 실천하며 살기를 원하옵고 예수님의 이름으로 기도 드립니다. 아멘.

♪ 482, 480　　　▶ 눅 22 : 31 ~ 46　　　년 월 일

기도하시는 예수님

눅 22:44

예수께서 힘쓰고 애써 더욱 간절히 기도하시니 땀이 땅에 떨어지는 핏방울 같이 되더라

1. 예수님은 베드로를 위해 어떤 기도를 드렸습니까? (32절)
2. 예수님이 제자들에게 무슨 부탁을 하였습니까? (40절)
3. 예수님은 얼마나 간절히 기도하셨습니까? (44절)

　　시련과 고난은 그리스도인이 겪어야 할 필수적인 부분이고, 우리에게 필요한 것은 이를 극복할 믿음입니다. 하나님께서는 천국과 면류관을 주시기 위해서 시험과 환난을 준비하셨습니다. 그러므로 시험을 이긴 자만이 천국에서 주와 함께 먹고 보좌에 앉아 다스리게 될 것입니다(30). 그러나 영광에 앞서 있을 십자가는 누구도 장담을 못합니다.

　예수님은 베드로가 사단에게 매인 바 되어 예수님을 부인할 것을 말씀하시고 베드로의 믿음이 떨어지지 않도록 기도했다는 심각한 말씀을 하셨습니다. 그러나 베드로는 주여 내가 주와 함께 옥중에도, 죽는 데도 가겠다고 과신했습니다(33). 베드로는 예수님의 말씀을 깊이 받아 드리지 않았을 뿐만 아니라 기도하지도 않았습니다. 기도하지 않는 신자는 언제나 실패합니다(31; 고전 10:12).

　예수님은 '힘쓰고 애써' 기도하셨습니다. 영어 성경에는 '고뇌 속에서'라고 번역이 되어 있습니다. 그야말로 예수님은 우리가 상상할 수도 없는 고뇌 속에서 격렬하고 처절하게 기도하셨습니다. 예수님은 세 번이나 기도하셨습니다. 나는 나의 뜻이 아니라 하나님의 뜻이 이루어지기 위해서 얼마나 열심히 기도하며 수고합니까? 매일 매일 십자가를 앞에 놓고 주님과 같은 기도를 하는 자가 결국은 승리합니다.

　　우리 생활의 최대 무기인 기도를 허락하신 주님, 기도하지 않음으로 실패할 때가 많았습니다. 평소에 열심히 기도 생활을 할 수 있게 하옵소서. 주님께서 우리를 위해 기도하시고 계심을 믿고 깨어 기도하기를 원합니다. 기도로 승리하길 원하옵고 예수님의 이름으로 기도합니다. 아멘.

♪ 94, 219   ▶ 눅 22 : 47 ~ 71   년   월   일

예수님이 잡히시던 밤

1. 예수님을 잡으러 온 무리들은 무엇을 가지고 나왔습니까? (52절)
2. 베드로는 예수님을 어떤 모습으로 따라갔습니까? (54절)
3. 예수님이 받으신 질문과 대답이 무엇입니까? (70절)

오늘의 말씀
눅 22:60
베드로가 가로되 이 사람아 나는 너 하는 말을 알지 못하노라고 방금 말할 때에 닭이 곧 울더라.

　　소년기에 놀이를 절제할 수 있으면 신동이고, 젊어서 혈기를 죽일 수 있으면 자기를 이긴 자이고, 늙어서 욕심을 버릴 수 있으면 세상을 떠날 채비를 끝낸 자입니다. 예수님은 위기 앞에서도 침착하셨습니다. 큰 일을 앞에 놓고 기도로 준비하고, 하나님 안에서 자기가 가고 있는 길을 아는 사람은 어떤 위기 앞에서도 흔들리지 않습니다.

　　그러나 베드로같이 큰 일을 앞에 놓고 기도하지 않고(46), 영적 통찰력이 없는 사람은 혈기를 부리며(50), 인간 의지대로 해결하려고 합니다. 그는 구경꾼으로 가장했습니다.(55), 거짓말을 했습니다. 거짓 맹세를 했습니다(58; 마 26:72). 예수님을 저주하며 맹세 했습니다(60; 마 26:74). 누구든 처음부터 예수님을 배반하지는 않습니다. 예수님으로부터 멀어지게 될 때 인간의 죄악된 본성은 저주에까지 이르게 됩니다.

　　예수님을 따르는 데는 생활의 출발이 중요합니다. 항상 우리는 보다더 적극적인 자세로 주님을 가까이 모셔야 됩니다. 그렇지 못할 때 베드로처럼 되기 쉽습니다. 그럼 베드로는 어떻게 자신을 발견했습니까? 첫째, 주님을 바라보았고, 둘째, 말씀으로 되돌아갔습니다(61). 오늘 나와 주님과의 거리는 얼마나 됩니까?(요 14:20)

　　자비하신 주님, 우리로 어떤 위기 앞에서도 주님의 종된 자세를 잃지 않도록 은혜 주옵소서. 주변 사람들 앞에서 주님을 부끄러워하지 않게 하옵소서. 주님, 우리와 동거하시여 우리로 담대하게 하옵소서. 베드로와 같은 실수를 하지 않게 바짝 주님을 따르기를 원하옵고 예수님의 이름으로 기도합니다. 아멘.

♪ 144, 342   ▶ 눅 23 : 1 ~ 25   년 월 일

예수님의 사형 판결

오늘의 말씀
눅 23:25
저희의 구하는 자 곧 민란과 살인을 인하여 옥에 갇힌 자를 놓고 예수를 넘겨주어 저희 뜻대로 하게 하니라

1. 빌라도는 예수님에 대해 처음에는 뭐라고 판결을 내렸습니까? (4절)
2. 무리들은 뭐라고 소리질렀습니까? (21절)
3. 빌라도의 최후 판결은 무엇에 근거하였습니까? (25절)

우리 인간은 자기 유익을 위하여 얼마나 거짓말을 잘 하고 또한 자기 생각을 버리지 못하고 신앙생활을 할 때가 많은지 모릅니다. 예수님을 제거하기 위하여 공회에서 심문하던 무리들은 세상 지도자인 빌라도에게 그를 끌고 갔습니다(1). 그리고 예수님이 백성들을 미혹하고 가이사에게 세 바치는 것을 금한다고 거짓 고소했습니다. 자기들의 정치적 목적, 부, 명예를 위해 진리를 왜곡하고 거짓말을 한 것입니다.

빌라도는 세 번이나 예수님이 죄없다는 판결을 내렸습니다(4, 14, 22). 그는 이 문제를 헤롯에게 떠맡기려 했습니다(7). 또 유대인 스스로가 해결하기를 원했습니다(요 19:6, 7). 하지만 결국 무리가 큰 소리로 십자가에 못박게 하라는 소리에 압도 당하여 저희 요구대로 사형 판결을 내렸습니다. 빌라도의 적당주의와 우유부단한 행동은 그가 예수님을 죽였다는 역사의 심판을 면치 못했습니다.

지도자는 진리를 수호하기 위해 모든 것을 버릴 수 있어야 합니다. 진리를 도외시하고 손익을 따져 결정하는 자는 언제나 역사의 심판을 받습니다. 오늘 우리는 진리를 도외시하고 있지는 않는지요? "십자가에 못 박게 하소서"라고 외친 무리들처럼 주위 환경의 흐름에 따라 변하고 있지는 않는지요?

생명의 주 하나님, 우리가 주님을 따른다고 하면서 거짓말을 잘 하고 내 생각을 버리지 못하였습니다. 이제 우리 생각을 버리고 주님을 만나게 하옵소서. 어떠한 현실에서도 주님을 향한 사랑을 변치 않게 하옵소서. 군중심리나 붐에 따라가는 신앙인이 되지 않기를 원하옵고 예수님의 이름으로 기도합니다. 아멘.

♪ 367, 519　　▶ 23 : 26 ~ 38

못 박히신 예수님

1. 예수님의 십자가를 도중에 누가 대신졌습니까? (26절)
2. 울며 따라오는 여자들에게 주님은 뭐라고 위로하셨습니까? (28절)
3. 십자가 위에 뭐라고 써 붙였습니까? (38절)

오늘의 말씀
눅 23:33
해골이라 하는 곳에 이르러 거기서 예수를 십자가에 못박고 두 행악자도 그렇게 하니 하나는 우편에, 하나는 좌편에 있더라

예수께서 십자가를 지고 간 길을 '비아 돌로로사'(라, via dolorosa)라고 합니다. 빌라도의 법정에서 골고다까지를 말합니다. 처음에 예수님은 자신이 못 박힌 십자가를 지고 가시기 시작했습니다(요 19:17). 유대 전승에 의하면 예수께서는 이 길에서 14번 멈췄는데, 5번째 멈춘 지점부터 사형장인 골고다까지는 구레네 시몬이 지고 갔습니다(마 15:21).

예수님을 사랑하는 여인들과 백성들이 가슴을 치며 슬피 울며 예수님을 따르고 있었습니다. 예수님은 그들에게 위로의 말씀을 주시고(28, 29), 믿지 않는 사람들에 대한 심판이 어떤 것인가를 가르쳐 주셨습니다. 예수님에게는 자신의 문제와 아픔보다 양떼들의 문제와 아픔이 더 컸습니다.

예수님께서는 결국 악인들에 의해서 십자가에 못 박히셨습니다. 그들은 예수님의 머리 위에 "유대인의 왕"이라고 써 붙이고(38), 겉옷을 취하여 제비 뽑았으며(34), 주님을 희롱했습니다(35). 그러나 우리 주님은 피흘리시기까지 자신을 십자가에 못박은 사람들을 용서하셨습니다(34). 원수도 미워하지 않으시고 사랑하시는 주님의 모습입니다. 예수님은 나의 추한 죄 때문에 매 맞고 조롱 당하시며 십자가의 고난을 당하셨습니다(벧전 2:22-25). 오늘 우리는 예수님께 어떻게 하고 있습니까?

사랑이 극진하신 주님, 더럽고 악독한 우리의 죄로 인하여 십자가의 아픔을 당하신 것에 감복합니다. 예수님의 용서를 감사하고, 예수님을 사랑하면서 주님 가신 십자가의 길을 따르게 하옵소서. 원수도 미워하지 않으시고 사랑하신 주님의 모습을 닮게 하옵소서. 주를 위해 고생할 각오가 늘 되어 있게 하옵소서. 예수님의 이름으로 기도 드립니다. 아멘.

♪ 416, 211　　▶ 눅 23 : 39 ~ 56　　　　　　년　월　일

운명하신 예수님

녹 23:46

예수께서 큰 소리로 불러 가라사대 아버지여 내 영혼을 아버지 손에 부탁하나이다 하고 이 말씀을 하신 후 운명하시다

1. 우편에 강도가 예수께 뭐라고 요청하였습니까? (42절)
2. 백부장이 예수님의 운명하신 광경을 보고 뭐라고 하였습니까? (47절)
3. 예수님을 장례한 사람은 누구였습니까? (50절)

 죄수들은 한결같았습니다. "저는 죄가 없습니다. 억울합니다." 그러나 마지막 죄수는 왕에게 말했습니다. "저는 죄를 많이 지었습니다." 왕이 말했습니다. "곧 이 죄인을 석방하도록 하라. 이 죄인 때문에 다른 죄 없는 자들이 나쁜 짓을 배우면 안 되니까" 예수의 양 옆에 함께 달린 강도 중 한 사람은 끝까지 회개치 않고 오히려 예수님을 비난하다가 영원히 멸망을 받았습니다(39).

예수님 우측에 있던 다른 강도는 회개했습니다. 그리고 예수님께 자신을 맡겼습니다. 아무리 흉악한 죄인이라도 회개하고 예수님을 영접하기만 하면 예수님과 함께 천국에 있게 됩니다(43). 예수님의 죽으심은 변화를 일으킵니다(47). 그러나 가장 큰 변화는 성소의 휘장이 갈라진 것입니다. 이제는 그리스도의 보혈을 믿는 사람은 누구나 자유롭게 하나님께 나아가 예배드릴 수 있게 되었습니다. 우리 사이에 막힌 장벽이 없어졌습니다 (히 9:3; 10:19, 20).

아무도 예수님께 가까이 하지 않을 때 아리마대 요셉은 예수님의 시신을 가져다가 장사지냈습니다. 또한 여인들은 끝까지 따라가 묻히심을 보고 향료를 준비했습니다. 어려울 때, 충성하고 사랑하는 자가 정말 아름답습니다. 니고데모도 몰약과 침향 섞은 것을 백 근쯤 가져왔습니다(요 19:39). 사랑을 받은 자들의 정성어린 사랑의 표현입니다. 여러분은 어떻게 예수님께 사랑을 표현하고 있습니까?

　　흠없고 점없으시며 완전한 의인이신 주님, 우리에게 예수님의 의를 선물로 주사 의로운 자로 살게 하심을 감사드립니다. 우리로 주님의 십자가를 생각하고 다른 사람들이 주님을 핍박할 때도 주님을 끝까지 사랑하게 하옵소서. 예수님의 이름으로 기도 드립니다. 아멘.

부활하신 예수님

♪ 154, 159 ▶ 눅 24 : 1 ~ 12

1. 언제, 누가, 무엇을 가지고 어디로 갔습니까? (1절)
2. 두 사람이 여자들에게 뭐라고 하였습니까? (5, 6절)
3. 말씀에 대해 사도들이 어떤 반응을 보였습니까? (11절)

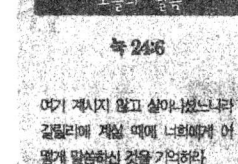

어두운 밤이 지나면 동편 하늘에 밝은 태양이 떠오르듯이 예수님은 사망 권세를 이기시고 승리하셨습니다. 부활은 확실한 근거가 있습니다. 우리는 역사적 사실에 근거하여 부활 신앙을 소유해야 하겠습니다. 과연 예수님은 구약의 예언과 당신 자신의 말씀대로 부활하신 것입니다. 부활하셔서 우리의 구주와 주님이 되시고 지금도 살아계시는 예수님이십니다.

빈 무덤에서 천사의 권면을 듣고 예수님의 말씀을 기억한 여인들은 주님의 부활하심을 확신하고 제자들에게 이 사실을 말했습니다. 무덤을 찾던 여인들의 슬픈 발걸음은 부활의 첫 증인이 되었고, 큰 기쁨과 승리의 발걸음이 되었습니다(마 28:8). 반면에 여인들의 증언을 들은 제자들은 주님의 부활을 믿지 않았습니다. 무덤으로 뛰어 가서 본 베드로도 기이히 여길 뿐이었습니다(12).

말씀없이 자기 편견에 사로잡힌 신앙은 빈 무덤을 보아도 힘이 되지 못합니다. 하나님의 말씀을 기억하고 믿을 때 예수님의 부활을 확신할 수 있습니다. 예수님의 부활은 아직도 많은 사람들에게 허탄한 이야기처럼 보이는 것은 참으로 안타까운 일입니다. 여러분은 그들에게 이 역사적인 사실을 얼마나 열심히 증거하고 있습니까? 또한 예수님의 부활이 여러분의 생활에 구체적으로 어떻게 영향을 끼치고 있습니까? 부활하신 주님을 찬양하며 경배하는 생활을 하시기 바랍니다.

살아계신 주님, 어둠 권세 파하시고 부활하신 주님을 찬양합니다. 우리도 말씀을 기억하고 부활의 산 소망을 잃지 않게 하옵소서. 지금도 살아계신 주님을 믿고 늘 감사하면서 살아가게 하옵소서. 이 부활신앙으로 승리의 생을 살게 하옵소서. 예수님의 이름으로 기도드립니다. 아멘.

♪ 83, 133　　▶ 눅 24 : 13 ~ 35　　　년　월　일

엠마오 길에서

1. 두 제자가 어디서 어디로 가고 있습니까? (13절)
2. 모든 성경은 누구에 관해 쓴 글입니까? (27절)
3. 예수께서 성경을 풀어 주실 때 제자들의 마음이 어떠했습니까? (32절)

오늘의 말씀
눅 24:32
저희가 서로 말하되 길에서 우리에게 말씀하시고 우리에게 성경을 풀어 주실 때에 우리 속에서 마음이 뜨겁지 아니하더냐 하고

　　낭패와 실망에 처하면 그 감정상태가 요동하여 이치를 바로 파악할 수 없게 됩니다. 예수님께서 십자가에 죽으신 후, 실망한 제자들은 각각 제 갈 길로 가고 있었습니다. 예수님께서는 낭패와 실망을 안고 고향으로 돌아가는 두 제자에게 나타나셔서 새 힘을 주셨습니다. 이들이 예수님을 만나기 전에는 희망과 꿈을 잃고 있었습니다.

21절은 희망을 장사한 절망자의 탄식입니다. 그 이유는 무엇일까요? 25절에 주님은 무엇이라고 책망하셨습니까? 성경을 바로 이해 못하고 믿지 않는다면 참 신앙에 이를 수 없습니다. 예수님은 그들과 동행하시며 창세기로부터 시작하여 성경에 쓴 바 예수님에 관한 말씀을 자세히 가르쳐 그들에게 믿음을 심으셨습니다(27-31). 그러자 그들의 마음이 뜨거워졌습니다(32). 눈이 밝아져서 예수님을 알아 보았습니다(31).

오직 성경을 배우고 마음을 열어 예수님을 영접할 때 부활하신 주님을 믿을 수 있습니다. 예수님을 만난 그들은 두려움의 장소인 예루살렘, 절망과 패배의 상징인 예루살렘을 향하여 힘찬 발걸음을 옮겼습니다(33). 부활하신 예수님을 만난 사람은 새 힘이 솟아납니다. 오늘 여러분에게 이런 기쁨과 감격이 있습니까? 혹 여러분이 실패와 좌절의 길을 가고 있다면 부활의 소망이 적기 때문입니다. 성경을 공부하고 사명의 길로 돌아가시기 바랍니다.

　　부활의 산 소망이신 주님, 주님의 말씀을 믿고 신령한 교제를 나누기를 원합니다. 믿음으로 패배와 슬픔을 이기게 하옵소서. 마음이 뜨거워지게 하옵시고 눈이 밝아지게 하옵소서. 날마다 힘찬 발걸음으로 주어진 사명의 길을 가길 원하옵고 예수님의 이름으로 기도드립니다. 아멘.

♪ 265, 268   ▶ 눅 24 : 36 ~ 53   년 월 일

증인의 임무

1. 예수님께서 제자들에게 하시는 인사가 무엇입니까? (36절)
2. 증인이 증거해야 할 내용이 무엇입니까? (46, 47절)
3. 증인의 사명을 감당하려면 무엇이 필요합니까? (49절)

오늘의 말씀
눅 24:47,49
또 그의 이름으로 죄 사함을 얻게 하는 회개가 예루살렘으로부터 시작하여 모든 족속에게 전파될 것이 기록되었으니 너희는 이 모든 일의 증인이라

주 예수 그리스도를 안다고 사람들에게 말하는 것은 매우 효과적인 복음 전도입니다. 열한 사도들이 원한 것은 부활하신 주 예수 그리스도를 개인적으로 경험하는 일이었습니다. 제자들이 예루살렘의 다락방에 모여 부활에 대한 두 제자의 간증을 듣고 반신 반의 하고 있을 때 예수께서 나타나셨습니다(36). 예수님은 제자들에게 육적으로 부활하신 것을 확증하셨습니다(39, 43).

예수 그리스도의 부활에 대한 확신이 없이는 진정한 복음전파자가 될 수 없습니다. 복음은 무엇입니까? 그리스도의 십자가와 부활과 죄사함을 얻는 회개가 복음의 골자입니다. 모세의 율법과 선지자의 글과 시편 즉 구약 전체가 고난당하시고 다시 살아나실 메시야를 가리키고 있으며, 성경의 어느 부분도 예수님을 증거하지 않는 부분이 없다는 사실에 유의합시다.

절망과 불안 가운데 있던 제자들에게 부활 신앙을 심어 주신 주님은 '세계 선교의 명령'을 주셨습니다. 예수님은 그들에게 사명을 주실 뿐만 아니라 그 사명을 감당할 수 있는 능력도 주실 것을 약속해 주십니다(49). 우리들은 우리의 힘이 아닌 성령의 능력을 덧입어서 복음역사를 감당할 수 있습니다. 우리는 살아계신 그리스도와 성령을 통하여 연결되어 있습니다. 성령은 아버지 하나님의 약속의 성취로 임하셨으며 우리는 이 모든 일의 증인으로 부르심을 받은 것입니다.

우리 주 우리의 하나님, 쓸모없는 저희들을 구원하셔서 주님의 십자가와 부활의 증인으로 삼아 주신 것을 감사드립니다. 우리에게 전도할 능력을 주사 죄사함의 복음을 힘껏 전하게 하옵소서. 세상 만민을 주님의 생명의 길로 인도하게 하옵소서. 예수님의 이름으로 기도드립니다. 아멘.

요한 복음
- 예수는 그리스도이시다 -

• **머릿말(1:1~14)**
   영원한 말씀의 성육신

I. **세례요한의 증거(1:15~51 ; 3:22~36)**
   "광야에서 한 외치는 소리" ; "하나님의 양을 보라" ; 야고보, 요한, 안드레, 시몬, 빌립과 나다나엘이 예수를 만나다 ; "그는 흥하여야 하겠고 나는 쇠하여야 하리라."

II. **예수의 사역의 증거(2:1~6:71)**
   가나에서의 첫 기적, 성전 청결 ; 니고데모의 방문 ; 야곱의 우물가에서 여인과의 대화와 사마리아에서의 사역 ; 신하의 아들을 고치심 ; 베데스다 못가의 38년된 병자를 고치심 ; 5,000명을 먹이심 ; 예수께서 바다위를 걸으심 ; 생명에 떡에 대한 강론

III. **유대 지도자들과 예수의 충돌의 증거(7:1~12:50)**
   초막절에 예수 ; 예수의 기원을 두고 논쟁 ; 유대인에 항쟁에 대한 예수의 주장 ; "아브라함이 있기 전 나는 있었다" ; 소경으로 태어난 자를 고침 ; 선한 목자 나사로의 살아남 ; 예수를 죽음에 넘기려는 바리새인들의 음모 ; 베다니에 마리아가 향유를 예수의 발의 부음 ; 헬라인들이 예수를 만남 ; 하늘로부터의 음성 ; 아버지의 계명.

Ⅳ. 예수의 고난받으심, 죽음 그리고 부활의 증거(13:1~20:31)

유월절 ; 예수께서 제자들의 발을 씻음 ; 새계명 ; 유다의 배신 ; 아버지의 집 ; 위로자 ; 참포도나무 ; 진리의 영 ; 대제사장적 기도 ; 배반당하심 ; 가야바 앞에서 심문받으심 ; 빌라도앞에서 십자가에 못박힘 ; 매장 ; 무덤에 여인들이 방문함 ; 부활하신 주님의 나타나심 ; 복음의 목적

· **맺음말 (21:1~25)**

예수께서 갈릴리에서 제자들에게 나타나심 ; 고기를 잡음 ; 베드로에게 특별히 위탁 ; 기록자의 마지막 노트.

요한복음 서론

요한복음을 가리켜 '독수리 복음'(eagle gospel)이라고 합니다. 독수리는 쉬지 않고 날개쳐서 하늘로 높이 날아 올라 사냥감을 찾아내는 날 짐승입니다. 요한복음은 예수님의 12 제자 중 한 사람인 사도 요한이 A.D. 90~100년 사이에 에베소에서 썼습니다.

당시 복음이 헬레니즘 세계로 전파되자 요한은 세상 만민을 위해 복음서를 썼습니다.

요한복음은 형식과 내용이 다른 세 복음서에 비해 특수하다고 해서 '특수복음' 또는 '제 4복음서'라고 합니다.

요한은 조용하고 철학적이며 사색적인 사람입니다. 반면 '우뢰의 아들'이라는 별명이 붙을 만큼 성격이 과격하였습니다(막 3:17). 또한 편협하고 배타적인 유대인었습니다(눅 9:53~55). 뿐만 아니라 경쟁심과 야심이 강한 자였습니다(막 1:37). 그러나 변화된 후에는 세상 만민을 사랑하는 사랑의 사도가 되었습니다. 그는 자신을 말할 때도 '예수께서 사랑하시던 제자'라고 불렀습니다(13:23 ; 19:26 ; 20:2 ; 21:20, 24).

요한복음은 예수님의 생애와 교훈을 사건 중심보다 의미를 중심으로 기록하고 있습니다. 요한복음 전체에 걸쳐 '나는 …이니라'라는 선언이 일곱 번 반복되어 나옵니다(6:35 ; 8:12 ; 10:7,11 ; 11:25 ; 14:6 ; 15:1).

요한복음의 기록 목적은 20:30, 31에서 잘 설명해 줍니다. 즉 예수는 하나님의 아들 그리스도이시며, 예수를 믿음으로서 생명을 얻을 수 있다는 것을 확신시키고 있을 뿐만 아니라 그 같은 사실을 믿고서 영생을 얻도록 하기 위함이라는 말씀입니다.

♪ 101, 209   ▶ 요 1 : 1 ~ 18   년   월   일

말씀이신 그리스도

1. 말씀은 언제부터 누구와 함께 계셨습니까? (1절)
2. 예수의 이름을 믿는 자에게 무엇이 주어집니까? (12절)
3. 육신이 되신 예수님 안에 무엇이 충만했습니까? (14절)

> **오늘의 말씀**
> 요 1:14
> 말씀이 육신이 되어 우리 가운데 거하시매 우리가 그 영광을 보니 아버지의 독생자의 영광이요 은혜와 진리가 충만하더라

말은 우리 자신을 다른 사람들에게 나타내는 일단에 언어입니다. 말로써 우리가 자신의 마음과 생각을 다른 사람에게 나타내 보이듯이 예수 그리스도는 하나님의 뜻과 생각을 우리에게 나타내 주시는 하나님의 '말씀' 입니다. 하나님은 그리스도 안에서 사람들에게 그 자신을 충만히 나타내셨습니다. 그러므로 그리스도는 사람들에게 하나님의 살아있는 말씀이며 그 사랑의 표현입니다.

영원에서 시간 속으로, 천상에서 지상으로 오신 분이 바로 '말씀' 이신 예수 그리스도였습니다. 그분의 오심으로 하늘과 땅이 만났으며, 이 세상은 그 많은 고통과 혼돈과 암흑에도 불구하고 살만한 가치가 있는 곳이 된 것입니다. 그러나 사람들은 '그' 를 알지 못했습니다. 오직 하나님의 뜻으로 말미암아 새로 태어난 사람들만이 '그' 를 영접했습니다 (12).

그를 영접하는 자에게는 하나님의 자녀가 되는 권세가 주어집니다. 그리고 그리스도 안에 있는 은혜와 진리의 충만함을 경험케 됩니다. 구세주는 은혜와 진리가 충만하셨습니다. 한편으로 다른 사람들에 대한 과분한 친절(은혜)을 가지셨으면서도 또한 온전히 정직하시고 의로우셨으며 죄가 없으셨습니다. 온전히 은혜로우시면서도 또한 완전히 의로우실 수 있는 것은 오직 하나님만이 가능한 일입니다. 말씀이신 그리스도를 의지함으로 은혜와 진리의 충만함이 주어지길 기원합니다.

말씀으로 만물을 지으신 하나님, 우리에게 그리스도를 통해 말씀하심을 감사드립니다. 어리석은 우리들에게 그리스도를 영접하게 하사 아버지의 자녀로서 권세를 누리게 하셨사오니 은혜와 진리가 충만하나이다. 오로지 주님만을 의지하여 더욱 은혜와 진리의 충만함을 체험하길 원하옵고 예수님의 이름으로 기도드립니다. 아멘.

♪ 252, 257　　▶ 요 1 : 19 ~ 34

세례 요한의 증거

오늘의 말씀
요 1:29
이튿날 요한이 예수께서 자기에게 나아오심을 보고 가로되 보라 세상 죄를 지고 가는 하나님의 어린 양이로다

1. 요한은 자신의 신분을 무엇이라고 밝힙니까? (23절)
2. 요한은 예수님을 어떤 분으로 소개하고 있습니까? (29절)
3. 요한과 예수의 세례가 어떻게 다릅니까? (33절)

"어떻게 하면 주 예수 그리스도를 믿는 자가 그를 증거할 수 있을까?" 이는 가장 중요한 질문입니다. 세례 요한은 첫 번째 중요한 증인이었습니다. 그의 생애와 그의 사역은 예수님에 관해 증거하는 것이었습니다. 세례 요한은 예수님이 자기보다 우월하신 분이시며, 세상의 죄를 지고 가는 하나님의 어린 양이라고 증거했습니다. 나아가 성령으로 세례를 베푸실 분이라고 하였습니다.

그 분이 성취하실 구속은 이제 그 이루어질 때를 앞에 두고 있었습니다. 요한의 큰 영예는 바로 그 구속이 가까이 왔다는 것을 알리는 소리의 역할입니다. 이는 선포자의 임무를 명확히 해줍니다. 그는 '증거자' 입니다. 그리고 증거자는 자신이 말하는 것을 알고 있는 사람인 동시에 그가 알고 있는 것을 말하는 사람입니다.

세례 요한의 사명 수행은 매우 효과적이었기 때문에 군중은 그를 떠나 예수님을 좇았습니다. 요한의 전도 방법은 전도자들만을 위한 모본이 아니라 모든 그리스도인들을 위한 것입니다. 사람들에게 그리스도를 증거하는 것은 모든 신자들의 의무입니다. 우리가 왜 세상에 살고 있습니까? 우리는 무엇하러 구원받았습니까? 확실히 사람들을 그리스도께로 이끌기 위하여 우리가 여기에 살고 있습니다. 지금 여러분의 생활이 사람들을 예수님께로 인도하고 있습니까?

복음의 주체이신 우리 하나님, 우리로 예수님을 증거하는 증인되게 하신 것을 감사드립니다. 만주의 주이신 주님, 우리 죄를 지고 가신 주님, 성령을 선물로 주시는 주님을 힘써 전하게 하옵소서. 한 생명을 주님께로 이끄는 것의 중요성을 절감케 하옵소서. 예수님의 이름으로 기도드립니다. 아멘.

♪ 330 331   ▶ 요 1 : 35 ~ 51

메시야를 만난 기쁨

1. 두 제자의 물음에 주님은 뭐라고 답하셨습니까? (39절)
2. 안드레가 시몬에게 찾아가 뭐라고 말하였습니까? (41절)
3. 나다나엘의 고백이 무엇입니까? (49절)

오늘의 말씀

요 1:41

그가 먼저 자기의 형제 시몬을 찾아 말하되 우리가 메시야를 만났다 하고(메시야는 번역하면 그리스도라)

만일 우리가 가장 잘 아는 사람들에게 성공적으로 증거하려면 어떤 조건들을 만족시켜야 한다는 것은 분명합니다. 그러면 그 조건들은 무엇입니까? 첫째로 우리의 삶의 방식에 있어서 변화가 있어야 합니다. 우리는 우리의 증거를 받고 사람들이 예수님을 알도록 하기 위해서 기꺼이 낮아질 용의를 보여야 합니다. 둘째로 예수님께서 우리를 사용하여 그들을 얻으시기를 갈망해야 하며, 우리의 테크닉과 논증을 의지하지 말아야 합니다.

사람이 예수님을 만나면 그의 친척들도 예수님을 만나기를 원합니다. 그래서 안드레는 그의 형제 시몬에게 빨리 가서 "우리가 메시야를 만났다"라고 감동적인 소식을 전하였습니다. 빌립은 메시야를 만난 기쁨을 누구에겐가 나누고 싶었습니다. 그래서 그는 나다나엘을 만났습니다. 초신자가 가장 좋은 구령자입니다. 그의 메시지는 간단 명료했습니다. 그는 나다나엘을 만나 모세와 선지자들이 말한 메시아-나사렛 예수를 만났다고 말했습니다.

메시야를 만나면 그때부터 온전해져 갑니다. 예수님께서 베드로에게 "너는 …이구나, 너는 …이리라"고 하신 것을 주목합시다. 우리는 연약하고 비참한 죄인들로서, 그리스도께 나아옵니다. 그러면 그 분이 우리를 고쳐주십니다. "너는 …이구나, 너는 …이리라." 우리가 오늘 아직 되지 못한 것에 언젠가 이르게 될 것을 하나님께 감사합시다. 언젠가 우리는 그리스도와 같이 될 것입니다.

구세주 하나님, 이 구원의 복된 소식을 아직 구원의 자리에 이르지 못한 사람들에게 효과적이고 힘있게 전하기를 원합니다. 먼저 우리를 변케하사 생생한 산 증인으로 세워 주옵소서. 예수님의 이름으로 기도드립니다. 아멘.

♪ 98, 169　　▶ 요 2 : 1 ~ 11　　년　월　일

첫 번째 표적

1. 혼인 잔치집에 무슨 문제가 생겼습니까? (3절)
2. 물로 된 포도주의 맛이 어떠했습니까? (10절)
3. 예수님의 이 표적으로 제자들에게 어떤 변화가 일어났습니까? (11절)

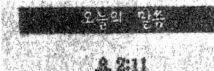
오늘의 말씀
요 2:11
예수께서 이 처음 표적을 갈릴리 가나에서 행하여 그 영광을 나타내시매 제자들이 그를 믿으니라

　차를 타고 가다가 우리는 표지판들을 바라봅니다. 도시의 이름을 알려주는 표지판, 국립공원이 앞으로 얼마나 남았다는 것을 알려주는 표지판, 지금 지나고 있는 다리 밑으로 흐르는 강의 이름을 알려주는 표지판 등등, 이처럼 요한복음에 나타난 표적(징조)들도 무엇인가를 가리키고 있습니다. 이 표적들은 '새시대'를 가리키고 있는 것입니다.

유대인들의 혼인 잔치는 일주일간이나 계속되었기 때문에 신랑은 충분한 음식을 준비해 놓아야 했습니다. 여기 중심적인 일은 포도주가 다 떨어졌다는 것입니다. 포도는 기쁨의 상징입니다(시 104:15, 삿 9:13). 이것은 유대교가 다시 신앙의 제도로써 존재하고 있었으나 그것은 사람들의 마음에 더 이상 위로를 줄 수 없었음을 뜻합니다. 그것은 차갑고 기계적인 일상사로 타락해 버렸고, 하나님 안에서의 기쁨을 전해 누리지 못하였습니다.

주님은 물을 포도주 되게 하셨습니다. 그것은 가장 좋은 포도주였습니다(약 1:17). 우리 주님은 빈 부분에 충만함을, 실망이 있는 곳에 기쁨을, 단지 외적인 것만 있던 곳에 내적인 것으로 채워 주십니다. 참되고 영원한 기쁨을 줄 수 있는 분은 예수 그리스도십니다. 그리스도께서 가져오신 기쁨을 떠나서는 종교를 가지고 있을 것이 아니라 그리스도를 모시고 있어야 합니다. 그리스도만이 여러분의 마음의 주림과 갈증을 해소시킬 수 있습니다.

　참 기쁨이 되시는 주님, 제도와 형식에 매인 종교인이 아니라 기쁨과 감격이 있는 그리스도인이 되게 하옵소서. 물같은 우리 인생을 포도주 같은 기쁨으로 바꿔 주옵소서. 예수님의 이름으로 기도드립니다. 아멘.

♪ 245, 246   ▶ 요 2 : 12 ~ 25   년 월 일

내 아버지의 집

1. 사람들이 성전을 어떤 집으로 만들어 놓았습니까? (16절)
2. 예수님은 성전을 무엇과 동일시 했습니까? (21절)
3. 예수님은 어떤 점에 전지하십니까? (25절)

오스카 쿨만은 그리스도의 말씀 속에는 어떤 급진주의자들이 예수님을 자기들 편으로 이해할 만한 요소들이 확실히 있다고 지적합니다. 그러면서도 예수님을 모든 정치적인 항거 행동이나 모든 폭력의 행동의 반대자로 보이게 하는 요소들도 있다고 합니다. 사실 예수님은 사람들이 꿈꾸는 어떤 것보다 더 근본적인 혁명을(평화적인 혁명이지만) 촉구했다고 하는 것이 옳을 것입니다.

예수님께서는 성전이 더럽혀지고 있는 것을 보시고 즉시 끈으로 채찍을 만드셨습니다. 아마 소를 매는 데 사용된 끈이었을 것입니다. 그리고는 사람들과 양과 소를 성전에서 몰아내셨습니다. 주님은 상을 엎으시고 돈을 바닥에 쏟으셨습니다. 비둘기를 파는 사람들에게 그것들을 갖고 성전 밖으로 나가라고 명하셨습니다. 하나님의 진노가 그들 위에 떨어진 것입니다. 그리스도 외에 누가 감히 이런 일을 하였겠습니까?

이 사건은 오늘날 기도의 집을 속되게 하고 있는 현상을 비난하고 있습니다. 주 예수께서 '기도의 집'이 되어야 할 성전이 모독되었음을 보셨을 때 그의 거룩한 분노를 발하셨다면, 또 성전이 우상 숭배적으로 상업화된 것으로 인하여 그가 그와 같이 단호한 방법으로 성전을 깨끗이 하시게 되었다면, 오늘의 교회를 보시고는 어찌하실지? 기도의 집을 우상 숭배적으로 상업화하시킨 곳에는 영성이 결핍되어 있고 하나님의 능력을 알지 못합니다. 주님은 세상적인 것들을 영적인 것들과 혼합하는 거룩하지 못한 일을 참지 않으실 것입니다.

공의의 하나님, 주의 교회가 하나님을 경외하며 기도하는 집으로 굳게 서게 하옵소서. 세속 세력이 침투하지 않도록 막아 주옵소서. 예수님의 이름으로 기도 드립니다. 아멘.

♪ 204, 332   ▶ 요 3 : 1 ~ 15   년 월 일

거듭남의 비밀

1. 니고데모는 어떤 사람이었습니까? (1절)
2. 하나님 나라에 들어갈 수 있는 조건이 무엇입니까? (3절)
3. 믿는 자는 무엇을 얻게 해 주십니까? (15절)

요 3:3

예수께서 대답하여 가라사대 진실로 진실로 네게 이르노니 사람이 거듭나지 아니하면 하나님 나라를 볼 수 없느니라

오늘날은 존재보다 소유를, 인격보다도 타이틀을 더 중시합니다. 사람들은 거듭나야 할 필요성조차 느끼지 못하고 현실에 얽매여 삽니다. 그러나 사람에게 가장 중요한 것은 거듭나는 일입니다. 니고데모는 종교적이고 선한 사람이었습니다. 그러나 주님은 거듭나야(중생) 하나님 나라에 들어갈 수 있다고 하셨습니다(3절).

인간적인 노력은 인간적인 결과만을 산출할 수 밖에 없습니다. 때문에 어떠한 인간적인 노력으로도 사람이 구원받을 수 없습니다. 인간적인 결과들은 죄악적입니다. 그래서 예수께서는 성령으로 태어나야 한다고 선언하십니다. 누구든지 하나님 나라에 들어가려면 위로부터 다시 창조되어야 한다는 말입니다. 다시 태어난다는 것은 하나님의 비밀이요 사람의 일은 아닙니다.

인간은 물과 성령으로 거듭나야 합니다. 물은 회개를 의미합니다. 숨은 죄를 회개할 때 성령께서 친히 역사하십니다. 자기의 생각을 버리고 겸손하게 증거의 말씀을 영접해야 합니다. 그리고 십자가에 달리신 예수님을 바라보아야 합니다. 근본적으로 십자가의 사죄의 은혜를 덧입어야 합니다. 인간 이성의 성에 갇혀 있는 사람에게는 영혼의 만족과 자유함이 없습니다. 초월의 세계로 이르는 문을 열고 영원한 세계를 보고(3), 들어갈 때 (5) 만족과 자유함과 벅찬 기쁨이 있습니다.

하늘에 계신 우리 아버지시여, 우리는 인간적인 노력으로 하늘나라에 들어가려는 모순을 저지르고 있습니다. 이 시간 십자가의 주님을 바라봅니다. 하나님과의 인격적인 교제를 갖게 하옵소서. 살아계신 성령님께서 우리 마음 속에 역사하사 믿음의 결단을 내리게 하옵시고 거듭남의 은혜를 체험케 하옵소서. 예수님의 이름으로 기도드립니다. 아멘.

♪ 404, 373   ▶ 요 3 : 16 ~ 36   년   월   일

하나님의 크신 사랑

1. 하나님이 세상을 사랑하신 증거가 무엇입니까? (16절)
2. 아들을 믿지 않는 자는 무슨 벌을 받습니까? (18절)
3. 아들을 믿는 자에게는 무엇이 있습니까? (36절)

오늘의 말씀
요 3:16
하나님이 세상을 이처럼 사랑하사 독생자를 주셨으니 이는 저를 믿는 자마다 멸망치 않고 영생을 얻게 하려 하심이니라

기독교는 사랑의 종교입니다. 한량없이 사랑이 많으신 하나님을 만나 본 일이 없는 자는 기독교를 논할 자격이 없습니다. 하나님은 사랑하는 독생자를 주심으로 인간에 대한 자기의 사랑을 확증하셨습니다(롬 5:8). 본문은 이 하나님의 사랑을 영접하는 자와 영접치 않는 자의 결국이 어떠한가를 잘 보여 주고 있습니다.

인류에게 전해진 역사상 최대의 소식이 무엇인지 아십니까? 독생자(외아들) 예수를 믿으면 당신도 구원을 얻는다는 소식입니다(16, 17절). 하나님이 공의로운 분이시라면 심판을 하지 않을 수 없습니다. 그러나 먼저 사랑을 베풀어 아들을 구세주로 보내주셨습니다. 이제 심판의 근거는 그리스도께 대한 우리의 태도에 달려 있습니다(18절). 이미 보내 주신 아들을 믿는 여부에 따라 심판하십니다. 믿는 자만 생명을 소유할 수 있고 믿지 않는 자는 하나님의 심판을 받습니다.

이제 거듭난 신자의 가장 큰 기쁨은 예수님을 증거하여 죽어가는 한 영혼을 살리는 일입니다. 거듭나서 영생의 세계를 체험하게 된 여러분은 이제 그 은혜를 증거하시기 바랍니다. 그러할 때 여러분은 기쁨이 충만할 것이요, 더욱 더 많은 사랑을 받게 될 것입니다.

사랑이 극진하신 하나님, 독생자를 믿고 영생을 얻게 하시니 감사합니다. 주님 주신 이 영생을 자랑하며 증거하게 하옵소서. 하나님의 크신 사랑으로 만족하게 하옵소서. 지금도 심판의 자리에 있는 사람들에게 그리스도를 증거하여 우리와 함께 영생의 세계 안으로 이끌 수 있게 하옵소서. 예수님의 이름으로 기도드립니다. 아멘.

♪ 409, 316   ▶ 요 4 : 1 ~ 15

솟아나는 샘물

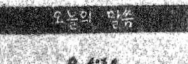

1. 수가 우물가 여인에게 예수님이 뭐라고 하셨습니까? (7절)
2. 예수께서 주시는 물은 어떻게 합니까? (14절)
3. 여자가 예수께 뭐라고 간청하였습니까? (15절)

기독교는 만남의 종교요, 사랑과 대화를 통해 빛을 만나도록 돕는 역사입니다. 하늘나라 황태자, 예수님과 비천한 사마리아 여인과의 만남은 기독교의 단면을 보여주고 있습니다. 예수님과 이 여인 사이에는 너무나 많은 장벽이 가로 놓여 있습니다. 그러나 예수님은 이 모든 것을 넘어 이 여인의 입장까지 낮추어서 아쉬운 소리를 하셨습니다. "물을 좀 달라."

여인은 물을 좀 달라 하시는 예수님의 말씀을 심히 의아하게 여겼습니다. 그리고 예수님을 야곱과 비교하고 무시했습니다. 그러나 예수님은 목 마른 이 여인에게 생수를 주시고자 하십니다. 야곱의 우물물은 먹어도 다시 목마릅니다. 영혼의 갈증만 더할 뿐입니다. 그러나 예수님이 주시는 물은 영원히 목마르지 아니합니다. 심령에서 솟아나는 참 만족과 기쁨이 있습니다.

여러분은 예수님께 무엇을 구하고 있습니까? 우리는 종종 이 여자처럼 우리 자신에게 정말 무엇이 가장 필요한지를 모르고 있습니다. 이 세상에 속한 것들이 우리에게 온전한 만족을 줄 수 없다는 것은 참으로 명백한 사실입니다. 삶의 목마름, 죄의 짓눌림 아래 살고 있는 사람들에게 오신 생명의 물은 곧 사람을 '살리는 물'이십니다(고전 15:45, 겔 47:1-12). 이 물은 '솟아나는 샘'입니다. 이 생수는 그분의 '말씀'이며 '성령'을 가리킵니다(요 6:63). 모든 사람들이 찾는 것이 바로 이 생명이며 예수께서 주시는 것이 바로 이 생명인 것입니다.

죄인을 만나 주신 하나님, 우리 영혼의 갈증을 생수로 축여 주옵소서. 세상의 것을 구하다가 계속 갈증에 허덕이지 않게 하시고 생수의 근원을 찾아 솟아나는 샘물로 만족케 하옵소서. 예수님의 이름으로 기도드립니다. 아멘.

♪ 36, 396   ▶ 요 4 : 16 ~ 30

신령과 진정으로 드리는 예배

1. 예수께서 여인에게 뭐라고 하셨습니까? (16절)
2. 우리는 어떤 자세로 예배드려야 합니까? (24절)
3. 여인은 예수님을 어떻게 증거했습니까? (29절)

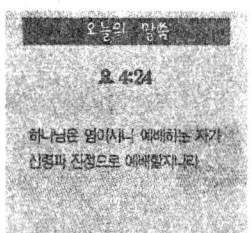

기독교는 맨 먼저 사람들로 하여금 자기 자신의 부패한 상황에 대한 진상을 바라보도록 합니다. 그러나 기독교가 그렇게 하는 것은 예수 그리스도가 필요함을 그들에게 확신시키고, 그리스도가 누구시며 그리스도가 죽음을 통해서 자기들을 위해서 무엇을 하셨는가를 준비시키기 위함입니다. 대부분의 사람들은 돌이켜 생각하기 싫은 죄와 실수를 갖고 있습니다. 그러나 주님은 "네 남편을 불러오라"고 과거를 파헤치셨습니다.

죄를 덮어둔 채로는 용서와 축복의 생수를 받을 길이 없습니다. 영혼의 참 만족을 갈구하는 여인에게 예수님께서 예배를 가르쳐 주신 데는 깊은 뜻이 있습니다. 참된 예배를 통해 영혼의 참 만족을 얻게 됩니다. 예수님은 그녀에게 메시야를 통해서만 하나님께 참 예배를 드릴 수 있고, 예배하는 자는 신령과 진정으로 해야함을 가르쳐 주셨습니다.

참 예배의 대상을 만난 그녀는 심령에서 솟아오르는 감격을 억제할 수 없었습니다. 물동이를 버려두고 동네에 가서 예수님을 증거했습니다. 예배는 성경 중심적이어야 하며 동시에 그리스도 중심적이어야 합니다. 예배가 예수 그리스도를 통한 것이 아닐 때는 '너희는 알지 못하는 것'을 예배하는 결과가 되고 맙니다. '아버지께서는 이렇게 자기에게 예배하는 자들을 찾으'(23절)십니다. 따라서 우리는 충만하고 기쁨에 찬 마음으로 '내가 주의 얼굴을 찾으리이다' 라고 대답할 수 있어야 합니다.

존귀하신 주님, 우리의 모습 그대로를 내어 놓습니다. 용서와 축복의 생수를 공급하여 주옵소서. 그리스도를 중심하여 신령과 진정으로 예배함으로 은혜와 기쁨이 충만케 하옵소서. 예수님의 이름으로 기도드립니다. 아멘.

♪ 271, 370　　▶ 요 4 : 31 ~ 42　　　　년　월　일

예수님의 양식

1. 예수님의 양식은 무엇이었습니까? (34절)
2. 주님의 눈에 비친 세상의 모습은 어떠했습니까? (35절)
3. 예수님의 말씀으로 어떤 결과가 나타났습니까? (41절)

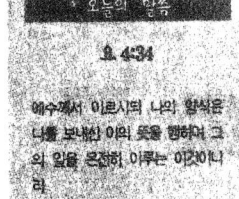

요 4:34
예수께서 이르시되 나의 양식은 나를 보내신 이의 뜻을 행하며 그의 일을 온전히 이루는 이것이니라

만일 우리가 행하고 있는 일이 우리를 세우는 것이 아니라 우리를 헐고 있다면, 우리는 그것이 과연 우리를 위한 하나님의 뜻인지에 대해 충분히 의문을 가져도 좋을 것입니다. 우리 주님은 하나님의 뜻을 마치 무거운 짐이나 혹은 하기 싫은 과제로 여기지 않으셨습니다. 그분은 아버지의 일을 자기 영혼의 참된 양식으로 간주하셨습니다.

예수님은 너무 만족하셨기에 제자들이 가져온 음식조차 필요하지 않았습니다(31-34절). 우리의 생활도 하나님의 뜻을 온전히 이루어 드리는 것이어야 합니다. 예수님은 우리를 영생의 열매를 거두는 추수할 일꾼으로 삼으시고 함께 일하기를 원하십니다. 오늘날 우리의 밭은 어디에 있습니까? '밭은 세상입니다.' 세상에는 수많은 잃어진 죄인들이 있습니다. 우리가 너무 오래 지체하면 추수기가 끝나고 말 것입니다.

빛을 만난 참 기쁨이 계속되려면 빛을 증거하여 영혼을 구원하는 삶을 살아야 합니다. 영혼을 구원하는 기쁨을 맛볼 때 비로소 신앙 생활하는 참 맛을 느끼며 영혼의 만족을 체험합니다. 여러분은 예수님의 양식, 곧 영혼 구원의 기쁨을 체험해 보셨습니까? 눈을 들어 밭을 보십시오. 여러분이 뿌리고 거둬야 할 곡식들이 여러분을 애타게 기다리고 있습니다. 어서 밭으로 나가시기 바랍니다.

온전하신 하나님, 아버지의 온전하신 뜻을 따라 살기를 원합니다. 이 세상에 나가 추수꾼으로서의 사명을 잘 감당할 수 있게 하옵소서. 그리하여 영혼 구원의 기쁨을 체험하길 원합니다. 뿌리고 거둬야 할 곡식을 볼 수 있는 안목을 갖게 하옵소서. 예수님의 이름으로 기도드립니다. 아멘.

♪ 399, 267　　▶ 요 4 : 43 ~ 54　　　　년　월　일

말씀을 믿고 가더니

1. 누가 어디서 병들어 있었습니까? (46절)
2. 예수의 하신 말씀에 신하가 어떻게 응했습니까? (50절)
3. 이 사건의 결과 그 가정에 어떤 일이 일어납니까? (53절)

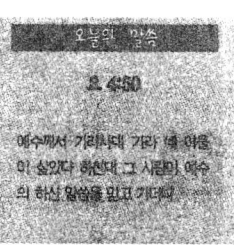

　　참된 신앙은 하나님의 계시인 성경 말씀에 기초한 신앙입니다. 말씀에 기초한 신앙을 가질 때 시공을 초월하여 주님과 인격적으로 만날 수 있고 참 자유와 만족을 얻을 수 있습니다. 예수님이 갈릴리 가나에 이르렀을 때였습니다. 왕의 신하가 병들어 죽게 된 아들을 고쳐주시도록 간청했습니다. 그러나 예수님은 상상외로 냉정했습니다(48절).

왕의 신하는 예수님의 사랑을 의심하고 그 말씀을 믿기 힘들었지만 단순히 믿고 갔습니다. 그러자 바로 그 시에 아들이 나았습니다. 그는 표적이나 기사보다 예수님의 말씀을 믿음으로 믿음의 능력을 체험하게 된 것입니다. '믿고 갔다.' 이것이 구원이 죄인에게 이르는 방법입니다. 그것은 단순히 그의 말씀대로 하나님을 받아들이고 그분의 참되심을 인증하는 것입니다. 그것이 하나님의 말씀이라는 바로 그 사실이 그 신실함을 보증합니다.

무언가 굉장한 일을 믿음의 근거로 삼는 것이 잘못된 일입니다. 하나님께서는 기록된 성경 말씀을 통해서 우리에게 말씀하시고 계시며 우리와 인격적으로 만나십니다. 그러므로 우리가 날마다 말씀을 통하여 하나님과 인격적으로 대화하며 만남을 갖는 것은 바른 신앙생활을 하는 데 대단히 중요합니다. 성경을 읽고 믿기보다 어떤 기적이나 신비한 체험을 하고 믿으려는 태도는 없습니까?

　　말씀으로 우리의 신앙을 견고케 하시는 하나님, 우리로 주의 말씀을 믿고, 사는 사람들 되게 하옵소서. 신비주의에 빠져 하나님의 영원한 계시를 소홀히 하는 자리에 빠지지 않게 하옵소서. 말씀의 진리에 따라 감정, 사상, 오류 등을 통제하게 하옵소서. 예수님의 이름으로 기도드립니다. 아멘.

♪ 94, 528　　　▶ 요 5 : 1 ~ 18　　　년　월　일

베데스다의 기적

1. 베데스다 못가에 어떤 환자들이 있었습니까? (3절)
2. 38년된 병자에게 주님이 뭐라고 하셨습니까? (8절)
3. 예수께서 훗날 그 사람에게 뭐라고 경고하셨습니까? (14절)

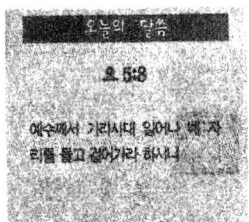

이 세상에는 질병이 그칠새 없고 곳곳마다 불쌍한 병자들이 낙심하여 슬픔으로 지냅니다. 베데스다 연못가는 인간사회의 축소판이라고 할 수 있습니다. 사람들은 각종 질병에 시달리며 서로 경쟁합니다. 경쟁에서 패배한 자들은 깊은 운명주의와 패배감에 사로잡혀 무기력하게 누워 있습니다.

예수님을 베데스다 연못으로 이끈 것은 은혜였습니다. 왜냐하면 그분은 무기력한 사람들의 무리들과 함께 어울리기를 원하셨기 때문입니다. 예수님은 병고칠 세상의 모든 권능을 갖고 계십니다만 사람의 편에 그 믿음이 있어야 합니다. 그래서 주님은 38년된 병자에게 그 믿음을 행사할 수 있는 기회를 주셨습니다. 주님은 그에게 세 가지의 일을 하라고 말씀하셨습니다. "일어나, 네 자리를 들고 걸어가라."

그리스도께서는 그 가련한 병자를 '은혜'로서 대하신 후에 이제 '진리'를 사용하십니다. "다시는 죄를 범치 말라"는 것은 그의 양심을 위해 하신 말씀입니다. 은혜는 하나님의 거룩함을 요구하는 것을 무시하지 않습니다. "깨어 의를 행하고 죄를 짓지 말라"(고전 15:34)는 말씀은 여전히 우리에게 제시되고 있는 표준입니다. "더 심한 것이 생기지 않게"라는 말씀은, 믿는 자는 항상 하나님의 통치 아래 종속되어 있음을 상기시켜 줍니다.

인간의 생사화복을 주관하시는 하나님, 눈물과 한숨과 고통, 질병이 끊이지 않는 세상에 처한 우리에게 자비를 베푸시옵소서. 믿음으로 주께 나아가오니 받아 주옵소서. 주께서 명하시는 표준에 기꺼이 응하도록 일깨워 주옵소서. 예수님의 이름으로 기도드립니다. 아멘.

♪ 196, 202   ▶ 요 5 : 19 ~ 29

생명과 심판의 주

1. 아들이 행하시는 일의 기준이 무엇입니까? (19절)
2. 아버지께서 아들에게 심판권을 맡기신 의도가 무엇입니까? (23절)
3. 선·악행에 따라 어떤 부활로 나타납니까? (29절)

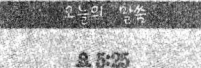

구세주는 그 스스로 아무것도 하실 수 없을 정도로 하나님 아버지와 밀접하게 연결되어 있었습니다. 이 말은 그 스스로 어떤 것을 할 수 있는 능력이 그에게 없었다는 의미가 아니고, 그 아버지가 하시는 것만을 할 정도로 하나님과 가까이 일치되어 있다는 것을 말합니다.

창조주 하나님만이 생명을 주실 능력과 심판할 권세를 가지셨는데 예수님도 같은 능력과 권위를 주장하십니다. 24절을 보십시오. ① 영생을 얻었고, ② 심판에 이르지 아니하나니, ③ 사망에서 생명으로 옮겼느니라. 누가 이런 놀라운 특혜를 받습니까? 지금 그 아들의 음성을 듣는 자는 생명의 부활을 얻지만(25), 그렇지 않으면 마지막날에 심판주의 음성을 들을 것입니다. 그때는 영원한 사망과 진노 아래 버려질 것입니다.

예수님이 하시는 일은 하나님이 하신 일입니다. 성부 하나님께서는 땅위에 내려 오신 성자 예수님께(27) 육적·영적으로 살리는 일과 심판을 다 맡기셨습니다(21, 22). 그리고 사람들이 예수님을 성부 하나님과 똑같이 섬기고 경배드리게 하셨습니다(23). 여러분은 예수님을 단지 인간으로만 보십니까? 아니면 하나님과 같으신 분으로 섬깁니까? 아버지께서 아들에게 모든 것을 맡기셨습니다. 우리는 예수님을 믿고, 그 안에서 선한 일을 행함으로 생명의 부활에 참예하시기를 바랍니다.

만사를 주관하시는 하나님, 아버지께서 외아들을 통하여 우리를 위해 일하신 그 크신 사역을 인하여 감사드립니다. 우리에게 영생을 주셨사오니 영생을 누리며, 선한 일에 힘쓰게 하옵소서. 영원한 그 나라에서 주와 더불어 영광을 누리게 될 것을 소망하옵고 예수님의 이름으로 기도드립니다. 아멘.

요한복음 · 97

♪ 97, 340　　　▶ 요 5 : 30 ~ 47　　　년　월　일

예수님에 대한 증거

1. 요한은 무엇에 대하여 증거하였습니까? (33절)
2. 사람들이 예수님을 믿지 않는 이유가 무엇입니까? (38절)
3. 성경은 누구에 대해 증거하는 책입니까? (39절)

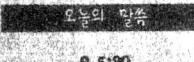

 유대인들의 율법에서는 최소한 두 사람의 증인이 있어야 증거가 유효합니다(요 8:17). 예수님에게는 네 명이나 되는 증인이 있습니다. 세례 요한(32-35), 예수님이 행하시는 기적의 역사(36), 하나님 아버지(37), 그리고 성경(38, 39)입니다. 그런데 여기서 네 번째 증거가 나머지 세 증거를 밝혀주는 실마리가 됩니다.

이렇게 예수님이 하나님의 아들이시라는 사실은 명백합니다. 그런데도 사람들이 예수님을 믿지 못하는 이유가 무엇입니까? 예수님을 사랑하지 않기 때문입니다. 자기 영광을 구하기 때문입니다. 성경을 믿지 않기 때문입니다. 사람들이 불신앙 때문에 심판받는 것은 전혀 자기 책임입니다.

자신의 성경을 살펴보면서 자신의 구주를 발견하는 자는 복이 있습니다. 헬라어로 '살펴다'라는 뜻은 사람들이 금을 찾거나 사냥꾼이 사냥감을 찾을 때와 같이 열심히 부지런히 찾는 것을 뜻합니다. 우리는 성경을 겉으로만 한 두 장 읽는 것으로 만족해서는 안됩니다. 성경의 빛으로 말씀의 의미를 깊이 살펴보아야 합니다. 하나님의 말씀은 깊이 연구하면 그만큼 많은 것을 줍니다. 성경은 우리에게 예수님을 증거합니다. 그러므로 우리는 성경에서 그리스도를 찾아야 합니다. 그를 만나야 합니다. 그 때 주님은 우리를 놀랍게 변화시켜 주십니다.

 하나님 아버지, 구세주를 보내 주시고 그를 믿음으로 구원받게 하심을 감사드립니다. 예수님을 사랑하게 하시고 주님의 영광만을 구하게 하옵소서. 주의 말씀을 자세히 살펴 그 속에서 나타난 그리스도를 만나게 하옵소서. 나아가 예수님을 만방에 증거하는 증인들이 되게 하옵소서. 예수님의 이름으로 기도드립니다. 아멘.

♪ 284, 461   ▶ 요 6 : 1 ~ 15   년   월   일

큰 무리들을 먹이심

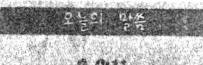

1. 큰 무리가 예수님을 따른 이유가 무엇입니까? (2절)
2. 표적을 보고 사람들이 예수님을 누구라 불렀습니까? (14절)
3. 예수님은 자신을 임금 삼으려는 줄 알고 어디로 갔습니까? (15절)

우리 구세주께서 행하신 놀라운 모든 역사들 중에서 배고픈 군중을 먹이신 이 사건은 그리스도의 전능하신 능력에 대한 주목할만한 예임이 분명합니다. 예수님께서 갈릴리 바다 건너 편에 계실 때, 큰 무리가 병자들에게 행하시는 표적을 보고 몰려 왔습니다. 예수님은 가난과 질병에 시달리는 양떼들을 보시고 목자 없는 양같 음을 인하여 불쌍히 여기셨습니다.

주님의 제자들은 사람들을 보내버리자고 제안했습니다. 문제를 외면하는 부정적인 해결책을 선택했습니다. 빌립도 부정적이었습니다. 우리가 어떤 일을 당했을 때 그것이 손도 댈 수 없는 일임을 알 때는 차라리 큰 위로가 될 수 있습니다. 그 일에서 손을 뗄 충분한 이유가 되기 때문입니다. 그러나 주님께서만이 해결하실 수 있다는 걸 알 때 얼마나 위로가 될까요?

한 아이가 드린 보리떡 다섯 개와 물고기 두 마리가 크게 쓰여졌습니다. 우리가 우리의 최선을 예수님께 기꺼이 드릴 때에 그것을 그분 자신의 영광을 위하여 사용하시며 바치는 우리들을 축복하여 주실 것입니다. 우리는 우리에게 주어진 재능을 주님께 드려야 합니다. 그러지 않을 때 그 재능들을 말라붙게 될 것이며 그들 자신들은 빈손으로 나아가 주님을 만나게 될 것입니다. 여러분이 재능을 주님께 드리며 주님은 축복하실 것이며 천국에서 여러분을 기다리는 상급이 있을 것입니다.

능력의 주 하나님, 죄인들을 불쌍히 여기심을 감사드립니다. 주님의 마음으로 우리도 이 세대 속에서 사람들에게 자비를 베푸는 자가 되게 하옵소서. 주께서 주신 재능을 주 위해 드림으로 주님의 위대한 역사를 이루는데 쓰임받게 하옵소서. 예수님의 이름으로 기도드립니다. 아멘.

♪ 196, 351　　▶ 요 6 : 16 ~ 40

영생하도록 있는 양식

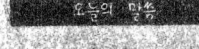

1. 두려워 하는 제자들에게 주님은 뭐라고 하셨습니까? (20절)
2. 영생하도록 있는 양식은 누가 주십니까? (27절)
3. 아버지의 뜻이 무엇입니까? (40절)

　　아무 위험도 없을 때 인간의 마음은 아주 완고하고 단단해서 하나님의 분노나 위협에 아무 상관하지 않습니다. 아무런 문제거리도 없을 때 우리는 두려움이나 경외심 없이 편하게 죄 가운데 살아갑니다. 예수님은 괴로워 노를 젓는 제자들을 찾아 오셨습니다. 그리고 '내니 두려워 말라' 고 하셨습니다. 예수님을 영접한 제자들은 기쁨이 충만하게 되었습니다.

　　사람이 하나님의 일, 곧 그의 기뻐하시는 일을 할 수 있을까요? 하나님의 보내신 예수님을 믿고 의지하는 것이 곧 하나님의 일이라고 하셨습니다. 누구나 할 수 있습니다. 예수께서는 오직 한 가지 '일', 즉 구세주를 믿는 일이 필요함을 분명하게 강조하셨습니다. 어떤 사람이 그리스도를 믿을 때, 그의 구원은 선행의 결과가 아닙니다. 구원이란 우리의 믿음에 대한 응답으로 하나님께서 주신 것이기에, 그것에 아무것도 자랑할 것이 없습니다.

　　예수께서는 자기가 하나님의 지혜를 온전히 실현시켰다고 주장하십니다. 하나님의 지혜를 받아들이듯이 예수를 받아들이라는 것입니다. 하나님의 지혜를 받아먹듯이 예수를 먹으라는 것입니다. 영생하도록 있는 양식은 예수님만이 주실 수 있습니다. 하나님의 뜻은 우리가 예수를 믿음으로 영생을 소유하는 것입니다(38, 39). 새롭고 영원한 생명과 안전이란 누구나 원하는 것입니다. 지금 여러분이 그리스도와 함께 동행하는 것을 소중히 여기시기 바랍니다. 그러면 부족한 것이 아무것도 없을 것입니다.

　　일하시는 하나님, 우리로 그리스도를 믿게 하셨사오니 믿는 것을 가장 소중한 일로 여기게 하옵소서. 주 안에서 영생과 안전을 누리길 원하옵고 예수님의 이름으로 기도드립니다. 아멘.

♪ 387, 466   ▶ 요 6 : 41 ~ 71   년 월 일

너희도 가려느냐?

1. 유대인들이 왜 예수께 대해 수군거렸습니까? (41절)
2. 예수님은 자신을 무엇이라고 하였습니까? (48절)
3. 시몬 베드로의 결의에 찬 대답이 무엇입니까? (68절)

오늘의 말씀
요 6:68
시몬 베드로가 대답하되 주여 영생의 말씀이 계시매 우리가 누구에게로 가오리이까

사람들은 날마다 하루 세끼 밥을 먹고 수시로 음료를 마셔야 삽니다. 마찬가지로 우리 영혼도 주일날 만이 아니라 날마다 수시로 양식을 섭취해야 합니다. 영혼의 참 양식은(52) 곧 생명의 떡이신 예수님 자신입니다. 예수님의 살과 피는 영혼의 참된 양식이고 참된 음료입니다. 날마다 그리스도의 사죄의 은혜와 자기 몸을 주신 구속의 사랑이 내 생활의 구석 구석까지 미치도록 예수님의 살과 피를 마셔야 합니다.

예수님께서 자기 살과 피를 먹고 마시면 영원히 산다는 말씀을 하시자 제자들마저도 어리둥절 했습니다. 유대인들에게 피를 마신다는 것은 특별히 금지된 것이므로 예수님의 살을 먹고 피를 마셔야 생명을 얻는다는 것은 큰 쇼크였습니다(52~59).

2,000년 전에 십자가에 달려 피 흘리시고 죽으신 예수님이 오늘의 나를 용서하시고 구원하실 수 있다니 믿기 어렵다고 하겠지요? 그래서 많은 사람들이 예수님을 떠나 갔습니다(66). 바울시대에도 그것을 미련한 일이라 생각하는 자들이 있었습니다(고전 1:24~25). 나도 포기하고 물러날 생각은 아닙니까? 크리스챤은 하나님이 그렇게 가르치셨기에 그리스도 예수를 믿을 수 있으며(65), 그외의 다른 선택을 할 수가 없는 것입니다(67~69). 어렵다고 포기하지 말고 성경을 계속 읽으면 영생의 말씀을 깨달을 수 있습니다.

오, 사랑의 주님, 주님의 살과 피로 우리 영혼을 먹여 주시니 감사합니다. 주님의 말씀만이 한 생명의 말씀이오니 우리가 주님을 떠나 어디로 가오리까? 주님께 든든히 뿌리를 내린 뿌리 깊은 신앙인이 되게 하옵소서. 주의 말씀의 기이한 것을 보게 하옵소서. 예수님의 이름으로 기도드립니다. 아멘.

♪ 342, 423　　▶ 요 7 : 1 ~ 13

예수님의 때

1. 예수께서 유대에서 다니려 아니하신 이유가 무엇입니까? (1절)
2. 예수께서 '내 때'와 '너희 때'를 어떻게 구분합니까? (6절)
3. 왜 사람들이 드러내놓고 예수님에 대해 이야기 할 수 없었습니까? (13절)

'때'를 잘 타야 한다고 합니다. 예수님은 온전히 하나님의 때를 좇아 역사를 감당하셨습니다. 유대인의 명절인 초막절이 가까운 때였습니다. 예수님의 형제들은 바로 이 때가 세상에서 출세할 수 있는 절호의 기회라 생각하고 예수님으로 하여금 예루살렘에 가서 능력을 행하도록 권유했습니다. 세상 영광을 구하는 마음이 이들의 영적 눈을 흐리게 한 것입니다.

예수님이 높임과 영광을 얻을 때는 십자가 후에 있었습니다(9). 그래서 하나님이 주시는 때를 기다리며 순종하셨습니다. 서두르지 않았습니다. 나는 일이 빨리 성공하지 않는다고 서두르며 조급해 하지 않습니까? 자칫하면 정상적이 아닌 인간의 수단방법을 쓸 위험이 있습니다. 주님은 아버지의 뜻에 자신의 뜻을 순응시키는데 아버지의 뜻이 분명하게 나타나지 않으면 움직이지 아니하셨습니다.

우리는 주님의 이러한 행동을 통해 하나님의 주권과 인간의 책임의 아름다운 실례를 봅니다. 아버지께서는 자기 아들을 위한 계획을 갖고 계셨습니다. 그리고 그 계획은 아무도 무산시킬 수가 없습니다. 예수께서는 절기에 억지로 참석을 하고자 하심으로써 아버지를 시험하지도 않으셨고, 또한 절기에 참석해야 할 적절한 때가 왔을 때 뒤로 물러나지도 않으셨습니다. 오늘 우리도 그러기 위해서는 하나님의 때를 아는 영적인 분별력이 요구됩니다.

때를 따라 돕는 은혜를 베푸시는 하나님, 하나님이 정하신 때를 분간하는 분별력과 그 때를 기다리는 인내를 주옵소서. 하나님의 주권에 따르면서 동시에 우리의 책임을 성실히 감당케 하옵소서. 뒤로 물러나 침륜에 빠지지 않고 늘 전진하길 원하옵고 예수님의 이름으로 기도드립니다. 아멘.

♪ 215, 217   ▶ 요 7 : 14 ~ 24   년 월 일

편견 없는 판단

1. 예수님의 교훈은 누구의 것이었습니까? (16절)
2. 무엇을 구하는 자가 참됩니까? (18절)
3. 판단은 어떻게 하여야 합니까? (24절)

오늘의 말씀
요 7:24
외모로 판단하지 말고 공의의 판단으로 판단하라 하시니라

동료들에 대한 우리의 판단은 늘 많은 것을 고려할 수 있어야 합니다. 겉으로 드러나는 외모에 속기 쉽다는 것을 명심해야 합니다. 우리는 외모로 거의 그 사람을 알 수 없습니다. 마음과 영혼의 은밀함은 하나님 외에는 아무도 알 수 없습니다. 유대인은 예수님을 외모로 판단했습니다. 그들은 전통과 인습에 굳어져서 하나님의 뜻과 하나님 영광도 그만 잊어버렸습니다.

고정관념의 벽을 허물지 못하는 한 진리를 찾는다고 하면서도 진리를 대적합니다. 우리 주님께서는 적대자들의 주장을 반박하시기 위해 바로 그 모세의 율법을 사용하셨습니다. 그러나 그들이 굴복치 않을 것에 대해서도 알고 계셨습니다. 그 이유는 그들의 판단 기준이란 정직한 것이 아니었기 때문입니다. 그들은 그 사실에 관해 피상적으로 조사한 것을 근거로 판단을 내렸던 것입니다. 그들은 '이다'(is)가 아닌 '듯하다'(seems)에 근거하여 판단을 내렸습니다.

불행하게도 오늘날의 너무나도 많은 사람들이 이와 동일한 실수를 범하고 있습니다. 우리가 판단할 때가 너무 비판적이며 몰인정한 것이 보통입니다. 우리가 사정을 잘 알지 못하면서도 비판하는 일이 종종 있습니다. 예수님은 우리에게 "겉모양으로 판단하지 말라"고 하십니다. 의로운 판단은 편견이 없어야 하고 그 이면에 숨겨진 것을 알고 정신과 의도를 분별하는 것이어야 합니다.

공의로우신 하나님, 사람의 외모를 보고 함부로 판단해 온 죄를 용서하옵소서. 판단하기 전에 이해하려고 하게 하옵소서. 먼저 자신을 말씀에 비춰 보게 하옵시고, 편견에 빠지지 말게 하옵소서. 예수님의 이름으로 기도드립니다. 아멘.

♪ 94, 98   ▶ 요 7 : 25 ~ 36

예수님이 누구신가?

1. 사람들은 무엇으로 예수님을 알았습니까? (27절)
2. 예수님께서 말씀하신 어조가 어떠하였습니까? (28절)
3. 대제사장들과 바리새인들의 반응을 말하십시오. (32절)

오늘의 말씀
요 7:28
예수께서 성전에서 가르치시며 외치어 가라사대 너희가 나를 알고 내가 어디서 온 것도 알거니와 내가 스스로 온 것이 아니로라 나를 보내신 이는 참이시니 너희는 그를 알지 못하나

많은 사람들이 영적 무지, 편견, 고정관념, 인간 중심적인 사고 때문에 그리스도를 가까이 모시고 있으면서도 영접하지 못하고 있습니다. 유대인들은 "예수가 누구냐?"하는 논란을 계속하고 있습니다. 하나님이 약속하신 메시야 같기도 했지만 예수님의 고향과 가문(목수의 아들)을 생각하니 아닌 것 같았습니다.

이 시점에서 주님은 모든 사람이 들을 수 있도록 목소리를 높여 말씀하셨습니다(28). 인간으로서 그는 나사렛에서 살고 계셨습니다. 그러나 그들은 그분이 그분 스스로 오신 것이 아니라 하나님 아버지로부터 보내심을 받았다는 것도 알아야 했는데 사람들은 그것을 모르고 있었습니다. 이 말씀에서 주님은 그분 자신이 하나님과 동등됨을 주장하셨습니다. 그분은 그분 스스로 오지 않으셨습니다. 즉 자신의 뜻을 행하기 위해 그분 스스로 오지 않으셨다는 말씀입니다.

나는 예수님이 누구시라고 생각합니까? 2,000년 전과 같이 오늘도 예수님께 대한 진리를 아는 길은 그를 의지하는 것 뿐입니다(17, 요 14:5,6). 예수님이 가르치신 말씀과 그의 하신 역사를 통해 예수님이 그리스도이심을 확실히 믿으시기 바랍니다. 예수님은 하나님의 아들이시며 화육하신 말씀(Logos)이고 영원한 위엄을 지니고 계신 분입니다.

메시야를 보내 주신 하나님, 메시야이신 예수 그리스도를 바로 믿고 알게 하옵소서. 인간적인 기준에서 보지 않게 하시고 말씀에 근거하여 믿음으로 알게 하옵소서. 우리의 눈을 열어 주사 주님을 바로 보게 하옵소서. 그리하여 공의의 판단으로 판단하게 하옵소서. 예수 그리스도의 이름으로 기도드립니다. 아멘.

♪ 173, 316   ▶ 요 7 : 37 ~ 53   년   월   일

와서 마시라

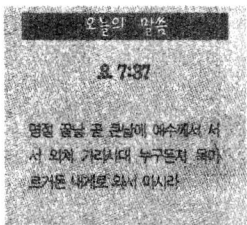

1. 예수님께서 외치신 초청의 말씀을 쓰십시오 (37절)
2. 누구에게 생수의 강이 흘러납니까? (38절)
3. 생수의 강은 무엇을 가리킵니까? (39절)

초막절의 끝날은 명절의 절정을 이루는 날입니다. 그 때는 행렬을 지어 실로암에 가서 금 주전자에 물을 떠다가 제단 앞에 부었습니다. 이는 다음 한해도 가물지 않고 풍성한 비를 허락해 주시기를 기원하는 행사였습니다. 예수님은 바로 이때 서서 외치며 목마른 인생들을 초청하셨습니다.

예수님은 사람의 목마름을 해결해 주시는 살아있는 물을 쏟아 부으시는 분이십니다. 생수의 강은 예수님 자신을 가리킵니다. 예수님은 "누구든지 목마르거든 내게로 와서 마시라"고 초청하셨습니다. 누구든지 예수님께 나올 때만이 영혼의 목마름을 해결할 수 있습니다. 예수님을 믿는 자에게는 성령을 생수의 강처럼 허락하십니다. 성령을 받을 때 영혼의 참 만족과 기쁨을 충분히 누릴 수 있게 됩니다.

오늘 우리가 자신들로부터 죄와 세속을 비우기만 하면 성령께서 우리의 마음을 가득히 채우실 수 있을 것이며 우리가 넘쳐 흘러 수많은 사람들을 복되게 할 것입니다. 현대인은 무엇인가 채워지지 않아 생의 참 만족과 기쁨이 없이 목말라 합니다. 사람들은 물질이나 인간적인 성공이나 자신이 원하는 일을 함으로 갈증을 채우고자 합니다. 그러나 이런 것들을 만족시킬수록 영혼의 갈증은 더할 뿐입니다. 누구든지 예수님께 나올 때만이 영혼의 목마름을 해결할 수 있습니다.

은혜의 단비를 내려 주시는 하나님, 우리 모두가 목마릅니다. 우리의 갈증을 시원케 해 주옵소서. 성령을 생수의 강처럼 허락하사 참 만족과 기쁨을 충분히 누릴 수 있게 하옵소서. 인간적인 생각을 버리게 하옵시고 순수하게 예수님의 음성을 듣게 하옵소서. 예수님의 이름으로 기도드립니다. 아멘.

♪ 184, 351   ▶ 요 8 : 1 ~ 11   년 월 일

용서하시는 하나님

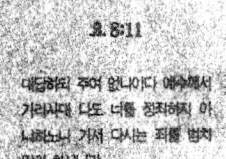

1. 누가 누구를 데려와 어디에 세웠습니까? (3절)
2. 서기관과 바리새인의 동기가 무엇입니까? (6절)
3. 예수께서 이 여인에게 뭐라고 당부하셨습니까? (11절)

우리는 남의 과오에 대하여 서슴없이 비판을 잘합니다. 유대교 지도자들은 예수를 잡으러 간 하속들이 오히려 예수님께 은혜를 받고 돌아오자 몹시 화가 났습니다. 그들은 더욱 힘써 예수님을 죽이려 했습니다. 그러나 예수님은 진리의 말씀으로 원수들의 궤계를 물리치시고 가엾은 한 여자를 구원해 주셨습니다.

세상 악이 예수님에게 올무를 씌우고자 기승을 부렸습니다. 그러나 "죄없는 자가 먼저 돌로 치라"는 진리의 말씀으로 악한 궤계를 물리쳤습니다. 누가 가장 큰 죄인입니까? 그것은 그 여자가 아니고 천박하며 위선적이고 의로움을 자처하는 종교 지도자들입니다. 기질상의 죄가 육체성의 죄보다 더 나쁩니다. 육체상의 죄를 짓는 사람들은 곧잘 그 죄를 회개하고 돌아와 착하고 유익한 생활을 삽니다. 그러나 기질상의 죄를 짓는 사람들은 좀처럼 회개하지 않습니다.

주님은 통회가 있는 그녀의 마음을 보시고 그녀의 죄를 용서하셨습니다. 그것이 항상 예수님께서 하시는 방식입니다. 교회가 죄를 용서할 수 없습니다. 설교자가 죄를 용서할 수 없습니다. 그러나 예수님은 죄를 용서하실 수 있으시며 용서하십니다. 주님은 죄 아래서 신음하는 자를 용서하시고 살려주시는 분이십니다. 우리도 남의 잘못에 대해 돌을 들기 보다 용서를 베풀며 삽시다.

사죄의 권세를 가지신 주님, 남을 정죄하기를 좋아하였던 죄악을 깊이 회개합니다. 남을 정죄하면서도 같은 죄를 범할 수밖에 없었던 죄인을 영접해 주님의 사랑을 감사 찬송드립니다. 이제는 정죄 대신 용서하며 살게 하옵소서. 회개에 합당한 열매를 맺게 하옵소서. 예수님의 이름으로 기도드립니다. 아멘.

♪ 206, 259　　▶ 요 8 : 12 ~ 30

빛과 생명

1. 빛이신 주님을 따를 때 어떻게 됩니까? (12절)
2. 자신의 죄 가운데서 죽을 자는 누구입니까? (24절)
3. 예수님의 말씀을 들은 자들에게 나타난 결과가 무엇입니까? (30절)

오늘의 말씀
요 8:28
이에 예수께서 가라사대 너희는 인자를 든 후에 내가 그인 줄을 알고 또 내가 스스로 아무 것도 하지 아니하고 오직 아버지께서 가르치신대로 이런 것을 말하는 줄도 알리라

세상을 비추고 따스하게 하는 햇빛이 없어진다면 아무것도 살 수 없게 됩니다. 하늘의 태양이 이 세상의 삶에 없어서는 안될 중요한 역할을 하듯 하나님의 아들은 우리의 영적인 삶에 없어서는 안되는 분이십니다. 예수님은 사람들의 빛이십니다 (1:4). 사람들의 마음 속에 있는 모든 어둠을 몰아 내시고 새 생명의 빛을 비추어 주십니다.

주님의 죽음은 심판과 절망을 뜻하는 동시에 다른 한편 빛과 생명의 약속을 나타냅니다. '인자를 든 후에'란 말은 '예수님께서 십자가에 달려 돌아가신 후에'라는 말씀입니다. 하나님께서는 그리스도의 십자가 속에서 세상에 속한 인간들이 죽고 하나님께 소속된 새 생명이 탄생되게 하심으로 인간들의 모든 속박을 풀고 해방시키셨습니다. 이 영원한 결박으로부터 해방감을 맛본 자는 현실의 작은 모든 속박으로부터 벗어납니다.

구원은 삶과 죽음이 달려 있는 문제입니다. 죄 가운데 살며 구세주를 거절하는 사람들은 자기 죄 가운데서 죽을 수밖에 없습니다. 우리는 은혜로 구원을 받든지 아니면 하나님의 율법 아래에서 정죄를 당하든지 합니다. 또 빛 가운데 행하여 영생을 누리든지, 아니면 어둠 가운데 행하여 영원한 사망을 경험하든지 해야 합니다. 참 빛 가운데 사는 생활을 하시길 바랍니다.

빛되신 주님, 빛되신 주님을 따르겠사오니 저희들을 비추어 주옵소서. 주님의 십자가 안에서 아래에 속한 내가 죽고 위에 속한 새 생명으로 재 창조된 이 벅찬 감격을 가슴에 새기며 살아가게 하옵소서. 즐겁게 주의 뜻에 순종하기를 원하옵고 예수님의 이름으로 기도드립니다. 아멘.

♪ 201, 202　　　▶ 요 8 : 31 ~ 47

진리와 자유

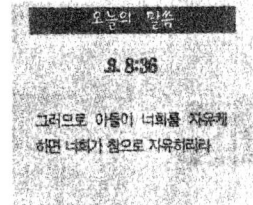

1. 자유는 무엇과 불가분리의 관계에 있습니까? (31절)
2. 누가 우리를 참으로 자유케 할 수 있습니까? (36절)
3. 하나님께 속한 자의 증거가 무엇입니까? (47절)

자유에는 정치적 자유, 또는 인간의 기본권에 해당되는 자유가 있습니다. 그러나 더욱 본질적인 차원에서 '현재 일' '과거의 죄' '장래의 불안' '욕망' '자아'로부터 해방되는 영혼의 욕구가 있습니다. 모든 참 제자들에게는 "진리를 알지니 진리가 너희를 자유케 하리라"는 약속이 주어졌습니다. 유대인들은 진리를 알지 못했고 심한 속박 가운데 매여 있었습니다.

사람들은 그들의 마음이 원하는대로 살면서 진정한 자유는 자신들에게 달려 있다고 생각합니다. 그러나 이는 최악의 구속입니다. 진정한 자유는 우리가 원하는대로 살 수 있는 것이 아니라 우리가 살아야만 하는대로 사는 것입니다. 최악의 속박 상태는 얽매어 있는 사람 자신이 그 묶여 있는 사실을 모르고 있는 상태입니다. 그는 자기가 자유롭다고 생각하지만, 실상은 노예입니다.

진리를 떠나서는 참된 자유가 없습니다(32). 진리는 예수님입니다(14:6). 모든 사람은 다 자유를 원합니다. 그러나 완전히 자유로우신 분은 한 분 뿐입니다. 오직 예수님만이 죄의 종이 아니셨습니다(46). 그러나 아들(예수님)이 우리를 자유케 하면 우리는 참으로 자유할 것입니다. 믿음으로 살아계신 하나님과 사귐을 가질 때 시간과 공간을 초월하여 참 자유를 누리며 살 수 있습니다. 진리 안에 거함으로 진정한 자유를 누리시기 바랍니다.

진리이신 주님, 우리로 참 자유케 하옵소서. 교만과 욕심에 노예가 되어 마귀에 종노릇하던 우리의 심령을 여시사 진리를 듣고 순종케 하옵소서. 주님이 주시는 시공간을 초월한 자유를 누리며 살게 하옵소서. 믿음으로 살아계신 하나님과 보다 깊이 사귐을 갖기를 원하옵고 예수님의 이름으로 기도드립니다. 아멘.

♪ 412, 133　　▶ 요 8 : 48 ~ 59　　　년　월　일

영원한 그리스도

1. 사람이 어떻게 하면 죽음을 보지 않게 됩니까? (51절)
2. 예수님은 오직 누구만을 공경하였습니까? (49절)
3. 예수님은 언제부터 계셨습니까? (58절)

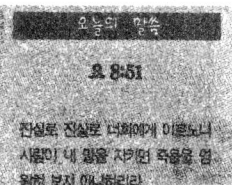
오늘의 말씀
요 8:51
진실로 진실로 너희에게 이르노니 사람이 내 말을 지키면 죽음을 영원히 보지 아니하리라

그리스도가 없이, 전통만이 중심이 된 종교는 흔히 사람들로부터 칭찬받기를 원하는 사람들이 '서로를 높이는 단체'가 되고 말 뿐입니다. 예수님은 무지하고 완악한 유대인들에게 참기 힘든 욕을 먹고 무시를 당하셨습니다(48, 49). 자기 영광을 구치 아니하고 진리를 위해 헌신하셨기 때문입니다(50).

"사람이 내 말을 지키면 죽음을 영원히 보지 아니하리라"(51). 예수님의 모든 말씀을 믿음으로 받아 들이고 순종하는 자는 구원을 받습니다. 결코 하나님의 사랑에서 벗나가 죽음을 선고받거나 영원한 심판에 참여하지 않습니다. 그러나 자기 생각을 고집하며 예수님의 말씀을 배척하는 자는 반드시 죽음의 고통과 심판의 불에 참예할 것입니다. 예수님은 아브라함보다 먼저 계신 하나님의 아들이시오, 현재도 살아계신 영원한 하나님이십니다(58).

그분은 하나님 아버지의 영원한 생명을 나누어 가지신 영원한 그리스도이시며 역사 위에 뛰어나시며 시간의 주인이시며 모든 시대의 통치자이시며 세월이 가도 쇠하지 않으시며 '어제나 오늘이나 영원토록 동일하신'(히 13:8) 변함없는 주님이십니다. 그리스도는 모든 시간을 손 안에 가지고 계십니다. 오늘 우리가 그분께 삶을 의탁할 때, 우리는 연약하고 덧 없는 의식 속에서도 의미와 영속성을 발견하게 됩니다. 그분은 지금도 자신을 통해 하나님께로 오는 모든 사람을 '온전히 구원하실'(히 7:25) 수 있습니다.

영원히 살아계시는 주님, 인간적인 생각만 하다가 멸망할 수 밖에 없는 이 죄인들을 불쌍히 여겨 주시고 구원해 주시니 감사합니다. 우리 모두가 입을 모아 예수님은 변함이 없으신 하나님이심을 찬양합니다. 우리로 주님 안에서 영원히 살게 하옵소서. 예수님의 이름으로 기도드립니다. 아멘.

♪ 370, 372　　▶ 요 9 : 1 ~ 12

하나님의 일

1. 예수께서 길 가실 때에 누구를 보셨습니까? (1절)
2. 언제 우리는 누구의 일을 하여야 합니까? (4절)
3. 눈이 밝아진 자는 무어라고 간증했습니까? (11절)

 우리 인간에게는 운명이라는 것이 있습니다. 운명이란 인간의 힘으로 대항할 수 없는 불행의 조건을 가리킵니다. 예수님과 제자들은 나면서부터 소경된 슬픈 운명을 타고난 거지 한 사람을 만났습니다. 제자들은 이 소경을 보고 누구의 탓이냐고 운명적인 생각을 했습니다. 그러나 예수님은 믿음으로 열심히 일하심으로 하나님께 영광을 돌리셨습니다.

세상 모든 일에 무의미한 것은 하나도 없습니다. 모든 일이 하나님의 영광을 나타낼 수 있는 것입니다. 나는 이해할 수 없는 어려움이 하나님의 영광을 나타낼 수 있다니 놀라운 일이 아닙니까? 주님은 오늘 저와 여러분의 생애를 통해 영광 받으시기를 원하십니다.

우리는 우리를 보내신 주님의 일을 낮에 해야 합니다. 밤이 오면 할 수 없습니다. 하나님과 동료 인간을 섬기기 위하여 여기 우리에게 수년이 주어져 있습니다. 휘장이 곧 내려와 우리의 기회들은 영원히 사라지고 말 것입니다. 우리가 지금 아무리 어려운 조건에 있다 할지라도 하나님을 중심에 모시고 올바로 그분 뜻에 순종하면 하나님의 크신 섭리를 깨닫고 기쁨에 충만할 것입니다. 만사를 내 자신의 눈으로 보지 말고 주님의 눈으로 바라보시며 사시길 바랍니다. 그리고 나에게 주신 모든 재능과 환경을 통하여 주의 뜻을 이루심으로 주께 영광을 돌리시기 바랍니다.

 영광받으실 주님, 우리에게 주어진 모든 일들로 아버지께 영광돌리길 원합니다. 나에게 주어진 생애를 주님의 영광, 하나님의 일을 위해 온전히 쓰임받게 하옵소서. 하나님의 섭리를 깨닫고 그 뜻에 순종하기를 원하며 예수님의 이름으로 기도드립니다. 아멘.

♪ 528, 485　　　▶ 요 9 : 13 ~ 34

한 가지 아는 것

1. 바리새인들의 쟁론의 논제가 무엇입니까? (16절)
2. 소경이 한 가지 아는 것은 무엇입니까? (25절)
3. 눈뜬 자는 누구의 제자로 불려졌습니까? (28절)

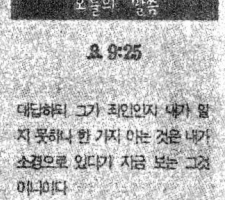

사람이 행복과 자유를 받지 못하거나 받았다가도 금방 잃어 버리는 까닭이 무엇입니까? 바리새인들은 아는 것이 많고 지도자 입장에 있는 사람들입니다. 그런데 나면서부터 소경된 불쌍한 사람이 고침을 받았는데 하나님의 은혜를 보고 기뻐하기보다는 안식일을 안 지켰다고 비난합니다. 그들은 소경이 눈을 뜨는 역사는 안 보고 안식일에 진흙을 이겼다는 점만 보았습니다.

바리새인들은 그들이 갖고 있는 신학과 전통에 눈이 어두워 하나님께서 일하고 계신 것을 볼 수가 없었습니다. 그들은 하나님께서 일하실 수 있을 곳과 일하실 수 없는 곳을 미리 알고 있었습니다. 자기들의 전통을 기준으로 삼아 판단하다 보니 예수님이 행하신 기적이 하나님으로부터 온 것일 수 없다는 것이 바리새인들이 내린 결론이었습니다. 따라서 눈을 뜨게 된 사람의 증거도 일언지하에 무시해 버리게 되었습니다.

그럼 오늘의 우리가 어떻게 보이지 않는 그리스도를 믿지 않는 자에게 증거할 수 있을까요? 그리스도의 능력이 우리 자신의 삶속에 이루신 변화를 그들의 눈에 나타내 보여 주어야겠습니다. 소경은 아무것도 가진 것 없는 거지였지만 자기가 받은 은혜를 생명처럼 여겼습니다. 협박도 받았습니다(24). 욕도 얻어 먹었습니다(28). 거짓 꼬임도 받았습니다. 그러나 한 가지 아는 것, 은혜를 굳게 붙잡고 있었습니다. 오늘 여러분도 이 단순하고도 깊은 믿음으로 역경을 이기시길 바랍니다.

은혜가 풍성하신 하나님, 제가 만 가지 은혜를 받았으나 한 가지도 굳게 잡지 못했음을 깨닫고 회개합니다. 저의 눈을 밝히사 주님 주신 은혜만을 바라보고 역경을 이기게 하옵소서. 예수님의 이름으로 기도드립니다. 아멘.

♪ 415, 405　　▶ 요 9 : 35 ~ 41　　　　년　월　일

은혜의 눈 뜬 자

1. 주님의 심판 행위의 예를 말하십시오.(39절).
2. 눈 뜬 소경의 고백과 행동이 어떠했습니까? (38절)
3. '스스로 본다'고 하는 자의 실상은 어떠합니까? (41절)

오늘의 말씀
요 9:39
예수께서 가라사대 내가 심판하러 이 세상에 왔으니 보지 못하는 자들은 보게 하고 보는 자들은 소경 되게 하려 함이라 하시니

이 세상에는 두 부류의 사람이 있습니다. 그것은 은혜만을 붙들고 사는 자와 자기 의를 고집하며 사는 자의 모습입니다. 본문에는 풍자적으로 두 인간상이 그려져 있습니다. 한 인간상은 은혜를 누리는 눈 뜬 소경(35~38)이고, 다른 한 인간상은 은혜를 거부한 눈 뜬 소경(39~41)입니다.

전자의 경우는 깊은 인생문제로 인해 운명적으로 살 수 밖에 없던 그가 참 빛을 만나 눈을 뜨고 새인생을 출발했습니다(7). 그는 그 은혜를 간직하기 위해 많은 어려움을 겪었으나(28), 오직 은혜만을 붙들었습니다. 그리하여 주님의 친절한 위로와 사랑을 흠뻑 받았습니다(35). 그러나 후자의 경우는 눈은 떴으나 자기 욕망밖에 볼 수 없는 눈 뜬 소경입니다. 바리새인 같은 사람입니다. 아집과 편견, 욕심만 가득 차서 진리를 배척하고 오히려 진리를 따르는 자를 잔인하게 출교시킵니다.

은혜를 거부하고 자기 의를 고집하며 사는 삶, 그 자체가 심판받고 사는 삶입니다(요 3:18,19). 우리는 그렇게 살아서는 안됩니다. 은혜를 붙들고 역경을 견뎌내면 천국의 기쁨이 임합니다. 이뿐 아니라 주님과 교제하는 신앙의 비밀을 깨닫게 되어(36~38) 정말 인생으로서 누릴 수 있는 최고의 행복된 삶을 누리게 됩니다. 여러분 모두의 인생이 이와 같이 되기를 축원합니다.

암담한 현실에 빛을 비추시는 하나님, 우리의 눈을 밝히사 빛과 진리를 보게 하시오니 감사합니다. 주님 주신 은혜만을 붙들고 진리를 따라 살아가게 하옵소서. 비록 역경이 우리를 짓누를지라도 인내로 이기게 하옵시고 천국의 기쁨으로 충만케 하옵소서. 주께서 우리의 인생을 복되게 해 주실 줄 믿고 예수님의 이름으로 기도드립니다. 아멘.

♪ 453, 458　　　▶ 요 10 : 1 ~ 21　　　　　　　년　월　일

나를 기르시는 목자

1. 어떻게 하는 자가 절도며 강도입니까? (1절)
2. 예수님은 자신은 누구라고 소개합니까? (7절)
3. 선한 목자는 양을 위해 어떻게 합니까? (11절)

　유대나라는 당시 목축업을 많이 하고 있었습니다. 수십 두씩 수 백 두씩 방목하며 저녁이면 목자가 모든 양들을 우리 안에 인도하여 들이고 아침이면 풀 밭으로 인도합니다. 이 양들의 생명과 충족과 행복은 목자의 손에 달려 있습니다. 양을 치는 목자에게는 사랑이 있습니다. 눈물이 있습니다. 그래서 양의 이름을 압니다(3).

문이신 예수님을 통하지 않고 자기에게로만 이끌어 양들을 이용하고 도적질 하고 죽이는 자(1, 2, 7~10)는 목자가 아닙니다. 절도요, 강도입니다. 목자와 비슷한 삯군들은 오직 삯에만 관심이 있을 뿐 양의 생명과 유익에는 무관심합니다. 이리가 오면 도망갑니다(12, 13). 그러나 선한 목자는 양들을 위하여 자기 목숨을 버립니다. 양을 알고 양을 위해 어떤 희생도 감수합니다(11, 14~21).

예수님은 우리를 기르시는 우리의 선한 목자이십니다. 아무도 주님에게서 우리의 생명을 빼앗아 갈 사람이 없습니다. 주님은 하나님이시기 때문에 모든 피조물들의 살인 계략들보다 위에 계십니다. 그분은 자기 생명을 내어놓을 수도 있고 다시 취할 수도 있는 능력을 가지고 계셨습니다. 주님은 우리와 우리의 형편을 아시며, 우리의 필요를 채우시며, 우리를 구하시려고 생명을 버리셨습니다. 또한 주님은 잃은 양 한 마리도 놓치지 않고 찾아가시는 선한 목자십니다(눅 15:1~7). 목자이신 주님을 안심하며 따르시기 바랍니다.

　양을 위해 희생하시는 목자이신 주님, 우리를 이처럼 극진히 돌보심을 감사드립니다. 우리를 기르시는 선한 목자를 전적으로 의지하며 살기를 원합니다. 그릇 행하여 각기 제 길로 가지 않도록 바른 길로 인도하시고 채찍질하여 주옵소서. 예수님의 이름으로 기도드립니다. 아멘.

♪ 384, 458　　▶ 요 10 : 22 ~ 42

안전한 손

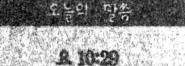

1. 양과 목자의 진정한 관계는 어떠합니까? (27절)
2. 우리를 아버지 손에서 빼앗을 수 없는 이유가 무엇입니까? (29절)
3. 선한 일을 보이신 주님께 사람들은 어떻게 반응합니까? (32절)

우리는 대체로 귀중한 것을 잃어 버릴까봐 겁을 내고 안전한 곳에 맡겨 놓습니다. 오늘 말씀은 우리를 안전히 맡길 능력과 신뢰의 새 원천을 보여줍니다. 주 예수님의 양은 무슨 일이 일어나도 안전합니다. 이미 영원한 생명을 가졌습니다. 하나님은 그들을 아들에게 주었으며(29), 아무도 그들을 해칠 수 없습니다.

28절이 우리를 보호하시는 안전한 주님의 손을 보여 주셨다면, 29절은 그 주님의 보호의 손이 곧 전능하신 아버지 하나님의 손 안에 있음을 확인케 해줍니다. 믿는 자는 이중의 안전한 보호가 있는 것입니다. 시공을 초월한 영원하시고 무한하신 하나님과 사귐을 통하여 영원한 생명을 받고 그 은혜를 누리며 삽니다(27~30). 그 품에 안길 때 참으로 안전합니다(29).

우리는 '영생'을 소유하고 있는데, 그것은 조건적인 것이 아니라 영원히 지속되는 것입니다. 이 생명은 우리의 노력이나 공로로 얻어지는 것이 아닌, 하나님의 선물입니다. 우리가 자신의 선한 행실로 말미암지 않고 하나님의 은혜로 구원을 받게 되었다면, 자신의 '옳지 못한 행실'로 인해 그 구원을 잃을 수가 없습니다(롬 11:6). 마귀가 그리스도인을 괴롭힐지는 모릅니다만 그를 사로잡을 수는 없습니다. 그러므로 안전한 손에 여러분의 인생을 전적으로 맡기시기 바랍니다

전능하신 주님, 죄인들을 이토록 소중히 여겨주심을 감사드립니다. 우리에게 주신 영원한 생명은 결코 잃어질 수 없음을 알고 날마다 주님을 찬양케 하옵소서. 그 누구도, 그 무엇도 하나님을 대적할 수 없음을 알고 강하고 담대하게 살게 하옵소서. 예수님의 이름으로 기도합니다. 아멘.

♪ 539, 542　　▶ 요 11 : 1 ~ 37　　　　　　년　월　일

부활이요 생명

1. 어디에 사는 누가 병들었습니까? (1절)
2. 죽음을 예수님은 뭐라고 하셨습니까? (11절)
3. 살아서 예수를 믿는 자는 어떻게 됩니까? (26절)

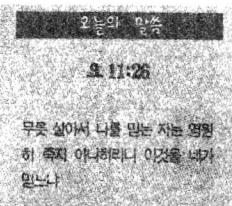

질병이나 죽음 등 역경에 처할 때 우리는 하나님께서 왜 내게 이렇게 모진 시련만 주실까 하는 질문을 갖게 됩니다. 본문은 어려움을 당한 자에게 분명한 대답을 주고 있습니다. 나사로가 병들었을 때에 그 자매들은 예수님을 부르러 보냈습니다. 이들은 예수님의 사랑을 의심치 않았고 그 능력을 믿는 믿음으로 구하였습니다.

마르다와 마리아는 애를 태우며 예수님 오실 것을 기다리며 오라비를 간호했습니다. 그러나 마침내 예수님은 오시지 않았으며 오라비는 죽고 말았습니다(14). 이런 경우에 예수님이 얼마나 원망스럽겠습니까? 그러나 이런 경우에도 우리 신자들은 예수님의 사랑을 의심해서는 안됩니다(4). 절망해서도 안됩니다. 예수님은 그 사건을 통해서 하나님의 영광을 나타내시고, 그들에게 믿음을 심어주시기 때문입니다(3).

주님께서는 우리가 '죽음'이라고 부르는 것을 잠이라고 생각하셨습니다. 죽음은 우리 모두에게 불가피한 것이지만 그리스도께서는 죽음을 이기고 승리하셨습니다. 그리고 자신의 죄를 회개하고 그분을 구주요 주님으로 믿는 모든 사람에게 그 승리를 나누어 주십니다. 그러므로 주 안에서 '죽는' 것은 사는 것의 시작입니다. 예수님의 경우와 마찬가지로, 우리의 경우에도 죽음을 부활로 이끕니다. 무릇 살아서 주님을 믿는 자는 영원히 죽지 않습니다(26).

영생하신 하나님, 우리의 질병과 죽음을 친히 담당해 주신 그 큰 은혜를 감사드립니다. 죽음을 이기신 주님을 믿는 믿음으로 날마다 일어나게 하옵소서. 죽음 너머 시작될 그 광명의 나라를 바라 보며 날마다 승리케 하옵소서. 예수님의 이름으로 기도합니다. 아멘.

♪ 465, 474   ▶ 요 11 : 38 ~ 57   년   월   일

살리는 권능

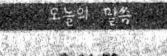

1. 무덤으로 가신 예수님의 심정이 어떠했습니까? (38절)
2. 기도하신 후 주님은 큰 소리로 뭐라고 말씀하셨습니까? (43절)
3. 예수님은 무슨 의도로 죽으실 것을 미리 말씀하셨습니까? (52절)

많은 사람이 죽음을 하나의 자연 현상으로 해석하고 있습니다. 그러나 죽음은 죄의 삯입니다(롬 6:23). 기독교에서는 죽음을 영적인 죽음, 육적인 죽음, 영원한 죽음으로 구분하고 있습니다. 오늘 본문에서 우리는 죽음을 정복하신 예수님의 장엄한 모습을 보게 됩니다.

예수께서 나사로를 살리신 기적은 요한복음이 기록하고 있는 일곱 가지 기적 중 마지막 기적입니다. 이 기적은 곧 표적이며 징조이며 사인(sing)이었습니다. 다시 말해 이 기적은 새로운 시대가 이미 시작되었다는 사인이며 표적이란 말입니다. 생명의 시대, 자유함의 시대, 샬롬의 시대가 도래하고 있음을 보여주는 징조였습니다. 마음 문을 열었던 사람들은 그리스도를 만나 뵙고 생사를 초월하여 영원한 생명을 누리는 보배로운 믿음을 선물로 받았습니다(25, 42, 45). 이보다 더 큰 축복이 없습니다.

악한 마음을 고집하고 예수님을 반대하고 있던 당시 종교 지도자들 눈에는 나사로의 부활사건이 큰 걸림돌이 되었습니다. 지위 고하를 막론하고 하나님을 향하여 마음문을 닫아 버리고 자기만을 고집하면 이처럼 사망권세의 종노릇 합니다. 세상은 죄와 죽음으로 가득합니다. 그러나 이를 다스리시는 분은 주님이십니다. 우리가 주 안에 있을 때 이를 정복할 수 있습니다.

생명의 주님, 주 안에서 영생을 누리게 하심을 감사드립니다. 죽은 자를 살리는 권능의 말씀에 순복하기를 원합니다. 죽음과 무덤을 정복하시고 우리의 썩을 것도 다시 살리시는 권능의 하나님을 믿는 믿음으로 충만하게 하옵소서. 생사를 초월하여 주와 동행하는 담대한 인생을 살기를 원하옵고 예수 그리스도의 이름으로 기도합니다. 아멘.

♪ 356, 346　　▶ 요 12 : 1 ~ 11

진심을 주님께

1. 언제 예수께서 어디로 가셨습니까? (1절)
2. 마리아가 예수님께 어떻게 하였습니까? (3절)
3. 가룟 유다의 내심은 무엇에 관심이 있었습니까? (6절)

오늘의 말씀
요 12:3
마리아는 지극히 비싼 향유 곧 순전한 나드 한 근을 가져다가 예수의 발에 붓고 자기 머리털로 그의 발을 씻으니 향유 냄새가 집에 가득하더라

여태까지 들어온 위대한 이야기 중에서 가장 위대한 이야기의 주제는 '사랑' 이라는 두 글자입니다. 모든 사랑 이야기는 하나님의 사랑으로부터 시작됩니다. 그 사랑을 받을 아무런 자격도 없는 사람들을 위해 대가 없이 생명을 주신 하나님의 사랑입니다. 하나님은 귀한 독생자를 우리를 위해 내어 주심으로 그 커다란 사랑을 보여 주셨습니다.

마리아는 주님의 은혜와 사랑이 너무 고마워 지극히 비싼 향유를 예수님 발에 붓고 자기 머리털로 씻었습니다. 오빠를 다시 살리신 사건을 통해 부활신앙을 가진 마리아는 주님을 섬기는데 아까울 것이 없었습니다. 주님의 사랑과 은혜, 부활신앙을 맛보면 머리털로 발을 씻어도 한없는 기쁨 뿐입니다. 주님께 바쳐 드릴수록 강물같은 기쁨이 흘러 넘칩니다. 그렇지 못한 가룟 유다는 돈에 눈이 밝아 마리아를 비난하였습니다.

예수님은 마리아의 진심을 기쁘게 받으시고 복음역사에 귀하게 쓰셨습니다. 예수님은 우리가 어떤 모양으로든지 진심을 드리기만 하면 이를 기쁘게 받으시고 귀하게 쓰십니다. 마리아가 행했던 일은 예수님께 축복이 되었을 뿐만 아니라, 그녀 자신에게도 큰 축복이 되었습니다. 또한 그녀는 향기로 가득 채워진 가정에도 큰 축복이 되었습니다(빌 4:18). 여러분 진심을 주님께 드림으로 이런 축복이 있기를 기원합니다.

사랑하시는 하나님, 주의 사랑으로 저의 얼음처럼 찬마음을 녹이사 불같이 뜨거운 마음으로 바꾸어 주옵소서. 주님께 전적으로 헌신하여 향기로 가득찬 교회, 가정을 꾸미기를 원합니다. 늘 순수하고 헌신적인 사랑에서 우러나온 행동을 하도록 인도하옵소서. 예수 그리스도의 이름으로 기도합니다. 아멘.

요한복음 · 117

♪ 185, 132   ▶ 요 12 : 12 ~ 36   년   월   일

한 알의 밀

1. 우리가 예수를 향해 뭐라고 외쳤습니까? (13절)
2. 한 알의 밀이 열매 맺기 위해서는 어떻게 되어야 합니까? (24절)
3. 사람이 어떻게 빛의 아들이 될 수 있습니까? (36절)

> **오늘의 말씀**
> 요 12:24
> 내가 진실로 진실로 너희에게 이르노니 한 알의 밀이 땅에 떨어져 죽지 아니하면 한 알 그대로 있고 죽으면 많은 열매를 맺느니라

군주가 자신의 대관식에 행진해 들어가는 것처럼, 정복자가 자신의 정복지로 행군해 들어가는 것처럼, 예수님은 베다니를 뒤로 하고 예루살렘으로 나아 가십니다. 무리들은 개선을 상징하는 종려나무 가지를 가지고 예수님을 맞으러 나가 외쳤습니다(13). '호산나' 란 '구원하소서' 란 뜻입니다. 유대인들은 예수님을 육적인 왕, 정치적인 메시야로 생각했습니다. 그러나 예수님은 본질적인 굴레, 죄와 사망에서 해방을 주시는 만왕의 왕이십니다(계 19:16).

세상의 왕은 총칼로 왕이 됩니다. 나귀를 타신 예수님은 우리의 죄를 지고 죽으심으로 더 이상 겸손하실 수 없을 만큼 겸손해 지셨습니다. 예수님은 자신이 썩는 한 알의 밀로서 십자가에 죽어 인류를 구속하시려는 하나님의 뜻에 순종하시기 위해 괴로운 기도를 드리셨습니다. 십자가의 도를 올바로 깨닫고 그대로 살면 곧 썩은 한 알의 밀이 됩니다. 생명의 열매가 풍성하게 됩니다.

예수님을 믿는다는 것은 나와 예수님 사이에 어떠한 것(부모나 자식, 세상의 명예나 물질)도 두지 않고 자신의 생명까지 전적으로 예수님께 의탁하며 순종하는 것을 의미합니다. 예수님이 우리를 위해 죽으신 것처럼 우리도 예수님을 위해 기쁘게 생명을 드려야 합니다. 하나님의 영광을 위해서라면 생명까지도 아까워하지 않는 순종의 자세를 가지시기 바랍니다.

만왕의 왕이신 우리 하나님, 우리를 죄와 사망과 사단의 굴레에서 해방시켜 주심을 감사드립니다. 주께서 우리 위해 생명을 내어 놓으사 한 알의 썩는 밀알이 되심 같이 우리도 주를 위해 한 알의 밀이 되게 하옵소서. 주님의 영광만을 위해 살기를 원하옵고 예수 그리스도의 이름으로 기도합니다. 아멘.

♪ 210, 202   ▶ 요 12 : 37 ~ 50   년 월 일

정죄와 심판

1. 믿지 못하는 이유가 무엇입니까? (40절)
2. 예수님을 믿는 것은 누구를 믿는 것입니까? (44절)
3. 예수님이 세상에 오신 목적이 무엇입니까? (47절)

오늘의 말씀
요 12:48
나를 저버리고 내 말을 받지 아니하는 자를 심판할 이가 있으니 곧 내가 한 그 말이 마지막 날에 저를 심판하리라

불신앙의 원인은 개개인의 강퍅한 마음에 있습니다. 결코 증거가 불충분해서가 아닙니다. 믿기 싫어하는 자신의 마음 때문입니다. 진리의 영광, 하나님의 영광보다 세상의 영광, 자신의 영광을 더 사랑하는 마음 때문입니다. 고의적 불신에는 반드시 정죄와 심판이 있음을 깨닫고 마음을 돌이켜 진리에 복종시켜야 합니다.

예수께서는 죽은 자를 살리시는 표적과 진리의 말씀을 통해 자신이 하나님의 아들이심을 밝히 나타내셨습니다. 그러나 그들은 예수님을 믿지 않았습니다. 믿지 않으려고 하는 사람들이 있는가 하면 또 믿음을 가졌다고는 할지라도 그리스도를 공공연하게 고백하지 못하는 사람들이 있었습니다(42, 43). 하나님께서는 아들을 보내셨습니다. 아들을 믿으면 구원을 얻지만, 저버리는 자는 영원한 심판을 받습니다.

하나님의 섭리는 인간의 자유의지와 자발적인 행동을 막지는 않습니다. 즉 죄의 책임은 자유의사대로 행한 장본인이 져야 합니다. 실로 그리스도를 떠나서는 사람은 흑암 가운데 있습니다. 그들은 삶이나 죽음 또는 영원에 대해 올바로 이해할 수가 없습니다. 그러나 믿음으로 그리스도께 나온 사람은 그 안에서 진리를 찾았기 때문에 이제 더 이상 진리를 찾아 헤매지 않습니다.

믿음을 선물로 주신 하나님, 감사와 영광을 돌립니다. 아들을 믿고, 따르고 순복함으로 빛에 거하게 하옵소서. 하나님의 영광보다 세상 영광, 자신의 영광을 앞세우지 않도록 막아 주옵소서. 내 주장, 지식보다 하나님의 섭리를 먼저 생각하고 주님께 내 삶을 양도할 수 있는 결단력을 주옵소서. 예수 그리스도의 이름으로 기도합니다. 아멘.

♪ 274, 278　　▶ 요 13 : 1 ~ 17　　　　년　월　일

사랑의 섬김

1. 예수님은 누구를 어떻게 사랑하셨습니까? (1절)
2. 거부했던 베드로가 뒤에는 뭐라고 하였습니까? (9절)
3. 예수께서 본을 보이신 이유가 무엇입니까? (15절)

 사람은 '자기 사람'을 챙기고 위합니다. 지금까지의 예수님의 사역은 예루살렘이나 갈릴리에 사는 일반 사람들을 향한 것이었는데 비해 13~17장 다락방 사역은 친밀한 제자들 곧 '자기 사람들'을 위한 것입니다. '자기 사람들'을 사랑하셨다는 말입니다. 주님은 그들을 사랑하시되 끝까지, 즉 끝없이 사랑하셨습니다.

예수님은 냄새나고 더러운 제자들의 발을 친히 씻겨 주셨습니다. 하늘에서 땅까지 낮아져서 섬기신 종의 도리를 보여주신 것 입니다. 제자들은 예수님을 주(主)요, 선생이라 부르면서도 서로 섬길 줄을 모르고 다투기를 잘했습니다. 예수님은 이런 제자들을 교육하시기 위해서 천한 일도 서슴치 않았습니다.

우리가 자기 연민에 빠지지 않기 위해서는 사람을 바라보지 말고 하나님을 보며, 자기를 사랑치 말고 끝까지 남을 사랑해야 합니다. 사랑은 끝까지 자기를 낮추며, 굴욕을 당하며 남을 섬기고, 자기를 희생하는 것입니다. 우리(종, 보냄을 받은 자)는 예수님(주인, 보낸 자)보다 더 높을 수가 없습니다. 주인이신 예수님이 허리를 구부리셨다면, 하물며 우리가 섬기지 못할 일이 어디 있겠습니까? 오늘도 섬길 자를 찾으십시오. 이런 자가 복 있는 사람입니다(17절).

사랑으로 섬기신 주님, 죽음을 눈앞에 두시고도 제자들의 발을 씻어주신 그 참 사랑을 본받아 살겠습니다. 지금까지 남에게 봉사하지 못하고 무관심한 저를 용서해 주옵소서. 새계명, 사랑의 계명을 실제로 실천함으로써 본보기 삶을 살게 하옵소서. 자기 연민에 빠지지 않고 하나님을 바라보는 자세를 견지하게 하옵소서. 예수 그리스도의 이름으로 기도합니다. 아멘.

♪ 373, 511   ▶ 요 13 : 18 ~ 38   년   월   일

서로 사랑하라

1. 누가 예수님을 팔 것이라고 주님이 경고하셨습니까? (21절)
2. 조각을 받은 가룟 유다에게 무엇이 들어갔습니까? (27절)
3. 주님이 주신 새 계명은 무엇입니까? (34절)

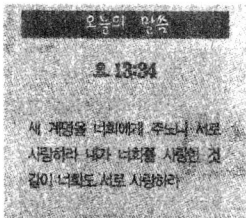

사랑을 원치 않는 사람은 아무도 없을 것입니다. 그러나 사랑은 받기도 어렵고 하기도 어렵습니다. 유다는 끝내 예수님의 사랑을 받아들이지 않았습니다. 자신의 욕심에 이끌려 자기를 속이며 어두움 속을 질주하였습니다. 예수님의 진실하고 헌신적인 사랑을 짓밟아 버렸습니다.

예수님을 가장 잘 배운 사람이란 예수님의 사랑을 실행하는 자입니다. 예수님의 제자는 말을 잘하고 일을 잘하고 똑똑한 자가 아닙니다. 예수님의 사랑이 충만한 자입니다. 신자의 일생이란 그리스도의 사랑을 배우는 삶입니다. 내가 현재 사랑할 수 없는 사람은 누구이며, 그 이유는 무엇입니까? 주님께서 나를 어떻게 사랑하셨는가를 깨닫고 그 크신 사랑의 능력을 덧입을 때 어떠한 사람인들 사랑하지 못할 사람이 있겠습니까?

우리는 오늘 본문에서 유다의 패역을 보았습니다. 그러나 우리가 그를 정죄하기 전에 우리 자신들의 마음을 살펴보아야 하겠습니다. 우리는 그분을 모자람이 없이 사랑합니까? 우리가 세상의 이득을 위해 그분을 팔아 넘길 것입니까? 우리는 요한과 같은 사람입니까? 유다와 같은 사람입니까? 우리가 사랑으로 그분께 기대고 있습니까? 그분께 등을 돌리고 있습니까?

사랑이 극진하신 하나님, 우리는 주는 사랑보다 받는 사랑에 집착되어 있습니다. 이기적이고 타산적인 우리를 변화시켜 주옵소서. 머리와 입만의 사랑이 아니라 가슴과 손발이 움직이는 사랑의 실천자가 되게 하옵소서. 사랑할 수 없는 자까지도 사랑할 수 있도록 우리가 죽어지는 자세를 갖게 하옵소서. 예수 그리스도의 이름으로 기도합니다. 아멘.

♪ 432, 474　　▶ 요 14 : 1 ~ 14　　　　년　월　일

근심하지 말라

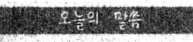

1. 근심하는 제자들에게 주님은 뭐라고 말씀하셨습니까? (1절)
2. 주님은 무엇하러 가신다고 하셨습니까? (2절)
3. 주님께서 시행하는 이유를 밝히십시오. (13절)

　우리 인생은 세상을 살아가는 동안 근심되는 일을 많이 만납니다. 그중에서도 사랑하여 신뢰하던 대상을 잃거나, 구원의 소망이 끊어질 때 가장 큰 근심에 빠지게 됩니다. 예수님의 제자들은 그동안 한결같이 자기들을 사랑하시며 돌보아 주시던 예수님이 곧 죽게 된다는 소식을 듣고 말할 수 없는 근심에 잠겼습니다.

　예수님은 제자들에게 말씀하시기를 너희가 지금은 이해하지 못한다 하더라도 나를 계속적으로 신뢰하고 믿으라고 권고하셨습니다. 잠시 떠나가셨다가 다시 오실 것이라는 예수님의 약속을 제자들은 단순히 믿고 신뢰하기만 하면 되는 것입니다. 예수께서는 영원히 떠나가시는 것이 아니라 잠시 동안 떠나가실 것이며 그렇게 하심은 제자들과 영원히 교제하며 살도록 하기 위함이었습니다.

　믿음으로 사는 자는 천국이 있으며, 천국은 아버지가 계신 곳이며, 예수님께서 친히 우리를 천국으로 인도하신다는 사실을 믿어야 합니다. 이처럼 신앙에 목적지가 분명하고 장래의 뚜렷한 보장이 있을 때 또한 길이요 진리요 생명이신 주님을 중심에 모시고 있을 때 우리는 불안하지 않습니다. 성령님이 여러분의 가장 깊은 근심을 치유해 주시도록 맡긴다면 여러분은 그리스도와 주님의 말씀에 대한 새로운 사랑을 경험하게 될 것입니다.

　평안을 주시는 주님, 이 세상에는 근심된 일이 끊이지 않습니다. 우리 스스로는 이 근심을 제할 수 없사오니 주께서 우리 안에 좌정하사 근심 대신 기쁨으로 채워 주옵소서. 성령님께 모든 근심, 불안을 맡기는 믿음을 주옵소서. 그리하여 주와 함께 길가는 평안을 갖게 하옵소서. 예수 그리스도의 이름으로 기도합니다. 아멘.

♪ 468, 470   ▶ 요 14 : 15 ~ 31   년 월 일

주께서 주신 평안

1. 주님을 사랑하는 증거가 무엇으로 나타납니까? (15절)
2. 주님이 주시는 평안은 어떠한 종류입니까? (27절)
3. 성령의 다른 호칭이 무엇입니까? (17절)

오늘의 말씀
요 14:27
평안을 너희에게 끼치노니 곧 나의 평안을 너희에게 주노라 내가 너희에게 주는 것은 세상이 주는 것 같지 아니하니라 너희는 마음에 근심도 말고 두려워하지도 말라

세계는 오늘날 분명히 평화를 필요로 합니다. 세계는 군비경쟁으로 미쳐 있습니다. 우리는 지금도 냉전의 시대에 살고 있습니다. 언제 냉전이 폭발하여 살륙하는 전쟁, 문명을 파멸해 버릴 전쟁으로 돌변할지 모릅니다. 그러나 염려할 것 없습니다. 주님은 우리에게 '모든 지각에 뛰어난' 평안을 주십니다.

성령님은 예수님의 평안이라는 선물을 나누어 주실 것입니다(27절). "나의 평안을 너희에게 주노라" 그것도 말할 수 없는 고난에 직면해서 그렇게 하신다는 것입니다. 그것은 예수님과 살아있는 개인적 관계를 맺고, 그분의 자비로운 통치에 점차 삶을 복종시키는 것을 통해 깊어지는 그런 평안입니다. 성령님은 우리들의 근심하는 마음에 바로 이 평안을 주십니다.

지금 고난과 환난 중에 있습니까? 예수님 자신의 평안을 가지십시오. 주께서 주시는 평안은 다른 종류의 것입니다. 내 생애에 무엇이 일어나든 그 평안은 한결 같으며 우리 마음을 고요하게 해 주는 평안입니다. 인간의 내면은 악령이 지배할 때 불안합니다(롬 8:15). 그러나 성령은 우리 심령에 하나님을 굳게 의지하게 하므로 평안을 주십니다. 무슨 문제 앞에서도 고요합니다. 성령님과 늘 동행하심으로 이 평안을 항상 누리시기를 축원합니다.

평화의 왕이신 주님, 우리는 불안과 초조 속에 살고 있습니다. 세상이 주지 못하는 평안이 주님께 있음을 믿사오니 모든 지각에 뛰어난 평안으로 우리를 감싸주옵소서. 성령님께서 우리 마음을 지배하사 모든 불안이 평안으로 화하게 하옵소서. 이 평안으로 침착하게 주어진 일들을 잘 감당케 하옵소서. 예수 그리스도의 이름으로 기도합니다. 아멘.

♪ 93, 97   ▶ 요 15 : 1 ~ 17   년   월   일

열매맺는 인생

1. 참 포도나무와 농부는 누구십니까? (1절)
2. 과실을 맺기 위한 조건이 무엇입니까? (5절)
3. 우리를 택하신 목적이 어디에 있습니까? (16절)

요 15:5

나는 포도나무요 너희는 가지니 저가 내 안에 내가 저 안에 있으면 이 사람은 과실을 많이 맺나니 나를 떠나서는 너희가 아무 것도 할 수 없음이라

사람이 사는 목적이 무엇입니까? 그저 태어났으니까 살아주는 것입니까? 우리 인생은 열매를 맺어 하나님께 영광 돌리기 위해 사는 것입니다(8). 열매가 풍성한 인생은 보람이 있고 기쁨이 넘칩니다(11). 그러나 열매맺지 못한 인생은 스스로 생각해도 비참하며 장차 지옥불에 던지울 인생입니다(6).

포도나무와 가지에 관한 상징은 머리와 몸에 관한 상징과 유사합니다. 즉, 그 상징은 우리가 그리스도와 살아 있는 관계를 가지고 주님께 속해 있음을 나타내줍니다. 그리스도와 우리의 연합, 곧 살아 있는 연합이기에 우리는 열매를 맺을 수가 있습니다. 또한 사랑의 연합이기에 우리는 주님으로 인해 즐거워할 수 있으며, 영원한 연합이기에 우리는 아무것도 두려워할 필요가 없습니다.

본문에서의 중심 단어는 '거하다' 입니다. 이 말은 그리스도와 계속적인 교제를 가짐으로써 그분의 생명이 우리 안에 그리고 우리를 통해 열매를 맺도록 역사함을 의미합니다. 열매는 예수님의 계명을 지키는 것을 말합니다(10). 나는 예수님 안에 거하고 있습니까? 예수님이 내 안에 계십니까? 예수님을 떠나서 나 혼자서는 할 수 없습니다. 오늘 나와 예수님과의 관계를 다시 점검해 보시기 바랍니다.

생명의 원천이신 하나님, 우리로 참 포도나무이신 예수님 안에 거하여 열매 맺고 기쁨이 넘치는 인생을 살게 하옵소서. 그리스도 안에 거하기 위해 예배와 하나님의 말씀에 대한 묵상과 기도와 희생과 봉사가 따르게 하옵소서. 질 좋은 상태를 유지시키기 위한 아버지의 가지치기를 잘 감당케 하옵소서. 예수 그리스도의 이름으로 기도합니다. 아멘.

♪ 466, 504   ▶ 요 15 : 18~27

미움을 받을 때

1. 세상이 우리를 미워할 때 무슨 생각을 해야 합니까? (18절)
2. 세상이 왜 우리를 미워합니까? (19절)
3. 누가 예수님을 증거해 주십니까? (26절)

오늘의 말씀
요 15:19
너희가 세상에 속하였으면 세상이 자기의 것을 사랑할 터이나 너희는 세상에 속한 자가 아니요 도리어 세상에서 나의 택함을 입은 자인고로 세상이 너희를 미워하느니라

만일 우리가 그리스도의 충성된 종이라면 세상은 우리를 미워할 것입니다. 어떤 식으로든 하나님의 일은 늘 핍박을 받게 마련입니다. 아무리 실수가 없는 일치된 행동을 보여준다 해도, 아무리 놀랄만한 친절함과 상냥함을 지니고 있다 해도 성도들은 세상의 미움을 사게 마련입니다.

우리의 주인이신 예수님이 먼저 핍박을 받았으니 그의 종인 신자가 고난 당하는 것은 너무나 당연합니다. 예수님을 따르면서 불신 사회에서 미움 안 받는 이유는 오히려 세상과 예수님 사이를 줄타기 외교하기 때문입니다(요일 2:15~17). 세상이 신자를 미워한다고 소극적인 태도를 가지면 안됩니다. '공격이 최상의 방어'가 됩니다. 성령의 도우심을 입어 적극적으로 예수님을 증거해야 합니다(26, 27).

우리는 전투를 하고 있습니다. 그러나 하나님께 감사하십시오. 우리가 승리하는 편에 속해 있기 때문입니다. 그리스도는 우리의 구원을 보증하는 장수이십니다. 언젠가 그분께서 마귀를 치시고 그를 지옥의 고통 속에서 살도록 내려보내실 것입니다. 그때 우리들은, 유혹이 절대로 미칠 수 없으며 죄가 들어올 수 없는 천국으로 이끌어 올리실 것입니다. 그리스도인 된다는 것이야말로 참으로 위대한 일임을 확신하시기 바랍니다.

우리 대신 멸시와 천대를 받으신 주님, 세상이 우리를 미워할 때, 이상히 여기거나 화내지 않게 하옵소서. 그때마다 성령께서 우리를 도우사 주님의 진리를 힘껏 전하게 하옵소서. 승리의 주님이 우리 편이시기에 이길 것을 확신하고 그 미움을 사랑으로 정복하게 하옵소서. 예수님의 이름으로 기도 드립니다. 아멘.

♪ 169, 173   ▶ 요 16 : 1 ~ 15

진리의 성령

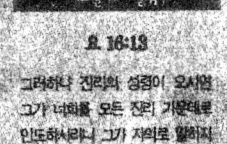

1. 주님은 어떤 의도로 말씀하십니까?
2. 주님이 떠난 후 누구를 보이실 것이라고 하셨습니까?
3. 진리의 성령께서는 어떤 일을 하십니까?

갓난 아기를 돌보는 부모처럼 성령님은 우리를 돌보아 주십니다. 그러나 어린 아이는 자라서 부모의 보살핌으로부터 벗어날 수 있지만 우리는 결코 성령의 도우심, 양육하시고, 깨끗케하여 주시고, 힘을 주시는 성령의 능력으로부터 벗어날 수 없습니다. 성령의 보살피심은 아버지가 그의 자녀들에게 주신 영원한 선물입니다.

예수님은 성령이 오셔서 하실 일에 대해 세 가지로 말씀해 주십니다. 첫째는 죄에 대하여 세상을 책망하십니다. 이는 사람들의 불신의 죄악을 책망하신다는 것입니다. 둘째는 의에 대하여 말씀하십니다. 이는 예수님의 행적이나 십자가에 죽으신 모든 사건이 다 의로우며 또 예수님을 따르는 자들도 의롭다는 것을 깨닫게 해주십니다. 셋째는 심판에 대한 것입니다. 이는 세상 임금 곧 사단의 세력이 파하여졌기 때문입니다.

하나님의 보배로운 진리로써 우리를 부요케 하시는 것이 바로 성령의 사역입니다. 성령께서는 하나님의 진리로써 우리를 비추시고 하나님의 보화로써 우리를 부요케 하십니다. 하나님의 말씀은 금, 은, 귀한 보석들로 가득한 부요한 보고입니다(잠 3:13~15, 8:10~21). 말씀을 깨우치게 하시며 예수 그리스도를 우리에게 계시해 주시는 성령을 받았다는 것이 얼마나 놀라운 기쁨인지요!

자비하신 하나님, 성령님을 보내주셔서 감사합니다. 성령님의 가르침을 잘 배워서 평안함과 담대함이 충만하게 하옵소서. 성령님께서 연약한 우리를 도우사, 세상에 대한 두려움을 없게하여 주시고 힘과 용기를 주옵소서. 진리의 영이신 성령이여, 우리를 모든 진리 가운데로 인도하여 주옵소서. 예수 그리스도의 이름으로 기도드립니다. 아멘.

♪ 387, 393　　▶ 요 16 : 16 ~ 33

승리의 인생

1. 본문에서 되풀이 되는 주제가 무엇입니까? (20~22, 24, 33절)
2. 현재의 기쁨은 장차 무엇으로 바뀔 것이라고 합니까? (20절)
3. 우리는 환란에 어떻게 대처해야 합니까? (33절)

오늘의 말씀
요 16:33
이것을 너희에게 이름은 너희로 내 안에서 평안을 누리게 하려함이라 세상에서는 너희가 환난을 당하나 담대하라 내가 세상을 이기었노라 하시니라

권투 선수들은 시합을 하기 전 인사할 때 승패를 안다고 합니다. 승리의 확신에 찬 눈빛을 소유한 자가 이기는 법입니다. 믿음은 인간편에서 무엇을 행하기 전에 삼위일체 하나님께서 인간을 위해 이루어 놓으신 것, 앞으로 이루실 것을 받는 것입니다.

예수께서는 산모의 고통(슬픔)이 기쁨으로 대체된 것이라고 말씀하신 것이 아니라, 그 슬픔이 기쁨으로 변화된 것이라고 말씀하셨습니다. 고통을 가져다 준 그 아이가 기쁨을 갖게 했습니다. 이런 일은 그리스도인의 삶 속에서도 종종 일어납니다. 하나님은 불가능하다고 보여지는 상황들을 들어 은혜의 기적으로 시련을 승리로, 슬픔을 기쁨으로 변화시키십니다(신 23:5, 느 13:2).

예수님은 제자들이 예수님 안에서 참 평안을 누리기를 원하셨습니다. 그러나 제자들은 세상에서 많은 환난을 당합니다. 이런 환난 가운데서도 기가 죽지 않고 담대해 질 수 있는 이유가 무엇입니까? 예수님께서 세상을 이기셨으므로 우리도 세상을 이길수 있기 때문입니다. 그러므로 우리는 승리자가 되려고 골몰하는 것이 아니라 이미 이루어질 예수님의 승리가 내 마음과 생활에 흘러 넘치도록 믿음을 새롭게 하시기를 바랍니다.

승리자 되시는 하나님, 고통의 십자가 후에 영광의 부활이 뒤따라 옴을 믿습니다. 살아가다가 슬픈 일이나 어려운 일을 당할 때 하나님께로부터 받은 것을 통해 기쁨과 용기를 갖게 하옵소서. 하나님과 교통하며 승리의 주 안에 있는 우리도 승리자임을 깨닫게 해 주옵소서. 주 안에서 이미 성취된 승리를 누리는 삶을 살게 하옵소서. 예수 그리스도의 이름으로 기도 드립니다. 아멘.

♪ 482, 511　　▶ 요 17 : 1 ~ 12

위대한 기도

1. 주님의 기도제목이 무엇입니까? (1절)
2. 영생을 정의 하십시오 (3절)
3. '저희'를 위해 주님은 뭐라고 기도하셨습니까? (11절)

오늘의 말씀

요 17:1

예수께서 이 말씀을 하시고 눈을 들어 하늘을 우러러 가라사대 아버지여 때가 이르렀사오니 아들을 영화롭게 하사 아들로 아버지를 영화롭게 하게 하옵소서

우리는 이제 이 복음서에서 계시의 최고 절정 가운데 한 부분에 이르렀습니다. 템플(temple)은 본 장을 '네 복음서 전체에서 가장 신성한 본문'이라고 묘사합니다. 이것을 보통 '대제사장적 기도'라고 합니다. 예수님께서는 제자들에게 보배로운 말씀을 주신 후 하나님께 대제사장으로서 기도합니다.

예수님의 자신을 위한 기도의 중심 내용은 "아들의 영광을 통해 아버지 하나님께서 영광 받으소서" 하는 것입니다. 즉 만민에게 영생 주시는 사명을 다하기 위해 십자가에 죽으심으로써 하나님의 영광을 나타내 주시길 바랍니다. 우리도 주님께서 가르쳐주신 기도처럼 내 뜻보다 하나님의 뜻이 이루어지길 바라는 기도를 드려야 하겠습니다. 예수님은 자기를 위해서는 간단히 기도 하신 후 나머지(6~12)는 모두 제자들을 위해 중보의 기도를 드리셨습니다.

예수님은 자신이 하나님과 하나 되신 것처럼 제자들도 하나 되기를 소원하셨습니다. 이 기도는 그리스도인들의 연합의 특성을 말합니다. 나는 교회에서 성도들과 잘 연합하고 있습니까? 도덕적 특성에 있어 아버지와 아들이 하나이신 것처럼 신자들도 이 면에 주님처럼 - 하나가 되어야 합니다. 신자들이 하나가 되는 곳에 하나님의 영광은 이 세상에 빛을 낼 것입니다. 이러한 '하나됨'은 그 자체가 이 세상을 향한 증거가 됩니다.

기도할 수 있는 특권을 허락하신 하나님, 우리의 간절한 소원은 아버지의 영광을 나타내는 것이 옳습니다. 우리의 삶과 인격이 아버지의 뜻을 이루고, 드러내는 것이 되게 하옵소서. 이 땅에 1,200만 성도가 하나되어 하나님을 증거케 하옵소서. 예수 그리스도의 이름으로 기도 드립니다. 아멘.

♪ 235, 272   ▶ 요 17 : 13 ~ 26

진리의 말씀

1. 예수님은 무엇을 누구에게 주셨습니까? (14절)
2. 진리는 우리를 어떻게 합니까? (19절)
3. 하나 됨의 목적이 무엇입니까? (23절)

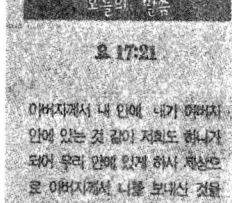

하나님의 말씀은 우리에게 주신 하나님의 선물입니다. 아버지께서는 아들에게 말씀을 주셨고(8), 아들은 그것을 자기 제자들에게 주셨습니다. 그 다음 제자들이 성령으로 감동되어서 우리에게도 그 말씀이 전달되었습니다(벧후 1:20, 21. 딤후 3:16). 말씀은 하나님께로서 비롯된, 하늘로부터 온 귀한 선물입니다. 말씀은 우리에게 기쁨을 주고(13), 이 내적인 기쁨은 우리에게 세상을 이길 수 있는 힘을 줍니다(느 8:10).

하나님의 말씀은 신자들을 세상에서 성별합니다(17). 말씀을 읽고, 순종할 때 말씀은 그들을 주의 쓰심에 합당한 그릇이 되도록 깨끗케 합니다. 주님이 여기에서 기도하신 것이 바로 그것입니다. 주님은 그들이 세상으로부터 구별되어 하나님께 쓰임받는 자들이 되기를 원하셨습니다. 예수님을 믿게 되는 방편 중의 하나가 먼저 믿는 자들의 전하는 말씀을 통해서 입니다. 복음을 말로 전하는 일에 게으르지는 않습니까?

예수님을 주로 고백한 사람들은 자기 욕심에서 나온 자기를 주장하는 의지를 내버리고 주님 앞에 나아가야 됩니다. 그리스도 안에서 이해관계를 초월하여 연합될 때 예수님의 주되심(21)과 사랑(23)을 깨닫게 됩니다. 하나님의 경륜 안에서 교회는 하나입니다. 우리가 하나라는 사실을 인식하는 데 실패하는 만큼만 우리는 현실적으로 하나되지 못하는 것임을 명심하시기 바랍니다.

말씀으로 능력을 드러내 보이시는 하나님, 우리에게 이렇게도 좋은 말씀을 선물로 주신 것을 감사드립니다. 말씀으로 우리를 거룩하게 하사 주님 원하시는 그릇들이 되게 하옵소서. 교회 생활을 통해 말씀으로 하나 되게 하시고 말씀을 전파하게 하옵소서. 예수 그리스도의 이름으로 기도 드립니다. 아멘.

♪ 403, 519   ▶ 요 18 : 1 ~ 14   년 월 일

체포당하신 주님

1. 예수께서 "내로라"할 때 군병들이 어떻게 되었습니까? (6절)
2. 베드로는 검으로 어떻게 하였습니까? (10절)
3. 예수님은 자신의 체포당할 것을 무엇이라 하셨습니까? (11절)

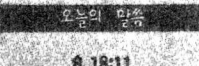

오늘의 말씀
요 18:11
예수께서 베드로더러 이르시되 검을 집에 꽂으라 아버지께서 주신 잔을 내가 마시지 아니하겠느냐 하시니라

순종함이 없는 열심은 그리스도가 원하시는 것이 아닙니다. 우리의 육신이 늘 하나님이 요구하시는 것보다 더 열심히 하려고 할 때, 성경에 반대되는 일을 감히 해보려고 할 때 우리의 열심은 성공적인 결과를 가져 오는데 아무런 도움도 되지 못한다는 것을 알아야 합니다.

제자들은 모두 그리스도께 대한 자신들의 헌신을 용감하게 단언하였습니다(마 26:35). 그리고 베드로는 그것을 입증하고자 결심했습니다. 그는 재빨리 작은 검을 빼어 내리쳤습니다. 베드로가 빼어든 이 검은 하나님의 뜻에 대한 거역을 상징합니다. 베드로는 그릇된 동기로 그릇된 무기를 사용해, 그릇된 원수와 싸웠습니다. 그리고 마침내는 그릇된 결과를 낳고 말았습니다. 우리가 그의 용기와 성실함을 인정하지만, 분명 그것은 지식없는 열심을 나타내 보여준 것이었습니다.

예수님은 자신이 체포당하지만 제자들을 안전히 보호하셨고, 베드로가 경솔히 행동했을 때 그리스도 왕국의 영적 성격을 말하면서 자원하여 붙잡히시도록 허락하셨습니다. 그는 죄 없으시지만 우리의 죄 때문에 대신 체포당하시며 수욕을 받으신 것입니다. 참으로 예수님은 우리의 구주이십니다. 우리는 주님의 일을 혈기와 폭력으로 해서는 안됩니다. 다른 사람의 귀를 내려치기보다 나의 귀로 하나님의 말씀을 듣고 순종하도록 하시기 바랍니다.

사랑의 하나님, 우리를 향하신 주님의 열심을 기억하고 감사 드립니다. 십자가로 담대히 걸어가신 주님을 본받아 살기를 소원합니다. 우리에게 예수님처럼 사원해서 하나님의 뜻을 이루어 드리는 믿음을 주옵소서. 예수 그리스도의 이름으로 기도드립니다. 아멘.

♪ 512, 514　　▶ 요 18 : 15 ~ 27

부인하는 베드로

1. 문 지키는 여종에게 베드로는 뭐라고 답했습니까? (17절)
2. 대제사장이 예수께 무엇에 관해 물었습니까? (19절)
3. 베드로의 세 번째 부인 때 무슨 소리가 들렸습니까? (27절)

기도하지 않고 자신을 과신하면 크게 실패합니다. "주를 의하여 내 목숨을 버리겠나이다."(요 13:37) "다 주를 버릴지라도 나는 언제든지 버리지 않겠나이다"(마 26:33)라고 자신만만해 하던 베드로는 예수님과는 대조적으로 주님을 부인합니다. 그는 자기를 신뢰하다 실패했습니다.

바로 그때 예수께서 말씀하신 바 대로(마 26:34) 닭이 울기 시작했습니다(27). 닭우는 소리는 베드로에게 주님의 말씀을 다시 한 번 상기시켜 주었습니다. 그리하여 그는 밖에 나가 심히 통곡하며 울었습니다. 닭 우는 소리는 비록 예수께서 전적으로 환경을 섭리하고 계시다는 사실을 베드로에게 확신시켜 주었습니다. 한 마리의 닭을 다스리심으로써 예수님께서는 그의 주권을 확인시켜 주셨습니다.

우리는 불리한 상황이라 해도 비굴해서는 안됩니다. 하나님 자녀로서 긍지를 가지고 꾸짖을 것을 꾸짖고, 증거해야 할 것은 증거해야 합니다. 우리의 일상생활 속에서, 우리의 말과 태도, 행동과 습관이 예수님을 부인할 때 예수님은 불신자들에게 배척당하시는 것보다 더욱 고통을 받으신다는 것을 기억해야 합니다.

신실하신 하나님, 우리는 연약하면서도 기도하지 않았습니다. 자신을 신뢰하는 어리석음을 범치 않게 하옵소서. 하나님의 뜻에 순종하되 불의에 항거하는 예수님을 배우기를 원합니다. 기도로 준비하고 시험을 승리하게 도와 주옵소서. 어떤 상황에서도 결코 주님을 부인하지 않는 믿음을 주옵소서. 예수 그리스도의 이름으로 기도드립니다. 아멘.

♪ 138, 202   ▶ 요 18 : 28 ~ 40

진리의 왕 예수

1. 예수님은 빌라도의 질문에 뭐라고 답하셨습니까? (37절)
2. 빌라도가 유대인들에게 나가서 예수님에 대해 뭐라고 하였습니까? (38절)
3. 군중들은 누구를 놓아 주기를 원했습니까? (40절)

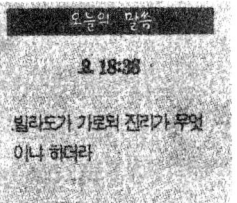

심판주 하나님만이 우리를 심판하실 수 있지 우리가 하나님을 감히 판단할 수는 없습니다. 여기 겉으로 보면 예수님이 빌라도 앞에서 재판 받으시며 고난 당하시고 있지만, 사실은 진리시요, 왕이신 예수님 앞에서 빌라도가 고민하고 갈등하고 있습니다. 왕으로 오신 예수님은 태연히 관정에 계시지만 빌라도는 관정 안팎으로 들락거리고 있습니다.

빌라도는 한편으로 안심하면서 또 한편으로는 화가 났습니다. "그러면 네가 왕이 아니냐" (37) 예수님은 그러한 칭호를 굳이 마다하지 않으십니다. 예수님의 왕권은 '진리에 대하여 증거' 하는 그분의 사명에 의해 규정되는 왕권이며, 따라서 그분의 나라는 진리의 나라입니다. 예수님께서는 빌라도에게 자신의 근원에 대해 말씀해 주셨을 뿐만 아니라, 진리에 대해 증거하는 자신의 사역에 대해서도 설명하셨습니다.

빌라도는 예수님의 음성을 양심으로 들으면서 한편으로는 세상의 자기위치를 잃지 않을까 염려하고 두려워했습니다. 그는 결국 진리되신 예수님보다 세상을 택하였습니다. 타협의 길을 가고자 하는 자는 진리의 음성을 들을 수 없고 진리를 알 수 없습니다. 진리에 속하지 않는 사람은 자유함이 없습니다. 예수님은 진리를 증거하시는 왕이십니다. 예수님을 진리의 왕으로 승복하고 사십시오. 거기에 진정한 자유가 있을 것입니다.

진리이신 주님, 우리로 예수님을 각기 자신의 왕으로 섬겨 진리 안에서 자유하게 하옵소서. 타협의 길을 가고자 할 때 주께서 막아 주옵소서. 주의 왕권을 거역하지 않게 하옵소서. 어리석고 오만한 자세로 하나님께 대들지 않게 하옵소서. 예수 그리스도의 이름으로 기도드립니다. 아멘.

♪ 136, 403   ▶ 요 19 : 1 ~ 16

빌라도의 선고

1. 군병들이 예수께 한 모욕적인 행위가 무엇입니까? (3절)
2. 빌라도는 예수에 대해 뭐라고 선언합니까? (6절)
3. 유대인들이 뭐라고 소리질렀습니까? (15절)

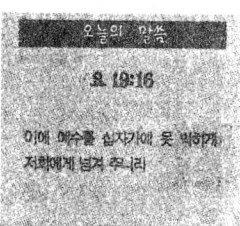

타락된 본성을 지닌 인간들이라 좋은 일 보다 나쁜 일에는 결속이 잘 됩니다. 여기 병사들과 도둑들, 대제사장들, 장로들, 서기관들 모든 군중들은 그 경이로운 날 모두 한 마음이었습니다. 결국 예수님을 죽인 자들은 빌라도, 군병들, 대제사장들, 하속들과 무리들이었습니다.

진리와 비진리 사이에 타협은 없습니다. 예수님에 관한 한 어느 누구도 중립의 위치에 설 수 없습니다. 그를 위하는 자가 아니면 반대하게 되어 있습니다. 유대인들은 한결같이 예수님을 십자가에 못 박으라고 소리쳤습니다. 빌라도는 "그대들의 왕을 십자가에 못 박으란 말인가?"라는 질문으로 그들을 조롱하였습니다. 그러나 결국 빌라도는 유대인들을 기쁘게 해주기 위해 예수님을 십자가에 못박도록 군인들에게 내어주었습니다. 그는 하나님의 영광보다는 사람의 영광을 더 구하였습니다.

오늘 우리 속에도 빌라도와 같이 세상과 타협하고자 하는 죄와 유대인들과 같이 지나친 이기심에 근거한 악독한 죄가 있습니다. 우리는 바울 사도의 말처럼 다른 사람들과 다를 게 없습니다(롬 3:9). 그러나 주님의 돌아가심으로 폭도들의 무리에서 십자가 밑으로 우리의 자리가 옮겨졌습니다. 이제 우리가 서야할 자리가 분명해졌음을 알고 이 자리를 굳게 지키시길 바랍니다.

가시관을 쓰신 주님, 선한 일에는 게으르고 악한 일에는 쉽게 빠지는 우리들을 불쌍히 여겨 주옵소서. 우리를 악에서 건져주셨사오니 이제는 악과 타협하지 않도록 단호한 의지를 주옵소서. 하나님의 영광을 위해서라면 기꺼이 희생하기를 원하옵고 예수님의 이름으로 기도드립니다. 아멘.

♪ 135, 190　　▶ 요 19 : 17 ~ 30

십자가에 못박히심

1. 예수께서 자기의 십자가를 지시고 어디에 가셨습니까? (17절)
2. 십자가 위의 패는 무슨 글씨로 썼습니까? (20절)
3. 예수께서 돌아가시기 전 뭐라고 말씀하셨습니까? (30절)

　　사람들이 죄를 벗어버리지 못하는 것은 죄가 주는 쾌락을 사모하기 때문입니다. 죄의 고통과 벌이 어떠함을 깊이 깨닫기만 한다면 죄를 멀리할 수 있을 것입니다. 죄의 벌이 어떠함을 알기 위해서는 예수님이 우리의 죄 때문에 받으신 고난이 어떠함을 묵상해야 합니다. 예수님이 죄인들을 위해 받으신 고난의 절정은 십자가의 죽으심에서 나타났습니다.

　자기의 십자가를 골고다(해골이란 뜻, 갈보리라고도 함)까지 지고 가신 주님은 두 흉악한 강도들 사이에서 못박혀 매달렸습니다. 모욕과 멸시와 고통과 함께 하나님의 진노를 당하신 지옥의 수난을 우리가 상상할 수 조차 있겠습니까? 주님의 십자가 앞에 이 시간 고개를 숙이고 경배와 감사를 드립시다. 그의 형벌과 죽음은 바로 나 자신의 탓입니다.

　그분의 죽음은 자발적인 것이었습니다. 즉, 스스로 자기 영혼을 떠나게 하셨습니다(30). 그분은 "자기 몸을 버리셨습니다"(갈 2:20). 자신을 대속물로서(막 10:45) 하나님께 대한 희생제물로서(엡 5:2) 그리고 죄를 위한 화목제물로서(요일2:2) 바치셨습니다. 그리하여 우리는 구주를 갖게 되었습니다. 구주께서 우리를 위하여 구원을 사셨기에 이제 우리들이 할 일은 죄를 회개하고 믿음으로 구원을 받아들이는 것 뿐입니다.

　　우리를 대속하신 주님, 주님의 고난은 곧 우리가 받아야 할 고난이었음을 압니다. 주께서 받으신 모욕과 멸시도 우리가 받아야 할 것이었음을 깨닫습니다. 이제는 주께서 다 이루신 그 구속사역을 감사함으로 받습니다. 주와 함께 걸어가길 원하옵고 예수님의 이름으로 기도드립니다. 아멘.

주님의 장례식

1. 유대인들이 시체를 치워 달라고 한 이유가 무엇입니까? (31절)
2. 누가 예수의 시체를 가져가기를 구했습니까? (38절)
3. 니고데모는 예수의 시체에 어떻게 했습니까? (40절)

니버가 말하였듯이 "종교란, 보통 사람들이 생각하듯이, 하나님에 대한 근본적으로 고결한 추구가 아니라 그것은 오히려 하나님과 인간의 자존심이 싸우는 최종적인 전쟁터입니다." 사람들은 빌라도에게 예수님 및 그분과 함께 십자가에 못박힌 사람들에게 '크루리 프라기움'(crurifragium)을 시행하게 해 달라고 요청했습니다. 이는 십자가 처형을 받는 사람들의 다리를 쇠로 된 망치로 박살냄으로써 죽음을 앞당기는 것입니다.

보편적으로 십자가에 못박혀 죽음은 심장 파열을 가져오지 않지만 예수님의 죽음은 보편적인 죽임이 아닙니다. 흠없고 거룩하신 주님이 우리의 죄를 대신 지시고 하나님의 저주와 진노를 받아 지옥의 고통 속에서 죽으신 것입니다(시 69:20). 예수님이 죽으셨을 때 두 사람이 와서 시신을 돌보고 장사지냈습니다.

"다 이루었다! 아버지여, 내 영혼을 아버지의 손에 부탁하나이다!"라는 소리를 듣고, 그들은 그분이 죽으신 것을 알고 자기들의 일을 하러 갔습니다. 예수께서 마치 실패자와 같고, 그분의 주장은 소망없이 꺾인 것처럼 보이던 그때에 그들은 담대하게 예수 그리스도를 시인했던 것입니다. 주님이 돌아가셨습니다. 하지만 그들은 여전히 주님을 사랑했고 주님을 믿었습니다. 오늘 우리에게도 이런 믿음과 자세가 있어야 하겠습니다.

우리를 대속하신 주 하나님, 우리 대신 흠없고 거룩하신 주님이 저주와 진노를 받으신 것을 생각할 때, 얼굴을 들 수 없나이다. 주님을 따르는 우리로 주님 위해 당하는 수치와 아픔을 부끄러워 하지 않게 하옵시고, 끝까지 주를 사랑하게 하옵소서. 평탄할 때 보다 어려울 때 더욱 주님을 따르게 하옵소서. 예수님의 이름으로 기도드립니다. 아멘.

♪ 150, 155　　▶ 요 20 : 1～18

부활하신 주님

1. 언제, 어디서, 누가, 무엇을 보았습니까? (1절)
2. 처음 마리아는 예수님을 누구로 알았습니까? (15절)
3. 막달라 마리아가 제자들에게 가서 뭐라고 하였습니까? (15절)

사랑하는 자의 죽음만큼 슬픔을 안겨주는 것은 없습니다. 그런데 그 사랑하는 자가 다시 살아났다고 생각해 보십시오. 그 기쁨이 얼마나 크겠습니까? 빈무덤은 예수님이 부활하셨다는 첫 증거입니다. 요한은 빈무덤을 보았을 때 누군가 예수님의 시체를 가져갔다는 막달라 마리아의 말을 믿게 되었습니다. 그러나 예수님께서 부활하셨다는 사실을 깨닫지는 못했습니다.

마리아는 빈무덤가에서 한없이 울고 있었습니다. 부활하신 주님께서 찾아 오셔서 물으셨습니다. "여자여 어찌하여 울며 누구를 찾느냐?" 그러나 인간적 슬픔으로 눈이 가리워진 마리아는 예수님을 동산지기인줄로 알았습니다. 예수님은 그녀의 이름을 부르셨고 마리아는 목자의 음성을 알게 되었습니다. 너무 놀라고 감격한 마리아는 예수님을 만지고자 하였습니다.

그러나 이때 예수님은 부활의 기쁜 소식을 형제들에게 전하라는 사명을 주셨습니다. 막달라 마리아는 그녀에게 주신 주님의 명을 순종하여 어떤 사람이 말한 것처럼 '사도들에 대한 사도'가 되었습니다. 이 큰 특권이 그녀의 헌신에 대한 주님의 보상이라는 사실을 의심할 수 있겠습니까? 우리는 슬픔의 눈물을 씻고 일어나 부활의 복음을 전해야 합니다. 부활의 증인이 된 것이야말로 얼마나 큰 축복인지요?

부활의 산 소망이 되시는 주님, 죽음의 절망과 슬픔을 이기게 하신 것을 감사드립니다. 우리의 눈을 열어주사 부활하신 주님을 바라보게 하옵소서. 부활하신 주님을 만난 감격과 기쁨을 온 세상에 널리 전파하며 살게 하옵소서. 그리하여 듣는 이마다 사망에서 생명으로 옮겨지는 역사가 일어나게 하옵소서. 예수님의 이름으로 기도드립니다. 아멘.

♪ 83, 340　　▶ 요 20 : 19 ~ 31　　　　　년　월　일

의심을 믿음으로

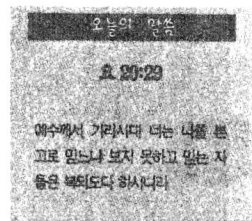

1. 제자들이 무엇으로 인해 기뻐했습니까? (20절)
2. 도마는 무엇이라고 하면서 불신했습니까? (25절)
3. 성경을 기록한 목적이 무엇입니까? (31절)

역사에 의하면 가장 호기심 많던 제자를 디두모(11:16)라는 이름으로 부르고 있습니다. 우리는 '의심많은 도마'로 더 잘 알고 있습니다. 도마가 한 실수는 "… 않고는 믿지 아니하겠노라"라고 이야기 한 부분입니다. 다시말해, 하나님의 식으로가 아니라 내 식으로 하겠다는 것입니다.

'의심하는 도마'에게 주님께서 개인적인 관심과 배려를 가져 주셨음을 아는 것은 우리에게 큰 위로가 됩니다. 도마는 삶에 대해 「과학적인 접근 태도」를 나타내고 있습니다. 그러나 그러한 태도는 아무 효과도 낳지 못했습니다. 무신론자가 "나는~하지 않는 한 믿지 않겠다"라고 말한다면, 그는 이미 자신이 믿고 있음을 인정하고 있는 셈입니다.

이 복음서가 결론부에 이르면서 요한의 목적과 도전은 분명하고 뚜렷하게 나타납니다. 요한은 '믿음'으로 반응하라고 권합니다. 즉 그분의 죽음이 우리 죄를 속하기 위한 하나님의 희생양의 죽음임을 믿고, 제자의 길을 가면서 그분을 우리의 길이요 진리요 생명으로 따르고, 우리 자신을 주님이시며 하나님이신 예수 그리스도께 맡기라는 것입니다. 요한이 결론부에서 우리에게 확신시켜 주는 대로, 그 결과는 '그 이름을 힘입어 생명을 얻는 것' 곧 하나님 나라의 영원한 생명을 얻는 것입니다. 그 영원한 생명은 결국 예수 그리스도 바로 그 분이십니다.

믿음의 주여, 온전케 하시는 하나님, 하나님을 내 방식, 내 뜻으로 판단해 온 죄를 용서하옵소서. 하나님의 하나님 되심을 근거로 하나님을 믿게 하옵소서. 어린 양 예수님의 죽으심과 부활을 믿고 영원한 생명을 누리며 살아가게 하옵소서. 예수님의 이름으로 기도드립니다. 아멘.

♪ 133, 414   ▶ 요 21 : 1 ~ 14   년 월 일

주님의 사랑

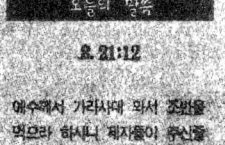

1. 주님께서 또 어디에서 제자들에게 나타나셨습니까? (1절)
2. 제자들이 어디로 무엇하러 갔습니까? (3절)
3. 제자들에게 주님은 뭐라고 하셨습니까? (12절)

21장은 요한복음의 에필로그입니다. 예수님은 절망 가운데 있는 제자들을 사랑으로 수습하시고 새로운 인생의 방향을 주십니다. 믿거나 말거나 제자들은 고기를 잡으러 갔습니다. 그리스도의 사명을 받은 후에 그것도 성령을 받은 후에 그들은 고기를 잡으러 갔던 것입니다. 아마도 제자들은 자기들에게 주어진 삶의 목적에 대하여 확신이 없었나 봅니다.

밤새도록 고기잡이에 지친 제자들에게 고기잡이 방향을 가르치시고(6절), 식탁까지 마련해두신 사랑을 보십시오. 내 학업과 직장의 고된 일 중에서도 주님은 방향을 지시하시고 필요를 채우시려 하십니다. 그 음성을 듣습니까? 제자들은 고기잡이에만 열중하느라 바닷가에 서신 주님을 알아보지 못했습니다. 주님은 오셔서 떡과 고기를 떼어 나누어 주셨습니다. 그들은 이전에 주와 함께 가졌던 여러번의 식사가 생각났을 것입니다.

주님은 지금도 우리들에게 "와서 먹으라"라고 말씀하십니다. 죄로 잃어진 사람에게 그분은 "와서 나의 은혜와 용서를 받으라. 와서 구원을 받으라. 하나님의 선물은 영생이다" 하고 말씀하십니다. 슬퍼하는 사람에게 "와서 나만이 줄 수 있는 위로와 평안을 받으라"고 말씀하십니다. 궁핍한 자에게 "와서 내가 너에게 주려고 서서 기다리는 부요를 먹으라. 너희는 먼저 하나님의 나라와 의를 구하라. 그리하면 이 모든 것이 너희에게 더하여지리라"고 하십니다.

참 만족과 기쁨의 원천이신 주님, 지친 인생길을 바로 잡아 세우시고 새 힘을 주시고 아버지께 감사드립니다. 우리의 문제와 필요를 다 아시는 주님, 우리를 부르사 궁핍한 곳, 핍절한 부분을 채워 주옵소서. 오직 주 안에서만 만족과 성공이 있음을 믿사옵고 예수님의 이름으로 기도드립니다. 아멘.

♪ 411, 511   ▶ 요 21 : 15 ~ 25

나를 사랑하느냐

1. 주님의 첫 번째 물음과 베드로의 답변이 무엇입니까? (15절)
2. 베드로가 근심한 이유가 무엇입니까? (17절)
3. 예수의 행하신 일을 우리가 다 기록할 수 있겠습니까? (25절)

오늘의 암송
요 21:17
세번째 가라사대 요한의 아들 시몬아 네가 나를 사랑하느냐 하시니 주께서 세번째 네가 나를 사랑하느냐 하시므로 베드로가 근심하여 가로되 주여 모든 것을 아시오매 내가 주를 사랑하는 줄을 주께서 아시나이다 예수께서 가라사대 내 양을 먹이라

요한복음의 마지막 대화는 눈물겹도록 사랑에 찬 대화입니다. 제자를 사랑하여 생명까지 희생하신 주님이 스승을 배반하고 저주한 제자를 찾아와서 애절하게 호소하십니다. 세 번이나 주님을 배반한 베드로에게 세 번이나 사랑을 고백시키셨습니다. 어린 양을 먹일, 그리고 양을 칠 자격은 주님에 대한 사랑입니다. 하지만 우리가 잊지 말아야 할 것은 주님께서 찾으시는 사랑은 절대적으로 헌신적인 사랑이라는 사실입니다.

그렇습니다. 사랑이야말로 제자의 길(제자의 도)의 본질이며 근본 내용입니다. 예수님을 진정으로 사랑함이 없이는 예수님을 따를 수가 없습니다. 우리는 그분을 사랑해야 합니다. 그분께서 우리를 위하여 하신 모든 것을 우리가 생각할 때에, 우리가 어떤 것들로부터 구원을 받았는지를 생각할 때에, 그분께서 지금 하시고 계시며 또 하실 모든 것을 우리가 생각할 때에 우리는 하늘과 땅의 그 무엇보다도 그분을 사랑해야 합니다.

사랑의 능력이 사명을 이루게 하며 소망을 성취합니다. 예수님을 따르는 것은 오직 예수님과 나와의 사랑의 관계요, 인격적인 관계입니다. 주님의 십자가를 본받아 다른 사람이야 어찌하든 상관 말고 죽는 그날까지 주님을 배우며 따라가시기 바랍니다. 그 속에 인생의 지고한 행복의 비밀이 숨겨 있습니다.

사랑하시는 주님, 주님의 크신 사랑에 응답하여 저도 진심으로 주를 사랑케 하옵소서. 주께서 걸어가신 십자가의 길을 배우며 따라가게 하옵소서. 주님과 저와의 관계가 그 누구도, 그 무엇도 끊을 수 없는 사랑의 관계로 지속되게 하옵소서. 그리하여 늘 그 속에서 행복을 느끼길 원하옵고 예수님의 이름으로 기도드립니다. 아멘.

사도 행전
- 너희가 내 증인이 되리라 -

I. **예루살렘 교회(1:1~8:3)**
　　승천 ; 오순절 ; 베드로와 요한의 투옥 ;
　　아나니아와 삽비라 ; 스데반의 순교

II. **유다와 사마리아 교회(8:4~11:18)**
　　빌립의 설교 ; 마술사 시몬 ; 에디오피아 내시 ;
　　사울의 회심 ; 베드로의 고넬료 방문

III. **안디옥 교회(11:19~13:3)**
　　제자들이 처음 그리스도인이라 불리움 ;
　　바나바의 사역 ; 베드로의 석방 ; 헤롯의 죽음

Ⅳ. 바울의 3차 선교여행(13:4~21:16)
    (1) 바나바와 함께, 안디옥에서 소아시아를 거쳐 돌아옴.
    (2) 실라와 함께, 소아시아를 거쳐 그리스로, 예루살렘 길로 안디옥에 돌아옴.
    (3) 제자들의 조력, 소아시아와 그리스로

Ⅴ. 예루살렘에서의 바울(21:17~26:32)
    사람들에게 한 바울의 언변 ; 산헤드린 앞에서의 바울 ; 가이사라로 보냄 ; 벨릭스 앞에서 ; 베스도와 아그립바 앞에서.

Ⅵ. 로마로 보내진 바울(27:1~28:31)
    항해와 파선 멜리데 로마에 도착 ; 거기서 바울의 감금 ; 선교 사역을 계속함.

사도행전 서론

사도행전은 예수 그리스도의 행적에 이어 사도들에게 임한 성령의 역사를 계속해서 차례대로 써 보내기 위하여 기록되었습니다. 기자인 누가는 데오빌로라는 한 지성인에게 '그 배운 바의 확실함을 알게 하려고'(눅 1:4) 본서와 누가복음을 기록했습니다.

데오빌로는 기독교로 개종한 이방인인데, 누가는 데오빌로로 대표되는 이방인 그리스도인들에게 그리스도교에 관한 보다 성숙한 가르침을 주기 위해 붓을 들었습니다. 그가 이것을 기록한 중요 목적은 신앙의 후진들에게 교회의 성장과정을 기술하여 전수하고 나아가 기독교의 역사성을 드러냄으로써 기독교를 이방에 변증하기 위해서 였습니다.

우리는 이 책에서 생명의 역사, 말씀의 역사, 교회의 창립과 성장을 배울 것이며, 스데반, 베드로, 사도 바울이 전한 메시지를 접할 것입니다.

이렇듯 사도행전은 우리에게 부흥 운동이나 선교사업에서의 원칙, 성경적인 교회 행정의 모델, 그리고 기독교 박해 하에서도 신앙을 확고히 지켜나간 것뿐 아니라, 한걸음 더 나아가 기독교가 팽창하는 모습을 제시합니다. 이처럼 사도행전은 어느 시대에서나 교회에 필요한 책입니다.

♪ 171, 177　　▶ 행 1 : 1 ~ 11　　년　월　일

약속과 기다림

1. 누가복음과 사도행전의 차이점이 무엇입니까? (3절)
2. "~이 때이니까?"라는 질문의 답이 무엇입니까? (7절)
3. 사도행전의 요절이 되는 말씀을 암기하여 쓰십시오. (8절)

> **행 1:8**
> 오직 성령이 너희에게 임하시면 너희가 권능을 받고 예루살렘과 온 유대와 사마리아와 땅끝까지 이르러 내 증인이 되리라 하시니라

"먼저 쓴 글"이란, 예수 그리스도의 인격을 아름답게 묘사하고 있는 누가복음을 가리킵니다. 누가복음은 예수님의 행전이고, 사도행전은 성령 충만한 증거자의 행전입니다. 예수님께서는 그분의 제자들에게 하나님 아버지의 약속하신 성령님을 기다리라고 말씀하셨습니다. 제자들의 마음은 다른 일, 곧 과거에 그들의 조국이 누렸던 영광과 권세를 회복하는 일에 더 관심을 보였습니다.

주님께서는 성령님을 기다리라는 약속을 거듭 상기시킴으로 제자들을 위로하고 격려하셨습니다. 뿐만 아니라 8절 말씀대로 제자들에게 확실한 사명과 소명을 심어주셨습니다. 주님이 제자들에게 주신 이 명령은 앞으로 주님을 따르는 성도와 교회에게 주신 사명이요, 축복이라고 할 수 있습니다. 이제 예수님 대신 성령님이 나와 함께 하시며, 성령님의 도우심을 믿고 영접할 때 누구나 예수님의 증인이 되어 땅끝까지 이르러 복음을 전하고 삶을 살 수 있습니다.

제자들은 그들을 떠나 하늘로 가시는 예수님을 지켜 보았습니다. 그러자 두 천사가 나타나서 말했습니다. "너희 가운데서 하늘로 올리우신 이 예수님은(그분이) 하늘로 가심을 (너희가) 본 그대로 오시리라." 교회의 복스러운 소망은 그리스도의 재림입니다. 그분은 다시 오십니다. 우리가 그때를 알지는 못하지만, 그러나 우리의 주님께서 돌아오실 그 복된 날을 위하여 우리는 준비하고서 기다려야만 합니다.

약속을 반드시 지키시는 하나님, 주께서 주신 사명과 소명에 충실케 하옵소서. 성령께서 저를 도우사 복음 증인으로 살게 하옵소서. 다시 오실 주님을 기다리는 복된 소망 중에 살기를 원하옵고 예수님의 이름으로 기도드립니다. 아멘.

♪ 482, 505　　　▶ 행 1 : 12 ~ 26

마음을 같이하여

1. 제자들이 어디로 올라가 모였습니까? (13절)
2. 그들이 기도할 때 어떤 자세로 기도하였습니까? (14절)
3. 유다 대신 누가 뽑혔습니까? (26절)

행 1:14
여자들과 예수의 모친 마리아와 예수의 아우들로 더불어 마음을 같이하여 전혀 기도에 힘쓰니라

 자기 자신 하나 감당하기에도 주체 못한 연약한 제자들은 온 세계를 떠맡기시는 주님의 명령에 아연실색하여 멍청히 하늘을 쳐다볼 수 밖에 없었습니다. 그러나 주님 말씀에 순종했습니다. 자기 생각만 고집하고 문제에 머물러 있을 것입니까? 문제가 있더라도 일단 주님 말씀에 순종하고 볼 것입니까? 이 두 갈래 길은 후에 엄청나게 다른 결과를 가져옵니다.

11명의 사도들은 다락방(The upper room)에서 거했습니다. 부활하신 주님에 대한 그들의 공통된 관심은 그들이 두루 흩어져 자기 집으로 돌아가는 것을 막았습니다. 그들은 쟁기를 잡은 이상 뒤를 돌아보려 하지 않았습니다. 그들은 마음을 같이 했습니다(14). 화합이 지배를 했으며 어떤 생각이나 방침의 분열도 아직 적은 무리 안으로 들어가지 않았습니다. 그와 같은 합치는 우리가 하나님의 말씀의 권위와 그 살아 계신 머리의 통제에 굴복할 때 옵니다.

예수님을 배반한 유다는 사도들에게 아물지 않은 상처였습니다. 베드로는 이 문제를 성경에 기초하여 바라보고 성경적으로 해결하려고 하였습니다(20). 사도들은 유다 대신 맛디아를 뽑아 구멍났던 성령의 그릇을 메웠습니다. 성령께서 역사하시기 위해서는 무엇보다도 동역자 간에 맺힌 문제를 풀고 합심하여 기도해야 합니다.

 능력의 주 하나님, 연약한 우리를 돌보심을 감사드립니다. 우리로 믿음 안에서 하나되게 하사 주의 크신 능력을 체험케 하옵소서. 누구의 주장보다도 하나님의 말씀의 통제를 받게 하옵소서. 문제를 놓고 왈가왈부 하기 전에 합심하여 기도하므로 하나님의 해결을 기다리게 하옵소서. 예수님의 이름으로 기도드립니다. 아멘.

♪ 169, 173   ▶ 행 2 : 1 ~ 13

성령의 충만함

1. 언제 성령이 어느 곳에 임했습니까? (1절)
2. 무엇이 그들의 눈에 보였습니까? (3절)
3. 큰 무리가 제자들이 무슨 말로 말하는 것을 들었습니까? (6절)

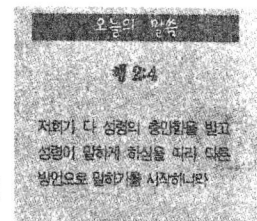

오순절 성령 강림 사건은 이제 예수님 대신에 성령님이 교회를 통해 일하시게 된다는 종말론적 예언의 성취이며 특별하고 유일한 사건입니다. 성령 강림은 바람, 불, 그리고 혀로 나타났습니다. 즉 하늘로부터 급하고 강한 바람 같은 소리가 내려와 저희 앉은 온 집에 가득하였고, 불의 혀처럼 갈라지는 것이 눈에 보이게 나타났고, 다 성령의 충만함을 받고 성령이 말하게 하심을 따라 다른 방언으로 말하기를 시작했습니다.

초대 교인들도 우리와 똑같이 저마다의 개성을 가진 사람들입니다. 각기 다른 개성을 가졌음에도 불구하고 그들은 차이를 뛰어넘어서 서로 사랑으로 하나가 될 수 있었고, 복음을 위해서 함께 나아갈 수 있었습니다. 그들이 그렇게 할 수 있었던 이유는 그들 모두가 성령의 충만함을 받았기 때문입니다.

성령 충만이란 성령님의 적극적이며 계속적인 인도와 지배 아래 놓이게 되는 것을 의미합니다. 성령님께서 계속적으로 도와주시고 있음을 생각할 때 얼마나 기쁘고 든든한 길인지요. 그럼으로 성령 충만을 받게 될 때 아무리 연약하고 무딘 사람이라도 성령의 능력으로 담대한 주님의 증인이 될 수 있습니다. 우리는 새로운 언어를 말할 것입니다. 사랑의 방언을 말할 것입니다. 그리고 함께 하나님의 사역을 말할 것입니다. 그리고 하나님의 나라를 위하여 일하게 될 것입니다.

기다리는 자에게 충만케 하시는 주님, 주의 영, 성령으로 충만케 하사 서로 화합하고 사랑하게 하옵소서. 연약하고 어리석은 저희들을 강하고 담대하게 하시며 지혜롭게 하옵소서. 이 기쁨의 소식을 전하고자 하는 열망으로 가득하게 하옵소서. 성령의 초자연적인 역사로 우리 자신이 먼저 변화되길 원하옵고. 예수님의 이름으로 기도 드립니다. 아멘.

♪ 257, 259　　▶ 행 2 : 14 ~ 36

오순절 설교

1. 누가 열 한 사도와 같이 서서 설교하였습니까? (14절)
2. 어느 선지자의 예언을 인용하고 있습니까? (16절)
3. 이스라엘 온 집이 정녕 알아야 할 것이 무엇입니까? (36절)

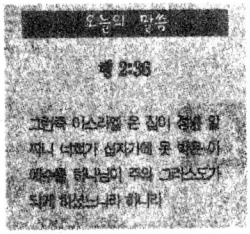

　　불신자들은 언제나 하나님의 역사를 인간적으로 억지 해석합니다. 이에 베드로가 담대히 일어서서 아침 9시부터 무슨 술에 취하겠느냐고 말하면서 이는 요엘 선지자의 예언이 성취된 것이라고 하였습니다. 성령을 받은 베드로는 아주 담대해졌습니다. 3,000명이 넘는 대군중(41) 앞에서 소리를 높여 설교했습니다.

　오순절 설교의 주제는 예수님 부활입니다. 선지자 다윗은 그리스도의 부활을 내다보고 (31) 항상 확신과 기쁨과 희망과 생명의 길에서 살 수 있었습니다(25, 26, 28). 항상 자기 앞에 계신 주를 바라보았기 때문에 문제 많은 세상에서 오히려 승리할 수 있었습니다. 이와같이 성결의 약속대로 하나님은 예수님을 살리셨습니다. 이와같이 성결의 약속대로 하나님은 예수님을 살리셨습니다(32). 우리도 다윗처럼 부활하신 그리스도를 바라보며 부활의 소망 가운데서 살 때만이 참다운 생명의 기쁨을 맛볼 수 있습니다.

　수많은 군중들 앞에서 담대하게 십자가의 복음을 전하며 회개와 믿음을 촉구하는 베드로의 모습은 진정한 예수님의 제자의 모습을 보는 것 같습니다. 주님의 제자는 언제 어디서나 담대하게 십자가의 복음을 전하는 사람입니다. 여러분은 십자가의 복음을 전하는 데 부끄러움을 느끼거나 주저해본 경험은 없는지요? 성령님의 깨우침과 인도하심에 충만하여 베드로처럼 담대히 조리있게 십자가의 복음을 전하실 수 있기를 바랍니다.

　　능력과 권세가 무한하신 하나님, 부활의 주께서 영으로 우리에게 역사하사, 우리로 확신과 기쁨과 희망으로 가득한 삶을 살게 하옵소서. 우리에게 주신 십자가의 복음을 부끄러워 하지 않게 하옵시고 담대히 증거하는 증인들이 되게 하옵소서. 예수 그리스도의 죽음과 부활을 통해 구속 역사가 성취된 것임을 믿사옵고 예수님의 이름으로 기도드립니다. 아멘.

♪ 257, 259　　▶ 행 2 : 37 ~ 47　　년　월　일

복음의 열매

1. 설교를 들은 청중들이 뭐라고 외쳤습니까? (37절)
2. 성령을 선물로 받기 위해 어떻게 해야 합니까? (38절)
3. 이 날의 몇 명이 구원받았습니까? (41절)

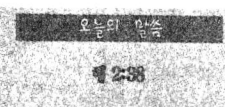

오순절에 행한 베드로의 설교는 그 시간에 가장 적합했던 설교이자 시대를 초월하여 어느 때나 들어야 할 설교입니다. 베드로의 설교를 듣고난 백성들은 마음에 찔림을 받고 "우리가 어찌할꼬" 하며 도움을 요청했습니다. 이때 베드로는 그들이 회개하고 그리스도의 이름으로 세례를 받아야 된다고 권고했습니다. 누구나 회개하여 세례를 받을 때 성령을 선물로 받게 되며 성령의 적극적인 지배와 도움 아래서 살게 되는 것입니다.

그 날 많은 사람은 베드로의 권유에 순복했습니다. 3천명이 복음을 믿고 예수님의 이름으로 주는 세례를 받고, 그 분을 주와 메시야로 고백하는 새로운 공동체의 구성원들이 되었습니다. 과연, 첫번 기독교 오순절을 가리켜 기독교 교회의 생일이라 부르는 것은 당연한 일입니다.

그 당시의 분위기는 열정과 기쁨으로 가득했습니다. 사도들은 신자들에게 예수님께 직접 배운 복음의 기본 원칙들을 가르쳤습니다. 사도들은 식사와 기도의 교제로, 그리고 재산을 함께 통용하는 것으로 예수님 안에서 한 몸 된 의식을 표현했습니다. 예수님의 사역을 특징지었던 '큰 권능과 기사와 표적'이 이제는 사도들과 다른 지도자들에 의해 그분의 이름으로 행해졌습니다(43절). 성령님으로 여러분을 충만하게 하시며, 여러분의 삶을 다스리시며, 여러분에게 능력을 주시게 하시기 바랍니다.

복되신 주 하나님, 성령의 적극적인 지배와 도움 아래서 살기를 소원합니다. 우리를 새로운 공동체의 구성원들이 되게 하셨사오니 말씀과 기도와 교제와 봉사에 주력 하게 하옵소서. 우리를 통해서 큰 권능과 기사와 표적이 나타나기를 원하옵고 예수님의 이름으로 기도드립니다. 아멘.

♪ 528, 530　　▶ 행 3 : 1 ~ 10

내게 있는 것

1. 몇 시에 누가 어디에 무엇하러 갔습니까? (1절)
2. 베드로가 앉은뱅이에게 뭐라고 외쳤습니까? (6절)
3. 치료받은 앉은뱅이는 어떻게 행동하였습니까? (8절)

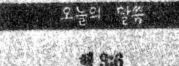

무력하고 병들고 절망하고 배고프고 고독하고 죄책으로 시달리는 사람에게 가장 필요한 것이 무엇이겠습니까? 이런 총체적인 문제들을 한꺼번에 해결할 수 있는 분은 우리 주 예수 그리스도십니다. 그리스도 안에 능력이 있습니다. 그리스도 안에 치료가 있습니다. 그리스도 안에 희망이 있습니다. 여기 나면서 앉은뱅이된 자가 온전케 된 사건이 그것을 증명합니다.

이 앉은뱅이는 잃어버려진 모든 죄인들의 모형입니다. 이 사람은 자신의 모든 삶을 앉은뱅이로 살아왔습니다. 그는 무기력한 사람이었기에 스스로 자신의 삶을 영위해 나갈 수 없었습니다. 걸인으로 살아간다는 것은 가련한 삶입니다. 이 불쌍한 사람을 베드로와 요한이 어떻게 도왔습니까? 먼저 그를 주목하여 보았습니다. 남을 도우려면, 깊은 관심을 가지고 문제를 식별할 줄 알아야 합니다. 그리고 은이나 금으로 돕지 아니하고 복음을 전하여 앉은뱅이로 하여금 걷도록 도왔습니다.

우리도 이런 사역을 하려면 먼저 그리스도와의 깊은 교제(기도)가 있어야 합니다. 기도생활이 습관화되어야 합니다. 다음으로 사람들에게서 그리스도에 대한 필요를 볼 수 있어야 합니다. 이 세상이 얼마나 그리스도를 필요로 하고 있는지 간파하는 안목이 있어야 합니다. 그리고 여기 베드로와 요한처럼 우리 성도들이 서로 협력해야 합니다. 이런 사역자로 사시기 바랍니다.

충만하신 주님, 그리스도로 말미암아 용기와 소망을 얻게 됨을 감사드립니다. 운명의 굴레 속에 갇혀 평생 거지 노릇밖에 할 수 없었던 우리들을 구원하신 것을 기뻐하며 찬양합니다. 이 은혜 기억하며 도울 자들에게 필요한 것을 돕기를 원하옵고 예수님의 이름으로 기도드립니다. 아멘.

♪ 184, 210　　▶ 행 3 : 11 ~ 26

회개하고 하나님께로

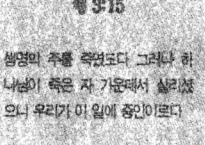

1. 베드로와 요한의 이적을 본 사람들의 반응을 말하십시오. (11절)
2. 어떻게 해야 유쾌하게 되는 날이 이르게 됩니까? (19절)
3. 베드로가 주변의 모인 사람들을 향해 물은 질문 두 가지가 무엇입니까? (12절)

인간들은 하나님 없이 당분간은 살 수 있을지 모르지만 영원히는 결코 살 수 없습니다. 인간들은 큰 일을 자랑할 수 있을지 모르지만 이것은 그리 오래가지 않습니다. 사람들이 몰려들자 베드로는 사람들의 잘못된 마음 자세를 올바로 고쳐 줄 기회를 포착하고 꾸짖는 투로 질문을 하였습니다.

구경꾼들의 관심을 복음으로 유도한 베드로는 강·유(强·柔)를 섞어 그들 심장이 녹아 날만큼 그들이 그리스도를 죽인 죄를 폭로했습니다. 인간의 모든 죄는 생명의 주 예수님의 죽음과 연관됩니다. 내 죄 때문에 주님이 죽으셨습니다. 그들은 "회개하고… 하나님께 돌아와야"(19절 상)합니다. 그러면 세 가지의 복음이 연속적으로 일어날 것입니다.

첫 번째는 "죄 없이 함을 받는다"는 것입니다(19절 중). 생명의 근원을 죽인 그들의 죄까지도 씻어 내리다, 지우다, 말살하다 등의 뜻입니다. 두 번째로 약속된 복은 "유쾌하게 되는 날이 주 앞으로 부터 이를 것"(19절 하)이라는 것입니다. 하나님께서는 우리 죄를 씻어 주실 때 반드시 우리의 영을 위해 그 분의 원기를 더하여 주시기 때문입니다. 세 번째로 약속된 복은 "너희를 위하여 예정하신 그리스도 곧 예수를 보내실 것"(20절 하)이라는 것입니다. 이처럼 우리가 죄를 회개하고 돌이 킬 때 복을 받습니다(26절).

능력과 권세가 무한하신 하나님, 거룩하고 의로우신 주님을 더욱 의지합니다. 그릇 행하여 범죄한 것들을 사하시고 새 힘을 주옵소서. 생명의 주이신 그리스도와 깊이 교제하게 하옵소서, 그리고 나아가 때를 얻든지 못 얻든지 십자가와 부활을 증거할 수 있게 하옵소서. 천하만민이 주로 인하여 복을 받기를 원하옵고 예수님의 이름으로 기도드립니다. 아멘.

♪ 194, 202   ▶ 행 4 : 1 ~ 22

하나님의 권세

1. 사도들이 전한 도의 주제가 무엇입니까? (2절)
2. 베드로와 요한은 어떤 태도로 복음을 전했습니까? (13절)
3. 관원들이 사도들을 놓아준 이유가 무엇입니까? (21절)

행 4:12

다른 이로서는 구원을 얻을 수 없나니 천하 인간에 구원을 얻을만한 다른 이름을 우리에게 주신 일이 없음이니라 하였더라

물질주의적인 세계관이 판을 치고 있는 오늘날, 고난의 가치를 말한다는 것은 어쩌면 인기가 없는 일일지도 모릅니다. 그러나 우리가 원하든 원치 않든, 고난은 피할 수 없는 불청객처럼 우리 인생에 찾아듭니다. 그러므로 우리는 고난을 받을 신앙인의 자세를 미리 정립해야 합니다.

제사장, 수위대장 그리고 사두개인들이 예수님의 부활을 증거하는 사도들을 체포하여 투옥시켰습니다. 종교적 편견과 아집과 자기권세 확보에 급급한 그들은 무슨 권세와 뉘 이름으로 이 일을 행하였느냐고 심문했습니다. 이때 성령충만한 베드로는 눈앞에 분명한 증거로 시작해서 이스라엘의 무서운 죄를 폭로하면서 나사렛 예수 그리스도의 이름을 증거했습니다. 다른 이로써는 구원을 얻을 수 없다는 확신을 갖고 성령의 은혜와 부활의 권능을 덧입은 사도들은 무서울게 없었습니다.

성령의 충만을 입을 때 아무리 연약한 사람도 베드로처럼 담대하게 복음을 증거하는 증거자가 될 수 있습니다. 성령의 충만함을 받고 하나님의 말씀에 사로잡힌 사람은 비록 눈에 보이지 않는 하나님의 권세지만 그 권세에 굴복하며 순종하게 됩니다. 사람의 권세보다 먼저 하나님의 권세 앞에 순종할 수 있는 사람이 진정 주님의 증인으로 살 수 있습니다.

우리 대신 고난받으신 주님, 주의 고난받으심을 생각하며 나날이 새 힘을 얻습니다. 우리들로 성령충만케 하사 구원의 유일한 길을 사람들에게 담대히 전하게 하옵소서. 비록 방해 세력이 강할지라도 하나님의 권세를 이길 수 없음을 믿사옵고 오직 하나님의 권세 앞에 순종하며 살게 하옵소서. 예수님의 이름으로 기도드립니다. 아멘.

♪ 27, 525　　▶ 행 4 : 23 ~ 27　　　　년　월　일

한 마음과 한 뜻

1. 일심으로 하나님을 향해 무어라 불렀습니까? (24절)
2. 사람들이 왜 성에 모였다고 했습니까? (26절)
3. 우리들의 마음과 행동이 어떠했습니까? (32절)

오늘의 말씀
행 4:32
믿는 무리가 한 마음과 한 뜻이 되어 모든 물건을 서로 통용하고 제 재물을 조금이라도 제 것이라 하는 이가 하나도 없더라

　　의회의 금지령과 협박에 대한 사도들의 반응을 보십시오. 그들은 곧바로 친구들―그리스도 안에서의 친척과 친구들―에게 가서 의회가 그들에게 한 모든 일을 낱낱이 이야기 했으며(23), 그러고는 즉시 다같이 하나님께 부르짖었습니다(24). 그러자 이 일들은 마음에 큰 타격과 치명을 가하지 못했고 오히려 그들의 마음에는 큰 확신과 하늘로부터의 뜨거운 힘과 생명이 뒤덮었습니다.

　　초대교회 성도들은 한 마음과 한 뜻이 되었습니다. 모든 물건을 서로 통용하여 '내 것'은 없고 '우리 것'만 있었습니다. 영적으로나 물질적으로나 그리스도 안에서 한 몸을 이뤘습니다. 각자 할 일이 있어서 자기 직분을 담당했습니다. 사도들은 큰 권능으로 주 예수의 부활을 증거하자 목마른 사람들이 구름떼 같이 몰려와 생수를 마시고 은혜를 받았습니다.

　　초대교회 공동체의 모습은 하나님이 허락하신 지상교회의 가장 아름다운 모습을 보여주고 있습니다. 하나의 기쁨, 하나의 사랑, 하나의 믿음으로 굳게 연합되어 있었습니다. 이러한 연합은 기도와 말씀과 성령 충만으로 이루어진 것입니다. 지금도 기도가 충만한 교회, 성령이 충만한 교회, 말씀 전파에 힘쓰는 교회에 하나님은 하늘나라의 기쁨과 열매를 허락하십니다.

　　온 인류의 하나님, 주 하나님은 세계를 보고 계심을 믿습니다. 우리를 그리스도 안에서 한 몸 되게 하셨사오니 한 마음 한 뜻을 갖고 상호 협조하며 사랑하게 하옵소서. 그것은 인위적으로는 될 수 없음을 아오니 먼저 성령으로 충만케 하사 자기만을 생각하는 이기심이 다 사라지게 하옵소서. 저마다 남을 위하는 마음으로 가득하게 하사 기쁨이 충만케 하옵소서. 예수님의 이름으로 기도드립니다. 아멘.

♪ 332, 337   ▶ 행 5 : 1~16   년 월 일

부정직의 죄

1. 아나니아는 결국 누구를 속인 것입니까? (3절)
2. 베드로의 책망의 설교를 듣고 아나니아가 어떻게 되었습니까? (5절)
3. 표적과 기사가 일어날 때 신자들은 어디에 모였습니까? (12절)

오늘의 말씀
행 5:3
베드로가 가로되 아나니아야 어찌 하여 사단이 네 마음에 가득하여 네가 성령을 속이고 땅 값 얼마를 감추었느냐

오늘도 사람들은 다른 사람을 속일 수 있다고 생각하면서, 사업상의 거래에서 사기를 치고, 술을 마시고, 담배를 피우고, 다른 사람을 미워하고, 죄악스럽고 비도덕적인 생각들을 하고, 부도덕한 짓을 저지르고, 다른 사람들을 비난합니다. 그러나 하나님께서 보고 계시며, 그 분이 문책하실 것입니다.

성령의 역사가 불길처럼 타오를 때 호사다마격으로 사단의 역사가 있었습니다. 아나니아와 삽비라는 모든 것을 다 바치는 체 하면서 얼마를 떼어놓고 바쳤습니다(2). 결국 그들은 하나님의 사도들과 성령을 속인 것입니다(4). 그들은 거짓말한 자요, 주의 영을 속이는 자요, 순수한 모임을 좀먹는 벌레였습니다. 지도자인 베드로는 이 문제를 은폐시키지 않고 용단을 내렸습니다. 인정에 붙잡히지 않고 진리의 수호자의 자세로서 분명하게 이 문제를 처리했습니다.

거짓은 잠깐은 통할 수 있지만 영원히 통할 수는 없습니다. 거짓은 제거되어야 합니다. 거짓은 두 가지로만 해결될 수 있습니다. 하나는 회개하는 것이고, 또 하나는 회개하지 않는 자를 제거하는 것입니다. 오늘의 삶 속에 모든 삶의 현장에서 우리는 손해를 감수하고라도 주님 앞에 정직하게 서도록 합시다. 그렇게 할 때 하나님의 은혜와 사랑이 풍성히 주어질 것입니다.

공의의 하나님, 죄악을 용납하지 않으시는 하나님의 진노를 기억합니다. 뿐만 아니라 회개하는 자에게 베푸시는 하나님의 은혜와 사랑을 생각하고 감사드립니다. 우리를 더욱 주님 앞에 정직하게 세워 주옵소서. 그리고 내 사랑하는 이웃들이, 내 사랑하는 민족이 주 앞에 정직하게 설 수 있도록 도와 주옵소서. 예수님의 이름으로 기도드립니다. 아멘.

♪ 342, 366　　▶ 행 5 : 17 ~ 42

어려움 속에서도

1. 누가 사도들을 옥에서 끌어냈습니까? (19절)
2. 우리가 누구에게 순종하는 것이 마땅합니까? (29절)
3. 사도들이 가르치고 전도한 주제가 무엇입니까? (42절)

오늘의 말씀
행 5:41
사도들은 그 이름을 위하여 능욕 받는 일에 합당한 자로 여기심을 기뻐하면서 공회 앞을 떠나니라

　　7전 8기라는 우리말 속담이 있습니다. 불이 붙은 사도들은 시기와 음모, 위협과 생명의 위험 속에서도 그칠 줄 모르고 생명의 말씀을 증거했습니다. 이적과 사도들의 담대함에 공회원들은 내심 겁을 먹고(24, 26) 죄의식이 생겨 궁색한 방도로 변명했습니다(28).

가말리엘이라는 율법사로 인하여 사도들은 간신히 죽음을 모면하고 심한 채찍과 능욕을 당함으로 풀려나게 됩니다. 이상한 것은 이처럼 심한 핍박을 받으면서도 사도들은 오히려 주의 이름을 인해 핍박받는 것을 당연히 여기며 기쁘게 여긴 점입니다. 죄가 있어 벌을 받는 것은 이해할 수 있지만 죄없이 애매한 고난을 받을 때 사람들은 참을 수가 없는 법입니다.

옥에 갇히고, 매맞고, 돌에 맞고, 순교당하고…. 1세기 그리스도인들이 몸으로 직접 체험한 단어들입니다! 그들에게 구세주를 '따르는 것'은 개인적으로 그리고 고통스럽게 그의 고난에 '동참'하는 것을 뜻했습니다. 그들은 단순히 그들의 신앙을 부인하고 세상으로 돌아가 이 모든 위험을 모면할 수 있었습니다. 그러나 그들은 끈질기게 그렇게 하기를 거부했습니다. 오늘 우리에게 어떠한 어려움이 올지라도 그 어려움 속에서도 그리스도의 대사로서의 역할을 감당할 수 있기를 바랍니다.

　　고난받으신 주님, 우리로 주님의 고난에 동참하는 자 되게 하옵소서. 어려움 속에서도 담대함을 잃지 않게 하옵소서. 주의 이름으로 받는 박해와 핍박을 영광으로 여기게 하옵소서. 우리를 그리스도의 대사로 삼으신 것을 늘 기억하고 마음의 평화를 간직하게 하옵소서. 우리가 어려움 속에 처할 때 우리 곁에 계시는 예수 그리스도의 이름으로 기도드립니다. 아멘.

♪ 399, 209　　　▶ 행 6 : 1 ~ 15

말씀과 기도

1. 사도가 해야 할 주된 일이 무엇입니까? (4절)
2. 스데반이 은혜와 권능이 충만하여 어떤 일을 했습니까? (8절)
3. 스데반의 얼굴이 무엇과 같았습니까? (15절)

복음의 이대(二大) 강령은 말씀과 기도입니다. 이 강령에 의하여 하나님과 그분의 백성 사이의 교통이 이루어지고, 보존되어야 합니다. 하나님께서는 말씀을 통해 그의 백성들에게 말씀하시고, 기도를 통해 그의 백성들이 그분께 호소합니다. 말씀과 기도 이 둘은 상호 보완적입니다. 이 두 강령에 의해 그리스도의 나라는 전진해 가며, 그 백성의 수효가 증가하는 것입니다.

사도들 자신은 기도와 말씀, 즉 하나님께 말하는 기도와 사람에게 말하는 복음 전하는 일, 이 두 가지 일에만 전념하기로 했습니다. 이것은 교회의 모범입니다. 교회가 기도, 말씀, 물질(구제) 순서로 질서를 세우고, 믿음의 일꾼들이 서게 될 때 하나님의 말씀은 점점 왕성하여 갑니다. 말씀 전하는 자와 공궤를 일삼는 자의 직책의 차이점은 선명합니다. 그러나 하나님 앞에서는 고하(高下)가 문제가 아니라 충성이 문제입니다.

한 개인의 신앙의 건강도는 그 사람의 삶 속에 말씀과 기도가 얼마만큼 살아있는가에 달려 있습니다. 성령과 지혜가 충만한 스데반이야말로 건강한 신앙을 가진 자였습니다. 오늘 우리 교회에 스데반 같은 사람이 필요합니다. 여러분이 용기와 담대함을 소유하기 원하며, 여러분의 삶이 성령충만하길 소원한다면, 주님 예수 그리스도께 여러분의 삶을 온전히 장악해 주십사고 간구하시길 바랍니다.

자비하신 주님, 우리에게 말씀하시고, 우리의 말을 들으심을 감사드립니다. 말씀과 기도, 이 둘이 우리 삶 속에 늘 조화를 이루게 하옵소서. 우리 모두에게 성령과 지혜로 충만케 하사 담대히 복음을 전하게 하시고 박해 속에서도 천사와 같은 밝은 표정을 갖게 하옵소서. 예수님의 이름으로 기도드립니다. 아멘.

♪ 183, 196   ▶ 행 7 : 1 ~ 53   년   월   일

스데반의 설교

1. 스데반의 설교 서두에 등장하는 인물이 누구입니까? (2절)
2. 하나님이 요셉에게 무엇을 주셨습니까? (10절)
3. 죄악된 인간의 모습을 어떻게 부르고 있습니까? (51절)

　　스데반의 설교(2~53)는 사도행전에서 가장 긴 설교입니다. 그는 구약성경을 풀어 하나님의 구속역사를 설명하고 그리스도를 거역하는 죄를 책망합니다. 스데반의 설교의 핵심은 예수님의 십자가의 죽음과 부활 사건이 결코 우연하고 애매한 사건이 아니라 이스라엘 역사 속에서 미리 계획되고 준비된 하나님의 섭리였음을 강조하는 것입니다.

어떤 사람들은 예수님의 십자가의 죽음과 부활을 역사적 사건으로 인정하면서도 아무런 느낌과 영향도 받지 못하는 사람도 있습니다. 그러나 그 사건 배후에서 섭리하시는 하나님의 살아계심과 그의 사랑을 알 때 십자가의 사건은 나에게 생명과 구원을 가져다 주는 살아 있는 사건이 됩니다. 신자는 스데반과 같이 이 세상의 역사 속에서 하나님의 섭리를 이해하며 증거할 수 있는 눈과 귀와 입을 가지고 살아가야 합니다.

스데반의 설교는 자기 변호라기보다는 그리스도에 대한 증거입니다. 그의 주요 주제는 적극적인 것입니다. 즉 메시아이신 예수님이 성전을 대신하고 율법을 완성하러—둘 다 그분에 대해 증거해 주던—오셨다는 것입니다. 오늘날 이런 설교가 필요합니다. 우리는 그 분 앞에 회개하여야 합니다. "저는 죄인입니다. 이러 이러한 짓을 했습니다." 하고 하나님께 나아가 자비를 구합시다.

　　구속주이신 하나님, 우리를 구원코자 예수님을 보내시고 그를 십자가에 죽게 하시고, 부활케 하신 섭리에 감격합니다. 주어진 삶의 현장에서 하나님의 섭리를 볼 수 있는 의식을 주옵소서. 그리고 인류의 구세주이신 예수님을 힘써 증거하게 하옵소서. 죄인들로 아버지께 나아가 자비를 구하게 하옵소서. 예수님의 이름으로 기도드립니다. 아멘.

♪ 189, 215   ▶ 행 7 : 54 ~ 60

마음에 찔려

1. 설교를 들은 사람들의 마음이 어떠했습니까? (54절)
2. 성령충만한 스데반은 무엇을 보았습니까? (55절)
3. 스데반의 마지막 기도가 무엇입니까? (60절)

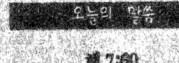

많은 사람들이 능력을 갖기를 원합니다. 그러나 실제로 가지고 있는 사람은 그리 많지 않습니다. 능력은 개인적인 희생이든, 증가된 연료 소비량이든, 좀더 높은 급료이든, 깊은 인간 관계이든, 그 대가를 지불해야 하는 비싼 것입니다. 성령님은 그리스도인에게 권능을 주시는 분이십니다. 성령의 권능을 받으려면 자신의 삶을 온전히 십자가에 못박는 높은 대가를 지불해야 합니다.

성령의 권능으로 설교한 스데반의 설교에 대한 반응은 이중적이었습니다. 그들은 '마음이 찔렸습니다. 하나님의 말씀은 칼과 같습니다. 스데반은 말씀의 칼을 사용해서 그들의 마음을 곧바로 찔렀습니다. 두 번째 결과로, '그들이 스데반에 대해 이를 갈았습니다.' 스데반의 성령충만한 설교는 그들이 하나님 앞에서 죄인임을 여실히 드러냈습니다. 그러나 그들은 자신들의 죄를 자백하고 하나님께 용서를 구하기는커녕 오히려 스데반을 향해서 이를 갈았습니다.

격분한 군중들 사이에 서있는 스데반 집사의 눈은 하늘을 우러러 하나님의 영광과 부활하신 주님께서 자기를 기다리고 계신 것을 보았습니다. 그는 죽음의 순간, 죽음을 맛본 것이 아니라 하나님의 우편에 계신 예수님의 영광을 맛보았습니다. 스데반의 마지막 기도는 예수님의 마지막 기도와 같았습니다(눅 23:34, 59, 60). 우리도 원수를 용서하는 기도를 드릴 수 있어야 하겠습니다.

전능하신 하나님, 연약한 우리를 성령의 권능으로 강건케 하옵소서. 오늘날 말씀의 종들에게 스데반이 가졌던 용기와 믿음과 사랑을 주시고, 순교정신으로 말씀을 섬기게 하옵소서. 우리의 시선을 하늘로 향하게 하사 하나님의 영광과 부활하신 주님을 바라보게 하옵소서. 순교자적인 헌신의 자세로 주님을 섬기길 원하옵고 예수님의 이름으로 기도드립니다. 아멘.

♪ 383, 257   ▶ 행 8:1~25   년 월 일

환난과 복음전파

1. 흩어진 사람들이 어디서 무엇을 했습니까? (4절)
2. 빌립의 전도를 사람들은 어떤 자세로 받았습니까? (6절)
3. 시몬이 성령 받기 위해 사용한 술책이 무엇입니까? (18절)

세상에서의 성도들은 도살할 양과 같은 운명을 지니고 있습니다. 물론 그것은 하나님께서 그의 원수들에게 자기들의 마음에 품은 잔인함을 행동에 옮길 수 있도록 자유를 주셨을 때 그렇습니다. 스데반이 돌에 맞아 죽자 성도들은 핍박 때문에 뿔뿔이 흩어졌습니다. 이 흩어진 성도들은 각 곳에서 복음을 전했습니다.

스데반이 죽임을 당한 후에 빌립은 그의 자리를 메꾸러 나아가서 복음을 전파했습니다. 예수님께서는 이미 오래 전에 사마리아에 머물면서 많은 사마리아인들을 가르치셨습니다. 이젠 빌립이 사마리아에 가서 복음을 전했습니다. 빌립은 그리스도께서 십자가에 달려 돌아가셨다가 부활하셔서 승천하신 것을 사마리아인들에게 설교했습니다. 또한 그리스도께서는 빌립에게 이적을 행하는 능력을 주셨고, 빌립은 귀신들을 내쫓았으며, 병자들을 고쳐 주었습니다.

사마리아 성에서 빌립의 처음 전도는 완전히 성공을 거두었고 복음이 이방인에게도 증거되는 확실한 증거가 되었습니다. 사마리아 전도의 성공은 복음이 장차 땅 끝까지 이르게 되는 첫 디딤돌과 같았습니다. 세계 선교는 가장 가까운 곳에서부터 시작되어집니다. 우리가 처한 곳에서 최선을 다하여 복음을 증거하는 것이 세계 선교의 지름길이 될 수 있습니다.

환란 날에 산성이 되시는 하나님, 택한 백성을 해치는 모든 악의 세력들로부터 우리를 지켜 주시옵소서. 흩어진 곳에서 주의 말씀을 전하는 증인으로 살게 하옵소서. 우리에게 복음을 바로 전할 수 있는 지혜와 능력을 주시옵소서. 멀리 가서 전하지 못할지라도 내 이웃부터 주님께 인도할 수 있는 전도인이 되게 하옵소서. 복음을 전하다 당하는 환란을 영광으로 여기기를 원하옵고 예수님의 이름으로 기도드립니다. 아멘.

사도행전 · 157

♪ 267, 268   ▶ 행 8:26~40

전도자 빌립

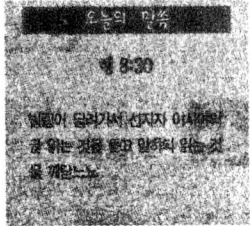

1. 주의 사자가 빌립에게 뭐라고 일러 주었습니까? (26절)
2. 빌립에게 이르신 분은 누구십니까? (29절)
3. 빌립이 가르친 복음의 중심 인물은 누구십니까? (35절)

영적인 삶과 영적인 죽음의 차이는 하나님의 말씀을 이해하는 것과 하나님 말씀에 응답하는 것에 달려 있습니다. 빌립에 대한 이야기를 보면 에디오피아의 내시는 메시야가 세상에 오시리라는 복음을 이해하지 못하고 있었던 것 같습니다. 사마리아에서 한참 주의 복음이 열매를 맺어 갈 때 주의 사자가 빌립을 명하여 가사로 내려가는 사막지대에 가도록 지시했습니다.

빌립은 하나님의 명령에 대해서 의문을 제기하지 않았습니다. 그는 곧바로 순종했습니다. 역시 우리가 해야 할 바도 바로—그렇게 하나님의 명령에 결코 의문을 제기하지 않고 다만 순종하는 것입니다. 에디오피아 내시에게 접근하라고 하나님께서 빌립에게 말씀하셨을 때에 빌립은 머뭇거리지 않았습니다. 그는 병거로 달려갔습니다. 우리도 그와 같이 행동하도록 합시다.

복음 전파는 우리가 기대하지 않은 장소에서 기대하지 않은 방법으로 확립되어 나가는 것 같지만, 그 뒤에는 성령님의 간섭과 섭리가 있다는 것을 누가는 명백히 우리에게 보여 주고 있습니다. 우리가 처한 구석구석에서 성령님의 뜻에 민감하게 순종함으로 복음 전도 사역을 감당할 수 있습니다. 성경의 저자이신 성령만이 성경을 올바로 이해할 수 있도록 깨우쳐 주실 수 있기 때문에 성령님이 가르쳐 주시고 진리로 인도해 주시길 끊임없이 간구해야 합니다.

말씀하시는 하나님, 주의 말씀에 즉시 순종하기를 원합니다. 성령님께서 우리를 사로 잡아 주님의 계획과 섭리를 따라가게 하옵소서. 말씀을 읽고 듣고 전하는 데 실수와 과오가 없게 하옵소서. 십자가와 부활의 복음만을 증거케 하옵소서. 예수님의 이름으로 기도드립니다. 아멘.

♪ 27, 210   ▶ 행 9:1~22

사울의 변화

1. 사울이 다메섹 가까이서 어떤 광경을 목도했습니까? (3절)
2. "주여 뉘시오니이까?"에 누가 뭐라고 대답하였습니까? (5절)
3. 사울이 힘을 얻어 무슨 일을 했습니까? (22절)

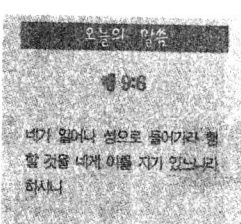

'발달심리학'에서는 인간의 성장 과정을 4 단계로 나누어서 분석합니다. 그것은 소년기(봄), 청년기(여름), 장년기(가을), 노년기(겨울)입니다. 그러나 성경은 인간의 삶의 단계를 두 가지로만 나눕니다. 그리스도 이전의 삶과 그리스도 이후의 삶입니다. 전자는 나 자신만을 믿고 산 사울의 삶이고, 후자는 예수를 믿고 산 바울의 삶입니다.

다메섹 사건으로 인해서 사울은 완전히 새로운 사명과 목표를 갖게 되었습니다. 이 사건은 교만한 자를 낮추시며 원수도 굴복케 하시는 하나님의 교회에 대한 주권과 사랑을 보여준 사건입니다. 그 누구도 교회의 권세에 대항할 자가 없으며, 교회의 권세를 파괴할 자가 없습니다. 왜냐하면 교회를 세우시며 보호하시고 지키시는 분이 바로 하나님이시기 때문입니다.

우리 신자들은 전에는 사울과 같이 주님을 핍박하며 대적했던 원수로 살았지만 하나님의 은혜로 교회에 부름을 입고 주님의 '택한 그릇'이 되었습니다. 이 사명을 수행키 위해서 우리는 우리는 숱한 고생을 견디어야 합니다. 숱한 수치와 온갖 투쟁에서 이겨야 합니다. 우리는 복음의 종으로서 원수를 짓밟고 승리의 깃발을 꽂기까지 지혜와 지식의 영을 구할 뿐 아니라 복음의 종들의 많은 고난에서 어스러지지 않도록 인내와 용기의 영을 구해야 합니다.

우리를 그리스도 안에서 새 피조물 되게 하신 하나님, 주님의 영광의 빛을 우리에게 비추사 빛의 길, 생명의 길, 헌신의 길로 전진하게 하옵소서. 우리의 교만, 잔인성, 증오, 적의가 소멸되게 하옵소서. 고난이 닥쳐올지라도 낙심치 않게 하옵시고 내 힘으로가 아니라 복음의 능력으로 대처하게 하옵소서. 예수님의 이름으로 기도드립니다. 아멘.

♪ 434, 495   ▶ 행 9:23~31   년   월   일

내 인생의 주인

1. 유대인들의 살해 음모로부터 누가 사울을 도왔습니까? (25절)
2. 누가 성도들에게 사울의 개종 사실을 자세히 설명해 주었습니까? (27절)
3. 유대와 갈릴리와 사마리아 교회가 어떠하였습니까? (31절)

> 행 9:31
> 그리하여 온 유대와 갈릴리와 사마리아 교회가 평안하여 든든히 서 가고 주를 경외함과 성령의 위로로 진행하여 수가 더 많아지니라

성도에게는 자신이 발견한 커다란 보물을 혼자만 간직할 권리가 없다는 것을 알아야 합니다. 생의 대전환을 맞은 사울은 복음을 변호하고 자신을 이 복음의 원수들의 증오와 분노에 내맡기고 있습니다. 얼마 전까지만해도 그리스도에게 맹렬한 공격으로 돌진하던 사람이 말없이 그의 지배에 굴복할 뿐 아니라 마치 선발대처럼 그의 영광을 변호하기 위해 가장 위험한 지역까지 돌진하고 있습니다.

이렇게 진정한 주인, 예수님을 만나고나서 사울은 모든 사람에게 생명을 주고 기쁜 소식을 전하는 생명의 사도가 되었습니다. 누구를 우리 인생의 주인으로 모시고 사느냐 하는 것은 이처럼 엄청난 차이가 있음을 발견합니다. 지금도 수 많은 사람들이 진정한 인생의 주인을 만나지 못하여 사울처럼 인생을 허비하고 있습니다. 사랑 앞에 나아갈 때 인생의 참 목적을 발견하며 진정한 주인을 만날 수 있습니다.

그리스도를 믿는다는 참된 증거는 변화된 삶입니다. 사울의 삶은 180도로 바뀌었습니다. 오늘 우리는 어떻습니까? 단지 입술로만 그리스도를 고백하는가 아니면 변화된 삶으로 우리의 신앙에 대한 증거를 보이고 있습니까? 우리 모두 사도 바울이 행하였듯이 즐거이 그리스도를 섬깁시다.

능력의 주 하나님, 우리 인생을 180도 전환시켜 주심을 감사드립니다. 이제는 주님을 주인으로 모셨사오니 주인의 종으로 사는 저희들이 되게 하옵소서. 그리하여 우리의 인격과 삶이 나날이 새로워지게 하옵시고 교회가 평안하여 든든히 서 가게 하옵소서. 예수님의 이름으로 기도드립니다. 아멘.

♪ 275, 414   ▶ 행 9:32~43

주의 능력으로

1. 룻다에서 어떤 형편에 있는 누구를 만났습니까? (33절)
2. 도르가에게 많은 것 두 가지가 무엇입니까? (36절)
3. 다비다가 살아나자 욥바 사람들의 반응이 어떠했습니까? (42절)

오늘의 말씀
행 9:40
베드로가 사람을 다 내어보내고 무릎을 꿇고 기도하고 돌이켜 시체를 향하여 가로되 다비다야 일어나라 하니 그가 눈을 떠 베드로를 보고 일어나 앉는지라

교회가 큰 그릇인 사울을 품게 되자 사울의 회개 후, 온 유다와 갈릴리와 사마리아에 있는 교회가 성령의 도우심으로 크게 부흥하였습니다. 이것은 곧 주님의 지상명령 중 (1:8) 사마리아까지 이르는 과정이었습니다. 특히 이때의 중심 인물은 베드로입니다. 지도자 위치에 있는 그는 지칠 줄 모르고 복음전도에 열심을 내고 있습니다.

그 당시 사도 베드로는 자유롭게 이곳저곳을 시찰하려 다녔는데 그때 겪었던 일 중에서 두 사건만이 여기에 기록되어 전해진 것입니다. 애니아의 중풍병이 낫는 이적이 베풀어지자 실로 놀라운 효과가 나타나게 되었습니다. 죽은 도르가가 베드로의 기도로 되살아나게 되었습니다. 주님은 이런 사건을 통해서 도르가가 해 오던 일에 인쳐 주셨습니다.

베드로는 기도의 용사요, 능력의 종이 되었습니다. 기도와 능력으로 무장한 그리스도의 종은 세상에서 못할 일이 없습니다. 베드로는 나중에 가이사라에서도 그랬던 것처럼 (10:48) 성도들을 가르치고 권면하기 위해 욥바에 남아 있었습니다. 이 시대는 베드로처럼 능력있게 열심히 일하는 일꾼이 필요합니다. 주님의 능력을 받고자 하는 자는 살아계신 그리스도에 대한 믿음(34)이 있어야 하며 성령 충만한 기도생활을 해야 합니다 (40).

능력의 샘이신 하나님, 우리에게 지칠 줄 모르는 힘을 끊임없이 공급하옵소서. 그 힘으로 복음전도에 전력 투구하게 하옵소서. 선행과 구제하는 일이 많기를 또한 소원 하오니, 성령으로 권고하시고 인도하옵소서. 우리의 믿음 없음을 굽어 살피사 믿음 더욱 주옵시고 성령 충만한 사람 되게 하옵소서. 예수님의 이름으로 기도드립니다. 아멘.

♪ 411, 274   ▶ 행 10:1~23

편협한 고정관념

1. 고넬료의 성품, 신앙, 생활상을 말하십시오. (2절)
2. 베드로가 들은 소리의 내용이 무엇입니까? (13절)
3. 베드로가 환상에 대하여 생각할 때 누가 말씀하였습니까? (19절)

오늘의 말씀
행 10:13
또 소리가 있으되 베드로야 일어나 잡아 먹으라 하거늘

하나님께서는 이미 반 유대인이요, 반 이방인이라 할 사마리아인과 에디오피아인에게 복음을 주셨습니다. 또한 큰 그릇 사울을 택하여 예비해 주셨습니다. 그리고 이제 지도자 베드로를 통해서 이방 복음전도의 문을 여십니다. 이를 위해 하나님은 로마인 고넬료와 유대인 베드로를 준비시키셨습니다. 고넬료는 로마군대 백부장입니다. 그는 로마인이면서도 경건하여 하나님을 경외하고 가난한 백성을 구제하며 기도에 힘썼습니다.

베드로는 제 6시(정오)에 기도하다가 비몽사몽간에 연거푸 세 번 똑같은 환상을 보았습니다. 큰 보자기가 하늘에서 내려오는데 유대인으로서는 먹을 수 없는 짐승(신 14:13~20)이 있었습니다. 그리고 "베드로야 잡아 먹어라"고 하였습니다. 하나님의 구속사업을 이루기 위해서는 먼저 우리의 편협한 고정관념이 깨져야 합니다.

인간이 모든 편견에서 자유할 수 있다면, 지구촌 문제의 90% 이상은 당장 해결될 것입니다. 우리 주변에는 도저히 그대로 받아들일 수 없는 껄끄러운 이웃들이 있습니다. 우리가 그토록 주님의 말씀 앞에서 사랑을 부르짖고 기도하고 찾았음에도 불구하고 이웃을 용납하고 용서하는 일은 결코 쉽지 않다는 것을 발견하게 됩니다. 베드로에게 나타났던 환상을 통해서 하나님은 오늘 우리에게 교훈하고 계십니다. "내가 받은 형제를 네가 받겠느냐?" 이것이 우리를 향한 하나님의 시험입니다.

세상을 극진히 사랑하시는 하나님, 우리의 옹졸하고 편협한 생각의 틀을 넓혀 주옵소서. 하나님의 구속사업에 참여하기 위해 우리 자신이 깨어지게 하옵소서. 편견으로 사람을 대하지 않도록 크고 넓은 안목을 갖게 하옵소서. 그 누구와도 불편한 관계에 있지 않기를 원하옵고 예수님의 이름으로 기도드립니다. 아멘.

♪ 350, 351　　　▶ 행 10:24~48

복음의 능력

1. 고넬료가 베드로를 어떻게 맞이 했습니까? (25절)
2. 하나님께서 나사렛 예수에게 어떻게 하셨습니까? (38절)
3. 베드로가 말씀을 전할 때 어떤 일이 일어 났습니까? (44절)

오늘의 말씀
행 10:43
저에 대하여 모든 선지자도 증거하되 저를 믿는 사람들이 다 그 이름을 힘입어 죄사함을 받는다 하였느니라

이단의 교주나 정치적인 독재자가 생기는 원인을 연구해 보면 그 배후에는 '피조물성의 망각'이라는 요소가 존재합니다. 즉, 자신이 피조물이라는 사실을 순간적으로 망각하기 때문에 자신을 신으로 착각하는 것입니다. 베드로는 자신을 '사람'이라고 자칭하며 자각하였습니다.

베드로는 복음의 핵심인 예수 그리스도를 증거했습니다. 예수님의 지상 생애(38)와 나무에 달려 죽으신 죽으심과 부활(38~41), 그리고 심판주로 오실 것을 말한 후, 한층 어조를 높여서 "…그 이름을 힘입어 죄 사함을 받는다"고 외쳤습니다. 죄와 죄책에서 사면받는 길은 예수 그리스도의 이름뿐이며, 구원의 조건은 믿는 것이고, 구원의 성질은 죄 사함을 받는 것입니다.

베드로가 말하고 있는 동안에 성령님께서 그 사람들에게 임하셨습니다. 그들은 방언으로 말할 수 있게 되었습니다. 베드로와 함께 갔던 유대인들은 깜짝 놀랐습니다. 성령님께서 유대인들에게 임하셨던 것처럼 이방인들에게도 임하셨습니다. 하나님께서 모든 이방인들에게 구원의 문을 열어 놓으셨고, 이천 년 동안 이 그리스도의 구원하는 복음이 온 세계에 있는 이방인들에게 전파되어 왔습니다. 우리 모두는 그리스도를 알아야 합니다. 그리고 모든 기회를 통해서 베드로처럼 그리스도를 증거하는 일에 충실해야 합니다.

참 신이신 하나님, 우리로 참 사람이신 그리스도를 본받아 살게하시니 감사합니다. 우리 안에 그리스도를 향한 사랑이 가득하게 하사 구원의 복음을 전할 때 듣는 이들에게 강하고 위대한 역사가 일어나게 하옵소서. 그리스도를 증거하는 일에 충실하기를 원하옵고 예수님의 이름으로 기도드립니다. 아멘.

♪ 342, 347　　　▶ 행 11:1~18

오해를 풀고

1. 할례자들이 베드로에게 뭐라고 비난하였습니까? (3절)
2. 깨끗하게 하신 분은 누구십니까? (9절)
3. 베드로의 설교의 결론이 무엇입니까? (17절)

 이제는 복음의 위대한 확장의 날을 맞았습니다. 경계선은 무너지고, 새로운 경지가 전개되어, 하나님의 은혜 밖에 있던 영역이 하나님의 은혜의 영광에 참여하게 되었습니다. 이렇게 된 것은 하나님의 은혜의 능력에 의해서입니다.

이방인들의 집에 들어가 그들과 함께 먹었다는 이유로 베드로는 유대인들의 비난을 받으며 곤경에 빠지게 됩니다. 이해할 수 없는 유대주의적인 고집과 편견입니다. 이러한 때 베드로는 어떻게 합니까? 그는 이 일을 차례로 설명함으로(4) 해결하고 있습니다. 비록 영적으로 어리고 성령의 역사에 어두운 자들의 비난 앞에 화가 나고 또 참기 어려운 모욕감도 있었을 것이지만 맞서 싸우지 않고 차례로 긴 설명을 해 나갔습니다. 그리고 "내가 누구관대 하나님을 능히 막겠느냐"(17)라고 결론을 내립니다.

베드로의 길고 구체적인 설명을 들은 할례자들은 오해를 풀었습니다. 그리고 잠잠해졌습니다. 여러분은 남을 비난하다가도 바른 말을 들을 때 돌이킬 수 있습니까? 우리는 다분히 이성보다 감정이 앞설 때가 많습니다. 쓸 데 없는 오해를 받는다고 또는 의견이 대립된다고 상대방의 꼬투리를 잡아 자기 변명을 하기보다 차근차근히 설명하여 상호 이해를 구하는 성숙한 신앙 인격을 가꾸어 나가야겠습니다.

 은혜로우신 하나님, 우리의 고집과 편견을 꺾어 주시옵소서. 우리가 감히 하나님의 뜻하시는 계획을 방해하거나 막는 자 되지 않게 하옵소서. 이성보다 감정이 먼저 폭발하지 않도록 성령님께서 우리 중심을 다스려 주옵소서. 서로 간의 오해가 생기지 않도록 복음적인 대화가 이뤄지게 하옵소서. 예수님의 이름으로 기도드립니다. 아멘.

♪ 252, 256   ▶ 행 11:19-30

그리스도인

1. 환난을 인해 흩어진 자들이 어디서 무엇을 했습니까? (19절)
2. 바나바는 어떤 사람이었습니까? (24절)
3. 제자들이 어디서 무슨 칭호로 불려졌습니까? (26절)

행 11:26
만내에 안디옥에 데리고 와서 둘이 교회에 일 년간 모여 있어 큰 무리를 가르치고 제자들이 안디옥에서 비로소 그리스도인이라 일컬음을 받게 되었더라

모임을 하나 조직하게 되면 제일 먼저 해야 할 일이 이름을 정하는 것입니다. 이름은 그 모임이 하는 일과 역사를 나타낼 수 있어야 합니다. 초대교회 그리스도인들은 얼마 동안 그들을 지칭하는 이름이 없었습니다. 그러나 어쩌다 사람들이 조롱하는 투로 부르던 '크리스천' (그리스도인)이라는 이름이 안디옥에서 붙여지게 되었습니다.

안디옥 교회는 스데반의 순교 후 흩어진 자들의 개척의 결실이며, 성령의 강력한 역사 가운데 큰 소망의 빛을 비추었습니다. 이 교회는 유대인과 이방인이 함께 믿고 주께 돌아오는 교회였습니다(19-21). 성경을 공부하는 교회였습니다(22-26). 이 교회는 사랑이 충만하여 돕는 교회였습니다(27-30). 결과 이들은 '그리스도인'(Christian)의 칭호를 얻게 되었습니다(26).

이 시대 바람직한 교회상을 상실하고 이탈된 교회가 있다면 안디옥 교회의 모임을 깊이 돌아봐야 할 것입니다. 건물로 들어오는 교인이 아닌 믿고 주께 돌아오는 교회, 사람의 수를 목표로 삼는 사람 중심 교회가 아닌 그리스도 중심의 교회, 베푸는 데 풍요로운 교회의 모습을 따라야 겠습니다. 그리고 오늘 우리 개개인이 그리스도인이라고 생각한다면 그에 어울리게 행동해야 할 것입니다.

사랑의 하나님, 우리를 그리스도인으로 세워주신 것을 감사드립니다. 그리스도의 명령에 복종하고, 그리스도의 본을 따르며, 그리스도의 영광을 위해 헌신하게 하옵소서. 우리 교회가 안디옥 교회처럼 회개하고 주께 돌아오는 자가 더하는 교회, 열심히 성경을 가르치고 배우는 교회, 어려움을 당한 자들을 돕는 교회가 되게 하옵소서. 예수님의 이름으로 기도드립니다. 아멘.

♪ 138, 141　　▶ 행 12:1~10　　년　월　일

고난받는 자세

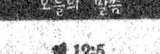

1. 야고보의 순교를 누가 기뻐했습니까? (3절)
2. 옥중에 있는 베드로에게 어떤 기적이 일어났습니까? (7절)
3. 베드로를 인도한 천사가 어디서 떠나갔습니까? (10절)

　우리는 죽음의 위험이 많은 세상에서 하루 하루를 살아가고 있습니다. 우리 가운데 어떤 사람은 이 죽음을 절박하게 느끼면서 살고 있고, 어떤 사람들은 아예 죽음에 대한 생각을 하지 않고 삽니다. 본문에는 야고보와 베드로의 이야기가 등장합니다. 그러나 한 사람은 죽은 자로 다른 한 사람은 산 자로 등장합니다.

내일이면 베드로는 처형이 될 것입니다. 그러나 베드로에게는 두려움이 없었습니다. 그는 삼엄한 경계(4, 6) 속에서 쇠사슬에 매여 단잠을 자고 있었습니다. 하나님의 능력과 사랑을 믿는 그리스도인에게는 결코 두려움이 없습니다. 베드로가 천사의 도움으로 출옥하게 된 것이 두 번째 일입니다(5:19). 많은 권능을 체험한 베드로는 환상이 아닌가 생각할 정도로 하나님은 그 크신 권능으로 도와 주셨습니다.

신자에게 있어 고난은 하나님의 사랑의 표시이며 장성한 분량까지 자라기를 원하시는 섭리임을 알아야 합니다(잠 3:12). 고난 중에서도 흔들리지 않는 베드로는 어디에 그런 비밀을 간직할 수 있었을까요? 그는 그에게 닥친 고난 너머에 계시는 하나님을 보았던 것입니다. 그러기에 신자에게 있어서 고난은 하나님께 더 가까이 가는 활력소와 같은 것입니다(벧전 1:7).

고난 너머에 계시는 하나님, 죽음도 우리를 하나님의 사랑에서 끊을 수 없음을 믿습니다. 하나님의 능력과 사랑은 항상 우리를 붙드시고 계심을 믿고 고난 중에서도 흔들리지 않게 하옵소서. 우리를 통해 하나님의 위대하심이 드러내 보여지기를 원하옵고 예수 그리스도의 이름으로 기도드립니다. 아멘.

♪ 235, 241   ▶ 행 12:11~25   년   월   일

흥왕하는 역사

1. 베드로가 정신이 나서 무엇을 알게 되었습니까? (11절)
2. 헤롯이 파숫군들을 어떻게 하라고 했습니까? (19절)
3. 헤롯의 최후가 어떻게 되었습니까? (23절)

어느 시대에나 빛의 역사를 방해하는 어둠의 세력이 있습니다. 그 당시에 보면 그 죽음의 세력이 생명의 역사를 금방 삼켜 버릴 것만 같습니다. 그러나 결국 어떻게 되는지 우리는 역사관을 확립해야 하겠습니다.

베드로는 그리스도인들이 기도하고 있던 집으로 갔습니다. 베드로가 자유롭게 된 것을 알고서 놀란 사람들은 그 그리스도인들만이 아니었습니다. 다음날 아침, 옥 안에 있던 사람들은 크게 놀랐습니다. 헤롯은 이기적이고 교만한 사람이었습니다. 그는 인기를 위해서 자기 영혼을 팔아먹은 자였습니다. 하나님을 대적하고 복음을 대적하는 사람은 벌레에게 먹힐 것입니다. 헤롯은 벌레에게 먹혔지만 하나님의 말씀은 흥왕하여 더하여 갔습니다.

야고보의 순교도(1), 스데반을 돌로 쳐 죽인 사건도(7:59), 말씀 역사를 가로막는 장애물이 되기는커녕 촉진제가 되었습니다. 이것은 항시 일어나는 사례입니다. 기독교에 대적하는 모든 세력들은 헤롯과 같은 류의 이유를 가지고 기독교를 약화시키고자 합니다. 그리하여 사람을 죽이기도 하며, 파괴하기도 합니다. 이런 모든 박해에도 불구하고, 하나님의 말씀은 그것에 의하여 방해를 받기보다는 정말로 자주 도움을 받아, 흥왕하여 더해 갑니다. 우리는 이 사실을 믿고 하나님의 말씀이 위기를 만난 것처럼 보이는 외부적 상황이 도래할지라도 두려워하지 말아야 합니다.

빛이신 하나님, 어둠의 세력이 결코 생명의 빛을 능가할 수 없음을 믿습니다. 하나님의 말씀은 박해 가운데 오히려 흥왕하여 감을 알고 말씀에 순종하고, 말씀을 전파하고, 말씀으로 위로하고 격려하게 하옵소서. 우리 가정, 교회, 나라 안에 말씀이 흥왕케 되기를 원하옵고 예수님의 이름으로 기도드립니다. 아멘.

♪ 169, 179　　▶ 행 13:1~12

성령의 보내심을 받아

1. 안디옥 교회에 선지자들과 교사들을 말하십시오.(1절)
2. 두 사람에게 안수하기 전 한 일이 무엇입니까? (2절)
3. 바울이라고 하는 사울의 상태가 어떠하였습니까? (9절)

사도행전 13장은 신약성경 전체를 통하여 가장 뛰어난 내용에 속한다고 할 수 있습니다. 이 장은 복음을 전파하는 일에 있어서 새로운 기점을 제시하고 있습니다. 이 순간부터 주님의 제자들은 땅 끝까지 이르러 복음을 전하라는 사도행전 1:8을 실천하기 시작했던 것입니다.

안디옥 교회는 선교에 좋은 본을 보였을 뿐 아니라 살아 움직이는 생명력 있는 교회였습니다. 이런 교회가 될 수 있었던 비결은 두 가지였습니다. 첫째, 말씀 중심의 경건 생활이었습니다(1, 2). 유능한 성경 선생이 많았고 하나님과 영적 교제에 힘쓴 교회였습니다. 둘째, 말씀에 순종하며, 주는 교회의 길을 처음부터 걸었습니다(3). 결국 이 교회를 하나님께서 귀히 보시고 세계 선교 역사에 크게 쓰신 것입니다.

바울과 바나바는 성령의 지시를 따르며(4) 가는 곳곳마다 하나님의 말씀을 증거했습니다. 신자의 정상적인 생활이란 바로 성령 충만한 생활입니다. 성령 충만의 결과 바울은 명확한 분별력을 갖게 되었습니다. 우리가 복음을 전파하려 하면 적대 세력이 등장합니다. 하지만 성령의 능력은 우리로 적대 세력을 물리치게 해 주십니다. 세계 선교에는 많은 수의 사람도 필요하지만 어떠한 원수도 굴복시킬 수 있는 성령 충만을 덧입은 종들이 필요합니다.

살아계신 주님, 육체의 소욕을 제어하며 하나님과의 영적 교제에 힘쓰는 경건한 생활을 하기를 원합니다. 우리 교회가 안디옥 교회처럼 말씀에 순종하며 주는 교회가 되게 하옵소서. 성령의 지시를 받고 그 지시에 순종하는 순종심으로 복음을 전파하게 하옵소서. 그리하여 원수를 굴복시키게 하옵소서. 예수님의 이름으로 기도드립니다. 아멘.

♪ 188, 189　　▶ 행 13:13~25　　　　년　월　일

바울의 설교

1. 바울 일행이 어디서 어디로 갔습니까? (13절)
2. 하나님의 약속이 누구 안에서 성취되었습니까? (23절)
3. 세례 요한은 누구에게 무엇을 전파했습니까? (24절)

오늘의 말씀

행 13:23

하나님이 약속하신 대로 이 사람의 씨에서 이스라엘을 위하여 구주를 세우셨으니 곧 예수라

바울과 및 동행하는 사람들은 바보에서 배 타고 북쪽으로 밤빌리아에 있는 버가에 이르렀습니다. 그렇게 함으로써 그들은 '바나바가 태어난 섬'에서 '바울이 태어난 땅, 소아시아'의 남쪽 해안으로 건너갔습니다. 그들은 아마도 아달랴에 상륙했을 것이며, 약 19km정도 내륙 쪽으로 걸어서 버가에 도착했을 것입니다. 여기 버가에서 동역자 마가 요한(골 4:10)이 도중 하차하는 아픔 속에서도 그들은 새 땅을 향하여 계속 전진했습니다.

바울은 뜻밖에 설교할 기회를 얻었습니다. 그러나 바울은 항상 복음의 골자가 그의 사상과 신앙의 중심으로 박혀있기 때문에 즉석에서 설교하는데 문제가 없었습니다. 설교를 해도 힘차게 손짓하며 했습니다. 바울은 듣는 자들이 흥미를 끄는 이스라엘 사람과 이스라엘 역사로부터 말씀을 시작했습니다. 곧 그리스도에 대한 복음을 이야기할 수 있는 지름길을 닦았습니다.

바울은 하나님께서 다윗에게 주신 약속을 이야기하고 나서 곧 그 약속이 그리스도 안에서 성취되었음을 말합니다(23절). 오늘 우리 민족의 소망은 그리스도이어야 합니다. 보혈을 흘리신 그리스도를 가슴마다 심어야 합니다. 우리는 더 많은 사람들이 주님의 사랑과 용서를 체험할 수 있도록 기도해야 합니다. 그리스도는 우리의 소망이요, 구원이십니다.

간 데 마다 복음으로 일깨워 주시는 하나님, 복음의 지시를 따라 계속 새 땅을 향해 전진하게 하옵소서. 우리가 믿고, 전하고 행동하는 모든 것이 그리스도 중심이 되게 하옵소서. 아버지께서 하신 약속의 성취를 그리스도 안에서 보고, 깨달아 감사하며 살아가게 하옵소서. 주님께서 우리 민족의 내일과 소망이 되시길 원하옵고 예수님의 이름으로 기도드립니다. 아멘.

♪ 186, 210   ▶ 행 13:26~41

사죄의 복음

1. 말씀을 어떤 말씀이라고 호칭하고 있습니까? (26절)
2. 바울이 전하는 복음의 주제를 말하십시오. (38절)
3. 무엇으로 의롭다 하심을 얻습니까? (39절)

> 오늘의 말씀
> 행 13:38
> 그러므로 형제들아 너희가 알 것은 이 사람을 힘입어 죄 사함을 너희에게 전하는 이것이며

어느 설교자가 말하기를 "예수 그리스도께서 이 땅에 오셔서 남겨 놓은 것은 피다"라고 말하는 것을 들은 적이 있습니다. 복음의 진수의 그 핵심이 바로 예수 그리스도의 십자가와 부활이라는 말일 것입니다(고전 2:2). "십자가와 부활!" 이것은 장엄한 사죄의 약속이요, 기쁜 소식입니다. 죽음의 삯을 지불해야만 하는(롬 6:23) 죄 문제가 해결되며 영생의 길로 들어서는 감격적인 순간입니다.

본문에서 바울은 시편 2:7 ; 이사야 55:3과 아울러 시편 16:10을 인용하고 있습니다. 바울은 예수님의 부활로 말미암아 이 구절의 예언이 실현되었다는 점을 가르쳐 주었습니다. 예수님의 부활이 있었기 때문에 죽음의 세계에 광명의 빛이 찾아 들었던 것입니다. 부활은 죽음이 아니라 새로운 탄생이었으며, 세상의 종말이 아니라 시작이라는 의미가 내포된 사건이었습니다.

그리스도의 부활로 말미암아 우리의 죄사함이 확증되고 우리도 부활한다는 산소망을 갖게 되었습니다. 예수님의 죽으심과 부활로 죄문제를 해결하시고 영생의 길을 열어 놓으셨습니다. 이 객관적인 구원 사건이 어떻게 나의 구원의 사건이 될 수 있습니까? 그것은 바로 오직 믿음으로 입니다(요 1:12; 롬 1:17). 믿음으로 죄사함 받고 영생을 누리게 됩니다.

우리 죄를 사해 주시는 하나님, 구세주께서 피흘려 죽으시고 부활하심으로 우리 죄를 사해 주신 것을 믿습니다. 이 사죄의 복음으로 말미암아 날마다 새로워지는 역사가 일어나게 하옵소서. 장차 주와 같이 부활하게 될 것을 소망하며 그 나라에 이를 때까지 주 예수를 힘입어 살게 하옵소서. 예수님의 이름으로 기도드립니다. 아멘.

♪ 344, 377　　▶ 행 13:42~14:7

듣고 믿는 자

1. 어떤 사람들이 믿게 되었습니까? (48절)
2. 제자들은 무엇으로 충만하였습니까? (52절)
3. 두 사도에게 주께서 어떻게 하게 해 주셨습니까? (3절)

복음이 전파되는 곳마다 반응은 크게 두 가지로 나타납니다. 복음을 듣고 믿는 자와 시기하고 핍박하는 자입니다. 바닷가에 집채만한 파도가 몰려와 모래밭을 휩쓸고 지나가면 아무런 흔적도 남지 않는 것처럼 믿음을 가진 자는 흠 없고 완전한 상태가 됩니다.

'영생을 주시기로 작정된 자는 다 믿었습니다.' 영생을 주시기로 작정(예정)함이 믿음보다 선행합니다. 구원은 하나님으로 말미암아 시작되고 사람으로 말미암지 않습니다 (롬 8:29, 30). 구원은 하나님의 마음 속에서 시작됩니다. 그분이 여러분을 미리 아시고, 여러분을 미리 정하시고, 여러분을 부르십니다. 여러분이 믿는 순간에 여러분은 의로워지고, 어느 날엔가는 영화로워질 것입니다.

바울은 믿음이냐 아니면 불신이냐, 생명이냐 아니면 죽음이냐, 천국이냐 아니면 지옥이냐 하는 문제를 청중들의 마음에 정면으로 제시했습니다. 주를 힘입어 담대히 복음을 전했습니다. 전도자는 양같이 온순할 뿐만 아니라 경우에 따라서는 사자같이 담대함을 보여 줘야 합니다. 지나친 친절과 예의도 복음이 천시되지 않도록 주의해야 합니다(눅 9:5). 고린도전서 9:16에 기록된 사도 바울의 심정, 상한 목자의 심정이 우리를 사로잡으면 담대히 복음을 외칠수 있습니다.

복음의 원천이신 하나님, 복음을 믿고 따르기를 소원합니다. 우리로 기쁨과 성령이 충만케 하사 큰 영적 힘을 갖추게 하옵소서. 그리하여 복음을 담대히 증거할 수 있게 하옵소서. 양처럼 온순한가 하면 사자처럼 담대한 면을 겸비케 하옵소서. 예수님의 이름으로 기도드립니다. 아멘.

♪ 382, 383　　▶ 행 14:8~28

환난을 겪어야

1. 우리 하나님은 어떤 분이십니까? (15절)
2. 어려운 때 우리는 어떻게 해야 합니까? (23절)
3. 교회에 모여 서로 할 일이 무엇입니까? (27절)

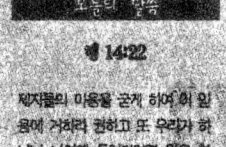

물이 흐르면서 바다에 깔린 돌과 부딪히는 과정 없이는 아름다운 시냇물 소리를 듣지 못합니다. 승리의 월계관을 쓰는 마라토너도 힘겨운 코스를 견디면서 사력을 다해서 뛰지 않고는 그 영광을 맛보지 못합니다. 복음을 전하는 사도나 그 복음을 듣고 믿는 신자나 모두 환난을 겪어야 천국에 들어갈 수 있습니다(행 20:24).

어디서 이런 각오와 힘이 나오는 것입니까? 첫째, 자신을 가리우고 하나님의 영광을 구하는 마음입니다(14~18). 한 앉은뱅이를 고치는 사건으로 우매한 존경을 받아 교만해지기 쉬운 유혹이 있었지만 옷을 찢으며 말리는 오직 하나님의 영광만을 드러내는 복음 정신이 있었습니다. 둘째, 환난 핍박을 딛고 복음을 심는 굳은 믿음입니다(19~22). 생명의 위협을 느끼는 환난입니다. 그러나 이것은 장차 나타날 영광과 족히 비교할 수 없는 것입니다(롬 8:18).

하나님의 능력이 강하게 나타나는 곳은 적대자들과 돌로 치는 일과 환난이 있는 곳입니다. 승리는 환난의 과정을 통하여 주어집니다. 우리는 복음의 생명이 죽음 이상의 것, 핍박 이상의 것임을 깨달아야 합니다. 그리고 투철한 복음 정신을 가져야 합니다. 아울러 교회에 모여서 서로 하나님의 하시는 일을 이야기하고 감사하면서 또한 격려하는 성도의 교제가 중요합니다. 나 혼자 내 신앙을 지키고 환난을 이길 수는 없습니다. 그래서 교회를 세우게 하신 것입니다.

환난 날에 도움이 되시는 하나님, 환난을 견디고 이길 수 있는 힘을 주옵소서. 죽음을 뛰어넘은 용기와 담력으로 힘든 여건을 극복하게 하옵소서. 주님을 향한 믿음을 굳게 지키기를 원하옵고 예수님의 이름으로 기도드립니다. 아멘.

♪ 403, 405   ▶ 행 15:1~11

구원은 주 예수의 은혜

1. 유대로부터 온 사람들이 뭐라고 가르쳤습니까? (1절)
2. 바리새파 중에 믿는 사람들의 주장이 무엇입니까? (5절)
3. 구원의 원리가 무엇입니까? (11절)

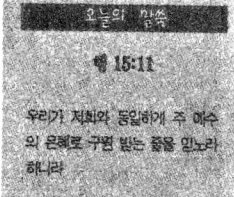

편견은 추한 단어입니다. 그러나 편견은 인종 문제에만 국한 된 것이 아닙니다. 최초의 교회 회의는 어떤 그리스도인 무리에 대한 편견으로 인해 소집되었습니다. 유대인 몇이 안디옥 교회에 와서 구원을 얻으려면 반드시 할례를 받아야 한다고 했습니다(1, 5). 바울과 바나바는 오직 믿음으로 구원을 얻는다고 주장하여 이들과 심히 다투었습니다. 결국 이 문제는 총회에 회부하기로 하였습니다.

이 회의에서 베드로는 하나님이 행하신 일을 나열하고는, 유대인인 그들이 율법의 멍에를 그들에게 지울 수 없음을 상기시켰습니다. 그리고 마지막으로 "우리가(유대인) 저희와(이방인) 동일하게 주 예수의 은혜로 구원받는 줄을 믿는다"고 선언하였습니다(11). 유대주의자의 의견과 어디가 다릅니까? 그 근거와 중심이 다릅니다. 유대주의자는 율법의 규례가 근거요, 사람이 중심이지만 베드로는 예수 그리스도가 중심이요, 성경의 진리에 근거를 두고 있습니다(롬 3:25, 4:13-16, 갈 5:2-6).

거짓 종교는 "행하라 그러면 살리라"(Do and Live)고 합니다. 그러나 바울의 참 복음은 "믿으라 그러면 살리라"(Believe and Live)입니다. 이것이 바로 오늘날 우리가 참 복음과 거짓 복음을 구별하는 방법입니다. 믿으십시오. 그러면 살 것입니다.

은혜가 풍성하신 하나님, 우리의 행위를 보시지 않으시고 믿음을 선물로 주시고 그 믿음으로 또한 구원하심을 감사드립니다. 항시 우리의 중심이 예수 그리스도가 되게 하시고 성경의 진리를 근거로 삼게 하옵소서. 행위를 내세우지 않게 하시고 오직 주의 은혜만을 자랑케 하옵소서. 예수 그리스도의 이름으로 기도드립니다. 아멘.

♪ 210, 215　　▶ 행 15:12~29

이방인의 구원

1. 야고보의 진술의 결론이 무엇입니까? (19절)
2. 바나바와 바울을 어떤 사람이라고 칭하고 있습니까? (25, 26절)
3. 어떻게 하면 잘되고 편한할 것입니까? (29절)

행 15:29
우상의 제물과 피와 목매어 죽인 것과 음행을 멀리 할지니라 이에 스스로 삼가면 잘 되리라 평안함을 원하노라 하였더라

교회에서도 분쟁이 일어나는 것은 새삼스런 일이 아닙니다. 두세 명이 모이면 다른 의견이 있게 마련입니다. 그러나 교회에서도 기도하기보다 논쟁하는데 더 많은 시간을 보내고 문제를 해결하기보다는 비난하느라 열을 올리는 것은 참으로 안타까운 일입니다.

야고보가 베드로의 말을 두둔하고 나섰습니다. 그는 결론을 내리기를 영원 전부터 하나님께서 이방인들은 하나님 왕국의 일부가 되도록 작정하신 까닭에 주님 예수 그리스도의 은혜에 의해 이방인들이 구원받음으로써 이 예언이 지금 성취되었음을 말하고 이방인들에게 할례를 받고 모세의 모든 예식적인 율법들을 지켜야 한다고 말하여 그들을 괴롭혀서는 안된다고 말하였습니다.

성경을 이해하고 해석하는 데는 언제나 의견 차이가 있기 마련입니다. 우리는 이러한 때 초대 교회처럼 먼저 말씀을 상고하고 성령의 인도를 받아야 합니다. 여기 예루살렘 총회의 의장격인 야고보의 문제 해결 자세는 참으로 귀하고 아름다운 성숙한 모습입니다. 성경을 기초한 영적 분별력과 동역자의 의견 존중, 그리고 성서적인 의견 제시 등 긍정적이고 적극적인 신자의 자세를 배워야 합니다. 이렇게 할 때 완고해진 생각을 꺾고 모든 민족적인 배경과 문화의 장벽을 뛰어 넘어 하나되는 하나님의 은혜를 덧입게 될 것입니다.

평강의 주님, 우리를 그리스도 안에서 하나 되게 하신 것을 감사드립니다. 의견이 달라 서로 다툴 때, 말씀 앞에 겸손히 서게 하옵소서. 성경에서 바른 분별력을 갖게 하옵소서. 완고한 고집이 꺾여지게 하사 오직 주의 뜻을 좇아 살게 하옵소서. 예수 그리스도의 이름으로 기도드립니다. 아멘.

♪ 347, 349　　▶ 행 15:30~41　　　　년　월　일

피차 갈라서니

1. 편지를 읽은 사람들의 반응이 어떠하였습니까? (31절)
2. 바울과 바나바 사이가 어떻게 되었습니까? (39절)
3. 바울과 실라는 어디서 무슨 일을 했습니까? (41절)

오늘의 말씀
행 15:30,31
저희가 작별하고 안디옥에 내려가 무리를 모은 후에 편지를 전하니 읽고 그 위로한 말을 기뻐하더라

　　'안 다투고 일 할 수 없을까요?' 라고 하소연 하는 분이 있습니다. 자신은 어딜 가나 부딪치는 사람이 많고 도무지 마음 편할 때가 드물다고 합니다. 안디옥교회가 잠시 동안의 갈등과 괴로움을 씻고 말씀과 기쁨으로 충만합니다. 이 가운데 바울과 바나바의 다툼이 있었지만 결국 하나님은 안디옥 교회를 계속 성장시키고 사용하십니다.

　　마가라 하는 요한으로 말미암아 두 지도자 간에 심한 다툼이 있었다는 기록은 그리 달가운 일이라고 할 수는 없습니다. 그러나 하나님은 이런 일까지도 선한 방향으로 이끌어 주셨던 것입니다. 바울이 훗날 디모데에게 편지를 쓸 때 "누가만 나와 함께 있느니라 네가 올 때는 마가를 데리고 오라 저가 나의 일에 유익하니라"고 디모데후서 4:11에 기록하게 된 것은 하나님의 인도하심이 있었기 때문입니다.

　　하나님의 은혜와 사랑을 통해서 인간은 변화될 수 있습니다. 인간의 변화라는 것은 참으로 느린 것이기는 하지만 그러나 불가능한 것은 아닙니다. 마침내 한 사람이 하나님의 은혜 속에서 십자가의 피 묻은 보혈의 복음과 접촉하면 변화가 일어나게 됩니다. 우리는 이 인간 변화의 놀라움을 수용할 수 있는 안목을 지녀야 합니다.

　　만사를 주관하시는 하나님, 연약한 우리 인간의 약점까지도 쓰심을 감사드립니다. 우리를 이끄시는 주의 팔에 우리 인생을 맡기게 하옵소서. 하나님의 은혜와 사랑은 우리를 변화시켜 주의 도구로 만들어 가심을 믿습니다. 무엇보다 교회 안에 지체들 사이를 원만하게 하사 주의 일에 힘을 합하게 하옵소서. 예수님의 이름으로 기도드립니다. 아멘.

사도행전 · 175

♪ 266, 268　　　　▶ 행 16:1~15

환상을 본 바울

1. 바울이 왜 디모데에게 할례를 행했습니까? (3절)
2. 바울이 본 환상의 내용이 무엇입니까? (9절)
3. 루디아에게 주께서 어떻게 해 주셨습니까? (14절)

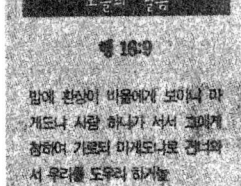

인생의 행로를 헤쳐 나가다 보면 간혹 곧게 뻗어 있는 길로 통하는 문에 빗장이 걸려 굳게 잠겨 있어 달리 어찌 해 볼 도리가 없을 때가 있습니다. 그러나 당황하지 않아도 됩니다. 성령의 인도하심을 받으면 됩니다. 바울은 수리아와 길리기아, 더베, 루스드라, 이고니온과 비시디아 안디옥 교회를 방문하였습니다. 그후 성령은 그를 새로운 곳으로 인도하셨습니다.

사도 바울은 하나님의 뜻인 줄 알고 아시아 선교를 두 번씩이나 시도했으나(6), 예수의 영이 허락지 않았습니다(7). 바울은 소아시아 서해안에서 북쪽 흑해 연안 지방으로 갈 생각이였으나 성령님은 유럽(마케도냐)에 보내실 계획이었습니다. 하나님께서 그 분의 뜻을 환상으로 바울에게 계시하셨습니다. 바울은 즉시로 유럽과 마게도냐로 들어갈 계획을 세웠습니다. 유럽 사람들은 영적인 면이 가장 결핍되어 있었고 그들에겐 그리스도의 복음이 필요했습니다.

환상 속에 마게도냐인은 오늘날의 구원받지 못한 모든 사람들을 상징합니다. 전 세계가 죄악 속에 빠져 있습니다. 우리는 바울처럼 그리스도의 복음을 갖고 있으며 그들에게로 가서 복음을 전해 주어야만 합니다. 우리는 날마다 목마른 심령을 가진 사람들-하나님과의 평화를 목말라 하는 사람, 죄용서를 갈망하는 사람, 구원의 소망을 사모하는 사람을 만나러 나가야 합니다.

우리 인생의 길잡이가 되시는 하나님, 우리로 하나님의 계획하신 길을 따라 가도록 성령으로 인도하옵소서. 복음을 받지 못해 죄악 가운데 방황하는 이들을 찾아가 구원의 소식을 알리게 하옵소서. 복음은 모든 장벽을 뛰어 넘게 하심을 믿사옵고 예수님의 이름으로 기도드립니다. 아멘.

♪ 183, 196　　▶ 행 16:16~40　　　　　년　월　일

주 예수를 믿으라

1. 귀신 들린 여종에게 바울이 어떻게 하였습니까? (18절)
2. 밤중쯤 되어 바울과 실라가 무엇을 하였습니까? (25절)
3. 간수에게 전한 메시지가 무엇입니까? (31절)

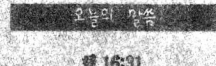
행 16:31
기로되 주 예수를 믿으라 그리하면 너와 네 집이 구원을 얻으리라 하고

빌립보 감옥에 두 명의 악명 높은 '무법자들'이 갇혀서 한 밤중에 노래를 부르고 있었습니다. 급작스럽게 강력한 지진이 일어났습니다. 죄수들의 족쇄가 풀리고 옥문이 활짝 열렸습니다. 빌립보 감옥의 간수가 얼마나 두려웠을지 상상해 보십시오. 그의 직책상 단 한 명의 죄수가 탈옥한다 해도 분명히 죽음을 당할 판국입니다. 그러나 이 위기의 순간에 그 간수는 자신에게 생명을 주는 사람을 만났습니다.

감옥에서 기도하고 찬미하는 바울과 실라! 그들이 어떤 하나님을 찬미하였을까 궁금합니다. 어떻게 보면 '하나님은 모르시고 또 함께 하시지 않은가' 보다 라고 회의하기 쉬운 때입니다. 그러나 그들은 옥 속에서 기도하며 찬미하고 있습니다. 지금 당장 고난과 아픔이 있지만 반드시 뜻을 두시고 주신 것이요, 그러기에 여전히 살아계셔서 모든 것을 보고 계신 하나님을 찬미하고 있습니다.

간수는 바울과 실라가 기도하며 찬양하는 것을 들었고, 깊이 양심의 가책을 느꼈습니다. 그는 자신이 큰 죄인이며 구원받아야 할 사람임을 깨달았습니다. 바울의 대답은 분명했습니다. "주 예수를 믿으라 그리하면 너와 네 집이 구원을 얻으리라" 그는 "세례를 받으라 그러면 구원을 얻으리라" 그는 "세례를 받으라 그러면 구원받을 것이라", "선을 행하면 구원받는다"고 말하지 않았습니다. "주 예수를 믿으라. 그리하면 네가 구원을 얻으리라!" 이것이 잃어진 죄인들에게 해 주어야 할 올바른 해답입니다.

찬양 받으실 영광의 주 하나님, 우리에게 찬송과 기도를 주셨사오니 찬양과 기도로 옥문을 여는 기적을 가져 오게 하옵소서. 그리고 사망 가운데 있는 자들에게 구원의 메시지를 전하게 하옵소서. 예수님의 이름으로 기도드립니다. 아멘.

♪ 257, 262　　　▶ 행 17:1~15

데살로니가와 베뢰아 전도

1. 바울은 성경을 가르칠 때 누구를 전했습니까? (3절)
2. 베뢰아 사람들은 어떤 점에서 신사적이었습니까? (11절)
3. 믿는 사람 중의 어떤 사람들이 많았습니까? (12절)

 암비볼리와 아볼로니아(1)는 빌립보와 데살로니가를 잇는 이그나티우스 대로 상에 있는 도시들이었습니다. 데살로니가는 아직도 마게도냐 지방의 주요 도시로서, 당시에는 속주 행정부가 자리잡고 있었습니다. 데살로니가 교회와 같이 아름다운 교회가 형성될 수 있었던 것은 무엇보다 바울 사도 일행의 사역이 중요한 역할을 했기 때문이라는 것을 우리는 간과할 수 없습니다.

바울은 다른 곳에서와 마찬가지로 유대인의 회당에 들어갔습니다. 여기서 바울은 성경을 가지고 강론하며 뜻을 풀어 그리스도의 십자가와 부활의 필연성을 강론하고 내가 전한 예수님이 바로 그리스도라고 증거했습니다. 그 결과 3주간 전도로 데살로니가 교회가 탄생했고(2, 4) 베뢰아에서도 많은 사람이 믿었습니다.

복음 증거의 성공비결은 그리스도를 전해야 하며, 그리스도는 성경을 풀어 증거할 때 가장 효과적입니다. 하나님의 말씀은 완전하며(시 19:7), 영원하여(사40:8), 결코 변함이 없습니다. 하나님의 말씀을 받고 좋은 열매를 걷우기 위해서는 마음의 밭을 깨끗이 하고 잘 일구어 질 수 있도록 기도해야 합니다. 겸손히 자신의 연약함과 교만에 찬 죄악된 마음과 무지를 고백하며 예수 그리스도의 십자가 앞에 새롭게 서야 겠습니다.

 성경을 주신 하나님, 그 책의 중심인 그리스도를 찾아 증거케를 원합니다. 날마다 성경을 상고하게 하옵시고, 간절한 마음으로 말씀을 받게 하옵소서. 우리가 나아가 복음을 증거할 때 완악한 마음들이 변하여 옥토와 같이 되게 하사 겸손히 말씀을 받아들이게 하옵소서. 늘 말씀을 바로 받고, 바로 증거케 하옵소서. 예수님의 이름으로 기도드립니다. 아멘.

♪ 102, 274 　　　▶ 행 17:16~34

아덴에서의 전도

1. 바울이 무엇 때문에 마음에 분하였습니까? (16절)
2. 바울은 하나님에 대해 뭐라고 선포했습니까? (24, 25절)
3. 하나님은 이 시대에 무엇을 요구하십니까? (30절)

아덴은 인간의 최고의 지성을 자랑할 만한 철학의 본 고장입니다. 그러나 그들은 심한 우상 숭배에 빠져 있습니다. 곳곳에서 우상이 사람을 짓누르고, 난무하는 여러 철학 사상 속에 변론과 편견과 교만이 가득한 곳, 매일 같이 새로운 것을 찾아 이리저리 헤메며 갈급해 있는 영혼들(21), 이곳에 바울의 전도의 발길이 닿았습니다.

세계적인 아덴 사람들이 잘못된 사고와 삶의 방식에 빠져있는 것을 본 바울은 남녀노소를 막론하고 들어야 할 진리로 가득찬 설교를 그들에게 전했습니다. 바울은 그리이스 철학자들에게 하나님의 본질을 선포했습니다. 오직 한 분 하나님이 계셔서 세상을 창조하셨다는 것, 모든 사람은 한 혈통이라는 것, 하나님께서는 우리 모두에게 가까이 계시며 신상이나 신전 안에 속박되지 않고 하늘과 땅에 충만하시다는 것을 선포했습니다.

참으로 그리스도가 우리 마음 속에 찾아오실 때 우리는 살아계신 하나님을 볼 수 있습니다. 십자가에 못박히신 그리스도 그리고 장사한 지 사흘 만에 부활하신 생명의 주님인 그리스도를 통해서만 우리는 삶에 대한 진정한 의미를 얻을 수 있습니다. 내게 생명과 호흡을 주신 살아계신 하나님을 바라보지 못하게 하는 일체의 우상을 찍어 버리시기 바랍니다. 주 예수 보다 더 귀한 분은 없습니다.

천지의 주재이신 하나님, 하나님이 계셔야 할 곳에 더러운 것들이 차지하고 있는 것을 보면 분하여 견딜 수가 없습니다. 이 시대 사람들을 향해 회개의 메시지를 선포하길 원합니다. 예수 그리스도의 능력으로, 성령 충만으로 복음을 전하게 하옵소서. 예수님의 이름으로 기도드립니다. 아멘.

♪ 23, 258   ▶ 행 18:1~17

고린도에 이르러

1. 안식일마다 바울은 어디서 무엇을 했습니까? (4절)
2. 바울이 증거한 증거의 주제를 말하십시오 (5절)
3. 주께서 환상 중에 바울에게 뭐라고 말씀하셨습니까? (9절)

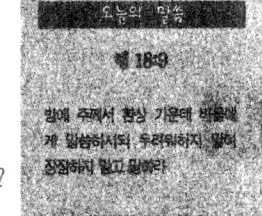

사도 바울은 아덴에서 고린도로 옮겨갔습니다(1). 고린도는 헬라 남부에 있는 아가야의 수도로서 허영의 도시입니다. 또한 고린도는 헬라 교통의 중심지이며 로마와 아시아를 잇는 교통의 요소로서 상업이 성하였으나 도덕적으로 타락한 도시였습니다. 이곳에서 바울은 하나님의 말씀을 가르쳤습니다.

전도자로서 바울의 생활은 눈물겹도록 아름답습니다. 통역자 아굴라와 브리스길라와 함께 장막 만드는 일을 기본적으로 하며 오히려 하나님의 말씀에 붙잡혀 "예수는 그리스도다"라고 밝히 증거하고 있습니다. 여기서 주목해 봐야 할 것은 아굴라와 브리스길라 부부의 헌신적인 동역입니다. 이에 대해 사도 바울은 말하기를 "저희는 내 목숨을 위하여 자기의 목이라도 내어놓았나니 나뿐 아니라 이방인의 교회도 저희에게 감사하느니라"(롬 16:4)라고 말하고 있습니다.

참된 말을 하면 언제나 박해를 받기 쉽습니다. 왜냐하면 사람들은 어둠을 더 좋아하기 때문입니다(요 3:19). 그러나 진리를 말하면 비록 사람에게는 훼방을 받을지라도 하나님은 알아주시고 힘과 능력을 주십니다. 하나님은 우리에게 일을 맡길 때 반드시 감당할 지혜와 능력을 주십니다. 그리고 내 곁에 항상 계셔서 격려해 주십니다.

우리를 택해 주신 하나님, 전도의 필요성과 사명의식을 철저히 갖게 하옵소서. 말씀에 붙잡혀 말씀의 능력으로 서게 하사 위험중에도 용기로 복음을 전하게 하옵소서. 두려워하지 말고 잠잠하지 말고 말하게 하옵소서. 이 도덕적으로 타락한 거리가 복음으로 정화되기를 원하옵고 예수님의 이름으로 기도드립니다. 아멘.

♪ 364, 470   ▶ 행 18:18~28   년   월   일

머리를 깎았더라

1. 바울은 어디서 무슨 이유로 머리를 깎았습니까? (18절)
2. 갈라디아와 브루기아 땅을 다니며 무슨 일을 했습니까? (23절)
3. 아볼로가 아가야에서 끼친 영향이 무엇입니까? (27절)

오늘의 말씀
행 18:18
바울은 더 여러 날 유하다가 형제들을 작별하고 배 타고 수리아로 떠나갈새 브리스길라와 아굴라도 함께 하더라 바울이 일찍 서원이 있으므로 겐그레아에서 머리를 깎았더라

바울은 이제 제2차 전도 여행을 마치고 제 3차 전도 여행을 떠나게 됩니다. 제2차 전도 여행을 끝내고 예루살렘으로 돌아가는 길에 그는 겐그레아에서 머리를 깎고 하나님께 서원을 드렸습니다. 겐그레아에서 머리를 깎고 새롭게 출발하는 바울! 그의 눈은 아마도 새로운 세계에 대한 개척과 비전으로 불탔으리라 생각합니다.

고린도에서 바울이 사역하는 동안 믿었던 아굴라와 브리스길라는 어느 날 그를 데려다가 그에게 철저하게 더 많은 기독교의 메시지를 설명해 주었습니다. 그리고 그는 헬라에 있는 교회들에게 쓴 편지를 통한 추천을 받아 그리로 갔습니다. 우리는 잠시 동안 그가 고린도에서 주님의 일을 감당한 것을 알고 있습니다(고전 1:12). 하나님의 말씀은 복음을 완전히 알지 못했던 그의 부족을 바로 잡아 주셨습니다.

바울, 실라, 디모데, 아굴라, 아볼로, …… 이들은 모두 다 그리스도께 충성했으며 그리스도께서 그들에게 주셨던 특별한 사역에 충성했습니다. 그들은 그리스도를 위해서 모든 것을 버렸으며, 그리스도를 위하여 기꺼이 고난을 겪었습니다. 그리스도를 위해 자신들의 모든 것을 바쳤습니다. 오늘 여러분도 그리스도를 위해서 사십시오. 그리스도를 여러분의 인생의 첫 번째 자리에 모시기 바랍니다. 그러면 현재와 미래의 모든 일들마다 여러분에게 복이 될 것입니다.

은혜가 크신 하나님, 하나님의 은혜를 헤아려 보면서 일생을 어떻게 설계하고 헌신할까? 생각해 봅니다. 주님만을 위하고 주님께 기꺼이 순종하며 헌신하게 하옵소서. 주께 약속한 것은 반드시 지키는 신실한 삶을 살기를 원하옵고, 예수님의 이름으로 기도드립니다. 아멘.

사도행전 · 181

♪ 177, 520   ▶ 행 19:1~20

말씀의 힘

1. 바울이 에베소에서 제자들에게 뭐라고 물었습니까?
 (2절)
2. 마음이 굳은 사람은 복음에 어떻게 반응합니까? (9절)
3. 회개하는 행동의 결과 어떤 현상이 일어났습니까?
 (20절)

에베소에서 사도 바울의 성숙한 복음 사역이 활기차게 이루어지고 있습니다. 에베소는 그의 3차 전도 여행의 주목표였으며, 여기서 그는 먼저 성도들의 영적 상태에 대해 깊은 관심을 가지고 진단해 봅니다. 그 결과 그들의 성령에 대한 무지를 일깨우고 바른 믿음의 길을 제시합니다. 복음에 대한 많은 저항이 있었지만 그는 두란노 서원이라는 곳에서 따로 제자들을 세워 성경을 가르치며 제자 양성에 힘씁니다.

에베소에서의 새로운 개종자들은 자신들의 행실로써 스스로의 신실함을 보였습니다. 그리스도를 믿노라고 고백하는 모든 사람들은 자기의 신앙(믿음)의 신실함을 화려한 말이나 공허한 형식이 아닌, 변화된 삶과 그리스도께 대한 매일 매일의 충성으로써 드러내 보여야 합니다. 이것이 우리가 세상을 변화시킬 수 있는 유일한 길입니다.

하나님의 말씀은 신기하리만큼 놀라운 능력을 발휘합니다. 참된 성령의 역사는 말씀을 통해서만 일어나며, 또 말씀을 통해서만 회개운동이 일어납니다. 저들은 예수님의 이름을 높였고 죄를 자복하고 회개하였으며 마술을 행하던 책을 모아 다 불태워 버렸습니다. 참된 믿음은 죄의 자백과 청산으로부터 나타납니다. 그들은 이를 위해 엄청난 대가를 지불했습니다. 오늘 여러분도 버려야 할 것을 반드시 버리시기 바랍니다.

성령으로 역사하시는 주님, 성령에 대한 무지한 우리를 깨우쳐 주옵소서. 성령께서 우리를 변화시키사 변화된 삶으로 세상을 변화시켜 가게 하옵소서. 하나님의 말씀은 신비한 능력과 기적을 행하심을 믿습니다. 말씀의 역사에 희생을 각오하게 하옵소서. 예수님의 이름으로 기도드립니다. 아멘.

♪ 357, 539　　▶ 행 19:21~41　　　년　월　일

에베소 성의 소동

1. 데메드리오는 무엇을 하는 사람이었습니까? (24절)
2. 데메드리오의 말을 들은 청중의 반응이 어떠하였습니까? (28절)
3. 서기장이 어떻게 하였습니까? (41절)

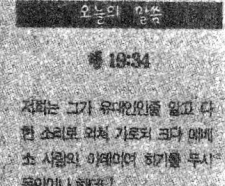

인간은 옳든 그르든 그들의 부를 얻는 방식을 고수하려 듭니다. 이런 이유 때문에 많은 사람들은 그리스도의 복음에 등을 돌립니다. 기독교는 사람들이 고집하는 그와 같은 불의한 태도와 삶의 방식들을 버리도록 요구하기 때문입니다. 데메드리오와 은 세공업자들은 밖으로 나가서 그 도시에 사람들을 선동했습니다. 문제의 원인은 돈이었습니다. 은 세공업자들은 금전적으로 손해를 보고 있었고 돈이 그들의 신이었습니다.

세상에 소망을 두고 사는 자들은 쉽게 불안해하고 동요합니다. 자기 이익의 소망이 끊어지자 큰 일이라도 생긴 것처럼 온 성을 소동하게 만드는 사람들을 볼 수 있습니다. 거짓과 비진리에 기초한 개인이나 집단이나 사회는 반드시 흔들리게 되어 있습니다.

우리 그리스도인들이 서있는 하나님 나라는 반석 위에 지은 집같이 견고한 나라입니다. 복음은 사람들로 견고하다고 믿고 안심하고 사는 자들에게는 복음 증거로 이 세상이 흔들리고 있다는 것을 알게 해야 합니다. 또한 그 인생이 흔들려서 불안해 하는 자에게는 견고한 하나님 나라를 제시해 위로와 소망을 갖게 해야 합니다.

만유의 주 하나님, 돈으로 인해 범죄의 자리에 들지 않기를 원합니다. 돈을 사용하여 사람을 구원의 길로 인도하게 하옵소서. 장막과 같은 세상 것에 **연연하**여 불안해 하거나 절망하지 않도록 지켜 주옵소서. 하나님과 그의 나라를 인생의 기초로 삼아 견고히 서게 하옵소서. 오직 주의 말씀으로 위로와 소망을 갖기를 원하옵고 예수 그리스도의 이름으로 기도드립니다. 아멘.

♪ 209, 162   ▶ 행 20:1~16

잠들지 맙시다

1. 바울은 강론을 언제까지 계속했습니까? (7절)
2. 유두고에게 어떤 일이 일어났습니까? (9절)
3. 죽은 유두고에게 바울이 어떻게 하였습니까? (10절)

오늘의 말씀
행 20:10
바울이 내려가서 그 위에 엎드려 그 몸을 안고 말하되 떠들지 말라 생명이 저에게 있다 하고

프랜시스 쉐퍼 박사는 '죽음의 도시'라는 글에서 하나님을 소외시키고 사는 현대인의 심령을 지배하는 죽음의 요소들을 예리하게 지적했습니다. 무의미함, 무감각, 허무감, 부도덕, 관계성의 파괴, 악한 사회 구조, 전쟁, 침묵하는 교회. 복음만이 우리들의 심령에 자리잡은 죽음의 그림자를 몰아내고 우리의 삶을 능력있게 만들 수 있습니다.

바울은 설교를 짧게 하지 않았습니다. 그는 자정까지 계속 설교했습니다. 그가 자정에 설교를 멈춘 이유는 그 교회 청년 중의 한 사람인 유두고가 창문에서 떨어졌기 때문입니다. 유두고는 창문에 걸터앉아 있었는데 바울이 설교하는 동안 점점 눈이 무거워지더니 끝내 잠들고 말았습니다. 그는 삼층 다락에서 떨어져 죽었습니다. 바울이 설교를 중단하고 내려가서 유두고 위에 엎드려 기도하자 하나님께서 유두고의 생명을 회복시켜 주셨습니다.

오늘 많은 그리스도인들이 잠들어 있습니다. 그리스도께서 일군들을 부르고 계시건만, 그들은 잠에 취해서 "영적인 싸움은 다른 이들한테 시키고 나는 계속 잠자게 좀 내버려 두라"면서 투덜거립니다. 우리는 잠자리에 들지도 모르지만 사단은 잠자지 않습니다. 그는 항상 일을 합니다. 그러니 우리 모두 잠자지 맙시다. 사단이 우리를 잠재우지 못하도록 합시다.

살아계신 하나님, 죽음의 그늘 아래 있는 우리에게 생명의 빛으로 인도하심을 감사드립니다. 무기력한 우리를 날로 새롭게 하사 생명이신 주님을 드러내게 하옵소서. 사단이 우리를 유혹하지 못하도록 영적으로 깨어있게 하옵소서. 주의 말씀을 청종하는 자세를 견지하게 하옵소서. 예수 그리스도의 이름으로 기도드립니다. 아멘.

♪ 351, 353　　▶ 행 20:17~27

주 예수께 받은 사명

1. 바울은 어떤 자세로 주를 섬겼습니까? (19절)
2. 바울은 유대인과 헬라인들에게 무엇을 증거하였습니까? (21절)
3. 바울은 무엇을 위해 생명을 귀한 것으로 여기지 않았습니까? (24절)

오늘의 말씀
행 20:24
나의 달려갈 길과 주 예수께 받은 사명 곧 하나님의 은혜의 복음 증거하는 일을 마치려 함에는 나의 생명을 조금도 귀한 것으로 여기지 아니하노라

"하나님을 위해 이런 일을 하고 싶다." "하나님은 나를 통해 이런 일을 하시기를 원하신다" 어떻게 이야기하는 것이 더 쉽겠습니까? 진심으로 하나님을 섬기길 원하는 사람들에게는 하나님이 무엇이 최선인지를 결정하시도록 하는 것이 올바른 선택입니다. 하나님의 부르심을 전혀 깨닫지 못한다해도 성공적일 수 있으며 좀더 여유 있는 마음을 가질 수 있을 것입니다. 그러나 일단 예수 그리스도의 사명을 받는다면 하나님이 원하시는 것이 무엇인지를 늘 생각하며 그것에 떠나 이끌려가게 될 것입니다.

사도 바울은 에베소에서 3년 동안 밤낮으로 각 사람에게 겸손과 눈물로 복음을 전했습니다. 유대인들의 핍박을 참고 견디며 복음에 유익한 것이라면 시간과 장소를 가리지 않고 가르쳤습니다. 예루살렘에서 결박과 환난이 기다리고 있고 죽음이 다가왔다는 것을 확신하는 바울은 비장한 각오를 고백합니다(24). 생명보다 귀한 사명을 영접한 사명인의 숭고한 자세와 고백입니다.

오늘 우리는 복음이 가지는 생명력, 어떠한 사람도 변화시키는 복음의 능력, 이 세상의 어떤 고상한 가치도 초월하는 복음의 탁월성을 잘 알아야 하겠습니다. 우리는 내 자신이 복음을 위해 태어난 사람처럼 살아야 하겠습니다. 우리는 복음의 일꾼이 된 것을 하나님의 은혜로 여기고 우리의 삶을 전적으로 복음을 위해 성별시키고 헌신하도록 합시다.

우리를 부르사 사명을 주신 하나님, 우리로 하나님의 부르심의 목적을 알게 하사 하나님의 원하시는 길을 향해 걸어가게 하옵소서. 사명인의 숭고한 임무 수행을 위해서는 생명까지도 아까와 하지 않는 헌신의 자세를 갖게 하옵소서. 예수님의 이름으로 기도드립니다. 아멘.

♪ 436, 246　　▶ 행.20:28~37

눈물의 자세

1. 지도자는 누구를 위하여 삼가해야 합니까? (28절)
2. 바울은 3년 동안 어떤 자세로 사역했습니까? (31절)
3. 바울은 에베소 교인들을 누구께 맡겼습니까? (32절)

오늘의 말씀
행 20:31
그러므로 너희가 깨어 내가 삼
년이나 밤낮 쉬지 않고 눈물로 각
사람을 훈계하던 것을 기억하라

예수님께서는 많이 웃으셨던 분일까요? 아니면 많이 우셨던 분일까요? 물론 예수님에게는 유머 감각이 있었습니다. 복음서에 나타난 예수님의 모습에서 인상 깊은 것은 주께서 눈물을 흘리셨다는 것입니다. 바울은 눈물로 사람들에게 호소하면서 복음을 전했습니다. 우리에게도 잃어버린 영혼들을 향한 아픔이 있어야 합니다.

사도 바울은 에베소 교회 장로들에게 바울 자신을 본받아 그들도 양무리의 본이 될 것을 부탁하고 있습니다. 목자의 자세는 이러해야 한다고 합니다. ① 깨어 있어야 합니다(31절). ② 눈물로 훈계해야 합니다(31절). ③ 말씀으로 길러야 합니다(32절). ④ 본이 되어야 합니다(33~35절). 특히 물질을 탐하지 말아야 하며, 구제에 힘쓰고, 악한 자를 돌보고 수고하여야 한다고 했습니다.

신자가 주님과 말씀에 의지하지 않고 살 때 미혹되어 노략질하는 이리의 밥이 되고 맙니다. 사람이나 단체에 의지하여 신앙 생활하는 자의 말로는 너무나 비참합니다. 신자의 생활은 주님과 그 말씀만을 믿고 의지하여 범사에 주는 생활을 하는 것입니다. 주님의 생애가 시종 주는 생활이었습니다. 예수님만을 의지하여 말씀이 주는 은혜로써 이 세상을 이기며 주는 생활에 힘쓰시기를 바랍니다.

우리를 위해 눈물 흘려주신 주님, 우리에게 그러한 마음을 주사 구원받지 못한 영혼을 위해 울게 하옵소서. 흉악한 이리가 노략질을 할 이때 말씀과 주님만을 의지하여 이기게 하옵소서. 받는 것보다 주는 것을 좋아하게 하옵소서. 우리 교회가 주는 교회로 지역 사람들에게 그리스도의 사랑을 실천케 하옵소서. 예수님의 이름으로 기도드립니다. 아멘.

♪ 514, 510　　　▶ 행 21:1~14　　　　　　년　월　일

죽을 것도 각오하였는가

1. 제자들이 성령의 감동으로 누구에게 뭐라고 하였습니까? (4절)
2. 가이사랴에서 누구의 집에 들어갔습니까? (8절)
3. 주 예수의 이름을 위한 바울의 각오가 무엇입니까? (13절)

> **오늘의 말씀**
> **행 21:13**
> 바울이 대답하되 너희가 어찌하여 울어 내 마음을 상하게 하느냐 나는 주 예수의 이름을 위하여 결박 받을 뿐 아니라 예루살렘에서 죽을 것도 각오하였노라 하니

요즘 우리는 이 사회에서 내 한 몸 살아남기 위한 몸부림을 치고 있지는 않습니까? 진리의 길과 현실의 길에서 자기 목숨 하나 건지기 위해서 현실의 길을 택한 이 나라의 지도자적 인물은 얼마나 많습니까? 일편단심 주님의 명예와 진리를 위해 사는 사람은 오래 살지 못할지는 몰라도 그 일생이 고결하고 아름다울 것입니다.

바울의 목적은 어떤 일이 있더라도 변할 수 없는 것이었습니다. 언제나 보이지 않는 손이 그의 앞길을 인도해 주셨습니다. 뿐만 아니라 바울만이 알아 들을 수 있는 소리가 그를 부르고 계셨던 것입니다. 그는 형제들의 사랑이나 따뜻한 마음씨에 감동을 받으면서도 하나님의 목적을 이루기 위해 한치의 흔들림도 없이 똑바로 정진하였습니다.

바울은 죽을 각오가 되어 있었습니다. 오늘 우리 신자에게는 하나님의 뜻에 순종할 각오만이 필요합니다. 이렇게 사생관이 분명한 사람은 화려한 삶 보다는 깨끗한 삶, 많은 일 보다는 꼭 이루어야 할 일을 감당하고 삶을 살게 됩니다. 여러분은 무엇을 위해 죽을 준비가 되어 있습니까? 죽을 준비가 되어 있지 못한 사람은 살 준비도 되어 있지 못한 사람입니다. 일사각오의 신앙을 가지시기 바랍니다.

우리 위해 독생자의 생명까지 내어 놓으신 하나님, 그 크신 사랑 갚을 길 없어 이 몸을 드립니다. 우리에게 믿음과 사명을 더하사 주님 위해 죽을 것을 각오하는 자리에까지 이르게 하옵소서. 세속과 타협하는 추한 삶이 아니라 주님의 뜻을 고수하는 진실하고 깨끗한 삶을 살기를 원하옵고 예수님의 이름으로 기도드립니다. 아멘.

♪ 414, 272   ▶ 행 21:15~26

교회의 화평

1. 야고보를 방문한 바울은 무엇을 말했습니까? (19절)
2. 유대인 신자들이 바울에게 어떤 오해를 했습니까? (21절)
3. 야고보와 장로들의 제안에 대한 바울의 반응이 어떠합니까? (26절)

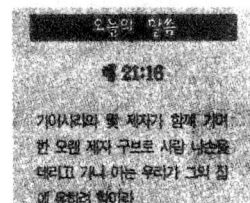

우리는 누구의 말만 듣고도 그 사람에 대해 오해하기 쉽습니다. 나와 성격이 다르고 취향이 다르다고 형제의 신앙의 자유 문제를 쉽게 판단하기 쉽습니다. 그리고 이유 없는 오해를 받을 때는 섭섭한 마음을 가지고 오해하는 사람과 거리를 두고 지내기 쉽습니다.

사도 바울은 굳은 사람이 아니라 열린 사람이었습니다. 자기를 오해하는 유대 성도들의 입장을 먼저 이해하고자 했습니다. 그리고 복음 진보를 위해 그들이 취하는 신앙의 자유를 기꺼이 받아들였습니다. 죄인은 오해하고 정죄하기를 잘 하지만 의인은 이해하고 용서하기를 힘씁니다. 한 심령이라도 더 얻기 위하여 바울은 자유롭게 유대인 행세를 했다가 이방인 행세도 하고 약한 자와 같이도 되었습니다. 이는 로마서 14장의 말씀과도 일치하다.

교회의 제도, 의식, 조직, 습관들은 교회의 화평을 위하여 바꿀 수 있는 자유가 있어야 합니다. 성도 간의 모든 갈등은 하나님의 역사를 서로 살피고 하나님께 영광을 돌릴 때 해결됩니다. 우리는 우리의 모든 행동을 결정하는 표준을 복음의 유익에 두어야 합니다. (고전 9:19,20, 10:32,33) 우리는 양보할 수 있는 것까지 고집하면 안됩니다. 복음을 전하는데 방해되는 일을 제거해야 합니다.

평화의 화신이신 주님. 우리를 화해의 사신으로 세워주신 것을 감사드립니다. 성도들 사이에서 서로 오해하거나 정죄하는 일이 없게 하옵시고 용서와 이해로 원만한 인간관계를 이어가게 하옵소서. 복음과 하나님의 영광을 위해 내 자아를 기꺼이 포기하게 하옵소서. 예수님의 이름으로 기도드립니다. 아멘.

♪ 400, 534   ▶ 행 21:27~40

체포당한 바울

1. 유대인들이 아브라함에 대해 뭐라고 외쳤습니까? (28절)
2. 누가 바울을 잡아 쇠사슬로 결박했습니까? (33절)
3. 바울이 천부장에게 무엇을 요구했습니까? (39절)

오늘의 말씀

행 21:40

천부장이 허락하거늘 바울이 층대 위에 서서 백성에게 손짓하여 크게 종용히 한 후에 히브리 방언으로 말하여 가로되

요즘의 세태는 고난받는 제자의 삶보다는 성공적 목회, 형통하는 신앙 생활 등 비뚤어진 번영의 신학이 더 호소력이 있는 듯 합니다. 바울은 세계의 수도 로마 선교의 큰 꿈을 가지고 있었지만 성령에 매인 바 된 그의 삶에는 끊임 없는 위험이 따르고 있었습니다. 그는 자기의 꿈을 이루려는 야망의 사람이 아니라 다만 성령 안에서의 비젼의 사람이었습니다.

하나님의 생각은 우리 생각보다 멀고 높습니다. 바울을 로마에까지 보내시고 또 고관들에게 복음을 전하게 하시려고 준비하신 계획이 있었습니다. 그래서 로마군인(천부장)의 손으로 바울을 잡아가서 일단 보호하게 하셨습니다. 바울은 자기를 죽이려고 하는 유대인들을 미워하지 않았습니다. 그들을 불쌍히 여겨 그들에게 그리스도의 복음을 전할 기회를 얻으려고 애를 썼습니다.

우리는 하나님의 주신 기회들을 놓치지 않으려고 힘써야 합니다. 참된 소망이 있을 때 기회는 열립니다. 복음 전할 소원만 있다면 언제나 기회는 있습니다. 우리는 때를 얻든지 못얻든지 주의 복음을 증거해야 합니다. 이 악한 세대일수록 우리는 세월을 아껴 기회를 포착해야 합니다. 전도의 기회를 만들어야 합니다. 구원받지 못한 영혼들을 향한 사랑의 마음을 가져야 합니다.

참 소망이신 우리 하나님, 우리 모두를 성령 안에서의 비젼의 사람으로 세워 주옵소서. 박해와 환난, 역경이 밀어 닥칠 때 그것을 복음전도의 기회로 삼을 수 있는 지혜를 주옵소서. 하나님의 영이 우리를 사로 잡으시사 악령에 얽매이지 않게 하시고 복음열정으로 매진하게 하옵소서. 주신 기회를 감사히 받아 충성을 다 할 것을 결심하옵고 예수님의 이름으로 기도드립니다. 아멘.

♪ 209, 493　　▶ 행 22:1~16

새 사람으로 새 인생을

1. 사람들이 더욱 종용한 이유가 무엇입니까? (2절)
2. 사울은 주님께 뭐라고 말했습니까? (10절)
3. 아나니아가 사울에게 어떻게 하라고 했습니까? (16절)

세상과 악마가 우리를 공격하고 병들게 하는 이유는 우리가 공격당하고 병들 만한 존재들이기 때문이 아닙니다. 우리가 공격당하는 한 가지 이유는 우리가 주님을 믿고 주님의 말씀을 순종하기 때문입니다. 그렇지 않다면 원수들은 우리를 즐겁게 하고 우리는 그들과 사이좋게 지낼 것입니다.

그리스도를 만나기 전 바울은 지금 자신을 핍박하는 유대인들과 동일하게 성도를 핍박하는 사람이었습니다. 살기등등하여 성도들을 체포하러 다메섹에 가던 바울이 큰 빛으로 오신 예수님 앞에 서자 꺼꾸러지고 말았습니다. 그리스도를 만난 바울은 자신의 존재와 생의 목적과 인격 전체가 근본부터 뒤흔들리는 것을 느꼈습니다(10). 그는 아나니아를 통해 들려 주시는 주의 음성을 깊이 새겨듣고 그때부터 새인생을 출발했습니다.

그리스도를 만날 때 사람은 사고와 인격과 생활과 인생의 목표가 근본적으로 뒤바뀝니다. 옛 사람은 죽고 새 사람으로 새 인생을 출발합니다. 우리를 그리스도께서 만나주셨던 그 날, 그리스도께서 우리에게 말씀하셨던 그날을 결코 잊지 맙시다. 그리고 우리는 주님이 명령을 내리시는 순간 지체하지 말고 순종해야 합니다.

세상을 이기신 하나님, 우리를 세상에서 불러내어 하나님께 속한 사람으로 세우심을 감사드립니다. 주님의 큰 빛으로 우리를 비추사 새 사람, 새 인생을 살게 하옵소서. 주께서 명하시는 말씀에 즉각 순종하는 태도를 갖게 하옵소서. 주의 손에 이끌리어 우리를 부르신 그 뜻을 좇아 살게 하옵소서. 하나님의 뜻을 모르는 자들에게 그뜻을 널리 전파하기를 원하옵고 예수님의 이름으로 기도드립니다. 아멘.

♪ 252, 258   ▶ 행 22:17~30

이방인의 사도

1. 성전에서 기도하던 사울에게 들린 음성이 무엇입니까? (18절)
2. 사울을 멀리 어디로 보내리라고 하셨습니까? (21절)
3. 바울은 언제부터 로마 시민권을 가졌습니까? (28절)

오늘의 말씀
행 22:21
나더러 또 이르시되 떠나가라 내가 너를 멀리 이방인에게로 보내리라 하셨느니라

복음을 전파하기 위해서라면 사회적으로나 정치적으로 유리한 상황을 염두에 두어야 합니다. 그러나 이런 요소로 말미암아 땅 끝까지 복음이 전파되는 것은 아니라는 사실을 명확히 해둘 필요가 있습니다. 예수께서 '오라'고 말씀하실 때 서슴치 않고 깊은 물에 들어선다면 복음을 전파하는 일은 훨씬 쉬어질 것입니다.

하나님의 뜻은 바울이 이방인의 사도로 일하는 것이었습니다(21). 하나님은 바울을 이 방인에게 보내기 위하여 그를 로마제국의 시민으로 준비시켜 주셨습니다. 로마 시민권을 갖고 있었기 때문에 선교사업에 큰 도움을 입게 된 것입니다. 세계전도를 위하여 로마제국으로 통일케 하시고 큰 도로들을 만들게 하시고, 또 헬라문화의 영향으로 온 세계가 헬라말을 쓰게 하셔서 어느 나라에서나 언어가 소통되게 하실 뿐 아니라 바울을 로마 시민으로 태어나게 하신 것입니다.

우리가 신뢰하고 복종하기만 한다면 우리의 모든 문제들은 하나님의 영광을 위해 사용됩니다. 그리스도인들의 사역 방법은 그들이 모든 능력들을 한 가지 목적, 즉 복음 전파를 위해 사용하는 것입니다. 헬라인들은 복음 전파를 위해 헬라어가 필요한 경우라면 자신들의 언어를 사용하며 복음을 전해야 합니다. 이것은 히브리인들에게 있어서도 마찬가지입니다.

복음의 원천이신 하나님, 우리에게 주신 복음을 효과적으로 힘있게 전파하기를 원합니다. 우리 한국이, 한국교회가 세계 선교의 기지가 되게 하옵소서. 우리에게 허락하신 환경, 재능, 사명으로 온전히 복음전파를 위해 사용할 수 있도록 역사하여 주옵소서. 예수님의 이름으로 기도드립니다. 아멘.

♪ 382, 383   ▶ 행 23:1~10

범사에 양심을 따라

1. 바울은 어떤 태도로 하나님을 섬겼습니까? (1절)
2. 바울의 말을 듣고 바리새인과 사두개인에게 어떤 일이 일어났습니까? (7절)
3. 서기관이 일어나 바울에 대해 뭐라고 증언했습니까? (9절)

모든 사람들은 양심을 가지고 있습니다. 그러나 모든 사람들이 다 깨끗한 양심을 가지고 있는 것은 아닙니다. 사람은 양심이 깨끗할 때 쉽게 만족하고 평화를 얻습니다. 선한 양심은 그리스도가 씻어주시는 양심, 성령의 인도하심에 민감한 양심입니다. 범사에 양심을 따라 하나님을 섬기는 것은 (1) 성도들의 본분입니다.

바른 신앙, 바른 삶을 살 때 우리는 누구 앞에서나 부끄러울 것이 없고 담대할 수 있습니다. 대제사장 아나니아는 불법으로 바울을 치라고 명했습니다. 그는 바울에게 그의 거짓되고 불법적인 행동을 크게 책망받았습니다. 그리하여 관원 모독죄로 바울을 처치하고자 했습니다. 그러나 바울이 이 사실을 사과하고 그들의 잘못된 신앙에 정면 도전했습니다(6). 그러다 사두개파와 바리새파 사이에 분열이 생겼습니다. 사소한 문제나 엉뚱한 문제 토론으로 복음 전파에 방해받지 말아야 합니다.

깨끗한 양심으로 하나님을 섬긴다는 것은 쉬운 일은 아니지만 가능한 일입니다. 우리가 선한 양심으로 하나님을 섬길 수 있을 때 진정으로 자기 인생과 자기 시대를 사랑할 수 있을 것입니다. 시대가 혼란스럽고 사회의 공기가 혼탁할수록 우리가 양심적 인물이 되어서 이 시대의 청량제, 이 사회의 정화제 역할을 할 수 있기를 바랍니다.

우리의 양심으로 섬기는 하나님, 주의 보혈로 우리의 양심을 깨끗케 하사 주의 말씀에 민감하게 하옵소서. 화인 맞은 양심으로 세상을 어지럽히는 자들에게 나아가 주의 진리로 도전할 용기와 힘을 주옵소서. 우리 교회가 이 시대의 선한 양심이 되게 하옵소서. 예수님의 이름으로 기도드립니다. 아멘.

♪ 502, 456   ▶ 행 23:11~35   년   월   일

위기에서

1. 누가 바울 곁에 서서 무슨 말씀을 하셨습니까? (11절)
2. 바울의 생질이 어떤 일을 했습니까? (16절)
3. 바울은 몇 명의 호위를 받게 되었습니까? (23절)

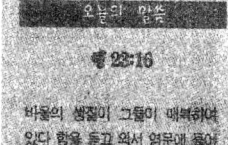
오늘의 말씀
행 23:16
바울의 생질이 그들이 매복하여 있다 함을 듣고 와서 영문에 들어가 바울에게 고하지라

우리에게 주어진 위기는 하나님께서 역사하시는 기회가 됩니다. 선한 일을 하다가 연약한 자신을 바라보고, 주위 사람들을 바라보고, 사회 환경을 바라보고 낙심하고 지쳐서 힘을 잃을 때가 있습니다. 그러나 내가 처한 현재의 곤경이 문제가 아니라 부활하신 예수님께서 이러한 나와 함께 하신다는 사실이 더욱 중요합니다.

바울이 찢겨질 정도로 격렬했던 분쟁은 드디어 바울에 대한 살인 공모로까지 번졌습니다. 그러나 주님께서는 바울의 생질을 통하여 이 공모를 깨뜨리셨습니다(16). 어리석은 유대인들은 당을 지어 바울을 죽이기로 맹세했지만 하나님은 오히려 이 일을 이용하여 바울을 가이사랴까지 안전히 인도하심으로써 (23) 바울의 로마 전도를 앞당기도록 역사하셨습니다. 예루살렘에서 위기를 모면한 바울은 하나님의 도우심으로 470명이나 되는 호위병과 함께 말 위에 태워져서 가이사랴까지 무사히 도착하게 되었습니다.

바울은 투사적인 행동의 사람, 충실한 복음 증거자였지만 먼저 그는 하나님을 만나는 하나님의 사람이었습니다. 하나님의 사람은 결코 낙심하거나 지친 상태에 머물러 있지 않습니다. 하나님을 기다리고 바라는 자는 독수리의 날개치며 올라감 같은 부활의 생명력을 덧입기 때문입니다.

환란 날에 도움이 되시는 하나님, 늘 우리 곁에 서서 우리를 지키시고 보호하심을 감사드립니다. 우리로 환경을 보지 않게 하시고 주님만을 바라보게 하옵소서. 그 어떤 위기 속에서도 복음정신에 투철하게 하옵소서. 주님을 기다림으로 높이 치솟는 용맹을 얻게 하옵소서. 예수님의 이름으로 기도드립니다. 아멘.

♪ 400, 402　　▶ 행 24:1~16　　년　월　일

비방 앞에 진리로

1. 바울을 가리키며 뭐라고 하면서 비방하였습니까? (5절)
2. 바울은 그 중심에 무엇을 가졌습니까? (15절)
3. 바울은 어떻게 하기를 힘썼습니까? (16절)

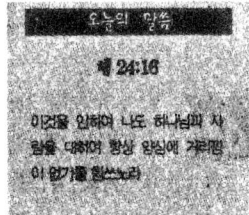

어린 아이들은 '솔직히 고백하는 것이 좋다'는 옛 말대로 고백하면서 부모의 노여움을 가라앉히는 방법을 알고 있습니다. 이와 반대로 어른들의 양심은 잘못한 일을 고백하기보다는 죄를 지었음을 무시하려는 오랜 경험에 익숙해져 있습니다. 하나님 앞에서 양심이 깨어 있도록 하는 한 가지 방법은 하나님을 향해 나의 마음을 여는 것입니다.

바울은 실로 놀라운 위엄을 갖춘 자세로 자신의 의견을 분명하게 제시하였습니다. 바울은 자신이 '하나님의 사자'라는 점과 아울러 인간의 권세가 지배하는 완악한 법정 가운데에서 천국백성을 대표하고 있다는 사실을 한 순간도 잊지 않았습니다. 바울의 변명은 유대인들의 주장과는 달리 사실에 근거한 진실된 고백이었습니다.

하나님은 우리가 죄인임을 깨닫고 주님을 찾는 참된 고백에서 출발하기를 원하십니다. 나는 혹 아직도 하나님 앞에서 청산하지 못한 죄가 있습니까? 지금 용서를 구하면서 바울처럼 "하나님과 사람을 대하여 항상 양심에 거리낌이 없기를" 힘쓰시기를 바랍니다 (16). 바울은 하나님과 사람에 대하여 자기 자신의 양심에 대하여 항상 꺼리낌이 없이 살았습니다. 여러분 모두가 하나님과 내 양심 앞에서 거리낌 없는 생활을 하시기를 바랍니다.

능력의 주 하나님, 하나님을 향해 우리의 마음을 엽니다. 하나님의 자녀된 권세를 나타내 보일 수 있게 하옵소서. 하나님의 말씀이라는 불변의 사실 위에 굳게 서서 진리만을 증언하게 하옵소서. 하나님과 나 자신 그리고 사람들 앞에서 양심의 거리낌이 없는 삶을 살아가게 하옵소서. 예수님의 이름으로 기도드립니다. 아멘.

♪ 315, 257　　　▶ 행 24:17~27

벨릭스 앞에서

1. 바울이 심문 받는 이유가 무엇입니까? (21절)
2. 바울이 벨릭스에게 무엇을 강론했습니까? (25절)
3. 벨릭스가 왜 바울을 구류하여 두었습니까? (27절)

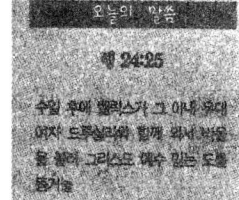

　　인간이 만들어낸 유대주의, Pax Romama의 가이사적 질서는 인간성을 파괴하고 인간 관계를 단절시키지만, 복음 진리는 어떠한 사람도 포용하여 새로운 사람으로 개조시키는 것을 볼 수 있습니다. 복음 안에 있는 하나님 나라의 질서, 하나님 나라의 생명이야말로 진정으로 위대한 삶의 도리임을 알게 됩니다. 이 하나님 나라의 질서에 들어가는 길은 회개하고 복음을 믿는 것입니다.

　　바울은 총독 앞이라 해서 그에게 듣기 좋은 말을 하지 않았습니다. 또 자기를 억울한 구류에서 풀어주기를 간청하지도 않았습니다. 오히려 그는 하나님 편에 서서 총독으로 하여금 불의와 방종의 죄악된 생활을 회개하도록 의와 절제와 장차올 심판에 대해 강론했습니다. 그러자 총독은 두려움을 갖게 되었습니다. 그러나 그는 회개하는 대신에 바울에게 뇌물을 얻고자 했습니다.

　　수많은 현대인들도 벨릭스와 같습니다. 그들은 복음을 들었습니다. 그들은 성령님께서 자신들의 영혼에게 말씀하심을 느꼈습니다. 그들은 깊은 죄책감으로 전율을 느꼈지만 그럼에도 그들은 마음속에서 하나님을 거스리면서 예수님을 영접하거나, 회개하지 않습니다. 그들은 결국 기회를 놓칠 것입니다. 그리스도에 대해서, 하나님에 대해서, 의로움에 대해서 결정을 내리지 않고서 '언젠가 나중에' 하면 그 시간은 결코 오지 않습니다.

　　인류의 구세주이신 주님, 우리를 통해 하나님 나라에 들어오는 사람들이 날마다 더하기를 소원합니다. 불의와 방종의 죄악된 생활에서 회개하는 자들이 속출하게 하옵소서. 마음의 죄책감으로 끝나지 않게 하시고 주를 영접하여 하나님 나라 백성이 되게 하옵소서. 예수님의 이름으로 기도드립니다. 아멘.

♪ 265, 268 ▶ 행 25:1~12

베스도 앞에서

1. 유대인 고관들의 음모가 무엇입니까? (3절)
2. 베스도가 바울에게 물은 의도가 무엇입니까? (9절)
3. 바울은 자신에 대해 뭐라고 증언합니까? (10절)

모든 인간의 일에는 두 가지 측면이 있습니다. 만일 우리가 우리의 인생의 낮은 면을 본다면 불평과 불만이 쏟아져 나올 것입니다. 그러나 우리가 하나님의 관점에서 우리 인생을 바라 본다면 모든 일들이 합하여 선을 이루게 됨을 보게 될 것입니다. 우리가 당하는 고난에 대해 불평하는 대신 우리가 흔들리지 않는 믿음과 위엄으로 견디어 나갈 때 하나님은 영광을 받으십니다.

로마 사람 베스도와의 대화에서 바울이 얼마나 복음의 탁월성을 확신하고 있는가를 볼 수 있습니다. 베스도는 사회정의 실현에 관심이 많았고 그래서 법을 존중하던 총독으로 전해지고 있습니다. 바울은 그에게 자기의 무죄함을 얘기 한 후(8) 복음이 가지는 법의식을 말함으로(10, 11) 로마의 법의 한계(9)를 뛰어넘는 하나님 나라의 법질서를 증거했습니다. 하나님은 베스도의 결정을 이용해서 드디어 바울에게 로마 선교의 길을 여셨습니다(12).

하나님은 인간의 머리로 '도저히 그 깊이를 헤아릴 수 없으며 결코 실패하는 일이 없는 방책'을 이용하여 목적을 달성하십니다. 내가 먼저 복음의 우월성과 복음의 능력을 확신하고 복음적인 삶을 살 때, 하나님께서 귀하게 쓰시는 복음의 일꾼이 될 수 있다는 교훈을 마음에 새겨야 합니다.

높고 귀하신 주님, 이 시간도 주의 영광을 바라보며 주를 경외합니다. 주의 복음은 세상의 모든 것을 능가하는 탁월성을 지니고 있음을 믿습니다. 복음의 능력을 갖춘 복음의 일꾼으로 살아가게 하옵소서. 하나님의 방책에 우리의 계획, 생각을 온전히 굴복시키게 하옵소서. 우리를 통해 주의 계획이 이뤄지길 원하옵고 예수님의 이름으로 기도드립니다. 아멘.

♪ 262, 281   ▶ 행 25:13~27   년 월 일

총독의 고민

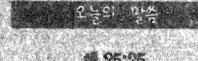

1. 아그립바는 왜 베스도를 찾아왔습니까? (13절)
2. 바울에 대한 베스도의 증언이 무엇입니까? (18, 19절)
3. 총독 베스도의 고민이 무엇입니까? (27절)

우리는 가끔 이러지도 저러지도 못할 입장에 놓이는 경우가 있습니다. 그럴 때 어떻게 합니까? 얼른 친구나 상관을 부르곤 합니다. 우리는 그때 잠시 이렇게 질문해 볼 필요가 있습니다. 누가 과연 이 문제를 가장 잘 알까 하고 하나님 외에 달리 누가 있겠습니까?

베스도 총독은 바울로부터 예수님의 부활과 유대인들의 고소내용에 대한 그의 변호를 다 들었습니다. 베스도 총독은 바울에게서 아무런 죄를 찾지 못하였습니다(25). 그렇다고 바울을 그냥 놔줄 수도 붙잡을 수도 없었습니다. 놓아주면 유대인의 반감을 사게되고 그냥 로마로 보내자니 핑계할 죄목이 없었습니다. 궁리한 끝에 그를 문안차 들린 아그립바 왕을 끌어들여 도움을 청하였습니다.

하나님은 바울을 통해 세상의 부귀영화와 세상 권세를 추구하는 자들이 얼마나 허세를 부리기를 좋아하고 진리보다는 실리의 길을 선택하는 연약한 자인가를 드러내셨습니다. 베스도와 아그립바의 이름은 일반 역사에서도 악명 높은 자로 기록됩니다. 그러나 그들 앞에 미결수로 섰던 바울은 이방인의 빛, 인류의 스승으로 기록됩니다. 잠깐 빛을 발하다 사라지는 찰나적인 삶보다 영원히 사는 길을 택하는 지혜를 가지시길 바랍니다.

진리의 본체이신 하나님, 사람들의 환심을 사려다가 진리를 거역하는 자리에 이르지 않게 하옵소서. 자기 명예, 이권 때문에 진리를 거역하고 허세를 부리는 잘못을 범치 않게 하옵소서. 의로우신 재판장 주 예수를 믿고 끝까지 어려움을 견딜 수 있게 하옵소서. 주님의 뜻을 바로 알고 굳게 서기를 원하옵고 예수님의 이름으로 기도드립니다. 아멘.

♪ 268, 275　　▶ 행 26:1~18

아그립바 앞에서

1. 바울은 아그립바 왕에게 변명하게 된 것을 어떻게 여겼습니까? (2절)
2. 바울은 자신이 심문받는 이유를 뭐라고 설명했습니까? (6절)
3. 바울을 주님은 어떻게 변화시켜 주셨습니까? (18절)

'공격은 최상의 방어'라는 말이 있습니다. '변명'이라는 말은 소극적으로 들립니다. 그것은 자신의 결백함을 증명하려 할 때 흔히 사용하는 표현입니다. 변명의 초점은 당연히 자기 자신이어야 합니다. 그러나 바울은 자신이 처해 있는 상황이 죽느냐 사느냐 하는 위기 상황인데도 그리스도를 증언하는 일에 더 깊은 관심을 갖고 있었습니다.

바울은 예의 있는 태도로 대화를 시작하였습니다(1~3). 그의 말을 인내심 있게 들어달라고 부탁합니다. 그리고 아그립바의 입장에서 복음 증거를 시작했습니다(4~8). 바울은 자기가 하고 싶은 말부터 시작하지 않고 아그립바의 입장에서, 그가 이해할 수 있는 점에서부터 이야기를 시작했습니다. 나아가 바울은 자기가 변화된 사건을 바탕으로 예수의 주 되심을 증거하였습니다(9~18).

처음 만난 사람에게 전도할 때는 하나님께서 어두움 가운데 있는 나에게 어떻게 역사하셔서 빛 가운데로 인도하셨는가 하는 하나님의 권능과 사랑을 간증하는 것이 좋습니다. 복음의 주인공, 부활하신 예수님의 섭리가 있었음을 증거해야 합니다. 여러 말로 증거하되 그 중심은 그리스도의 부활과 십자가여야 합니다.

한 영혼을 천하보다 귀하게 여기시는 하나님, 우리 가슴속에 부활 신앙이 살아 역사하게 하옵소서. 지금도 부활을 믿지 못하고 사단의 권세에 시달리고 있는 영혼들에게 복음을 전하고자 하오니 써 주시옵소서. 한 영혼에 대한 열심을 갖기를 소원합니다. 복음을 증거 할 때 주님께서 우리에게 이루신 크신 권능과 아름다운 덕을 선전할 수 있도록 도와 주시옵소서. 예수님의 이름으로 기도드립니다. 아멘.

♪ 331, 332   ▶ 행 26:19~32   년   월   일

회개에 합당한 일

1. 바울의 메시지는 어떻게 할 것을 말했습니까? (20절)
2. 베스도는 바울을 어떻다고 했습니까? (24절)
3. 바울은 하나님께 무엇을 소원했습니까? (29절)

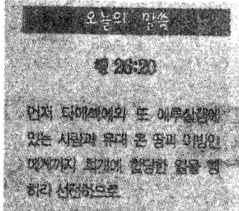

삶과 죽음에 관한 문제라면 아무리 자세히 이야기해도 지나치지 않습니다. 신앙의 가장자리에 서서 기우뚱 거리는 아그립바는 구원을 향한 마지막 걸음을 옮겨 놓으려 하지 않았습니다. 그의 마음은 바울의 이야기에 감동을 받았지만 지적으로 공감한 것뿐이었습니다. 마지막 그는 "거의 믿을 뻔"하였습니다. "~할 뻔한" 신앙은 진정한 믿음이 아님을 알아야 합니다.

바울은 심혈을 기울여 간증한 후 두 가지로 결론을 내렸습니다. 첫째, 하나님께 돌아와 회개에 합당한 일을 행할 것. 둘째, 그리스도가 고난을 받고 십자가에 죽으신 것과 다시 사신 것은 성경의 분명한 예언임. 회개하지 아니할 때 뼈가 녹는 것같은 내적 고통이 따릅니다. 진정 회개하고 십자가의 사죄와 부활을 믿을 때 내 영혼은 소생합니다.

말이 많건 적건 논리적이든 아니든 유식하든 무식하든, 문제는 복음을 받고 그리스도인이 되는데 있습니다. "나는 조금밖에 듣지 못해서" "나는 무식한 자의 전도 밖에 들은 일이 없어서" 믿지 못했다고 하더라도 그런 평계가 하나님께는 용납되지 않습니다. 때로는 우리의 전도가 열매를 거두지 못하고 헛수고만 하는 것처럼 보일지 모르지만 하나님의 뜻에 맡기고 어렵더라도 반응이 없더라도 꾸준히 전도하여야 합니다.

말씀하시는 주님, 진정 주님의 말씀을 받기 원하오니 우리의 모든 교만한 인간적인 생각을 깨뜨려 주옵소서. 이 백성으로 하나님께 돌아와 회개에 합당한 열매를 맺게 하옵소서. 인간적인 생각에 찌들어 복음을 영접하지 않는 자가 없게 하옵소서. 우리에게 확신을 주사 힘있게 복음을 증거하는 자가 되게 하여 주옵소서. 예수님의 이름으로 기도드립니다. 아멘.

♪ 503, 422　　▶ 행 27:1~12

로마를 향하여

1. 바울의 신변을 보호할 임무를 띤 사람이 누구입니까? (1절)
2. 율리오는 바울에게 어떻게 하였습니까? (3절)
3. 백부장이 누구의 말을 더 신뢰했습니까? (11절)

유대 나라에서 로마까지의 길은 너무나 먼 길입니다. 교통이 이처럼 발달된 오늘날도 용이한 일이 아니며 막대한 여비가 들어야 하는데 하물며 바울 당시는 얼마나 어려웠겠습니까? 하나님은 무료로 호위병까지 대동시키고 로마까지 보내셨고 또한 도중에 전도까지 하면서 가게 하셨습니다.

사도 바울은 악의와 반발심이 가득 찬 무리들이 살펴봐도 죄목은 없었습니다. 로마 식민지 이스라엘의 한 청년으로 로마 황제 가이사의 재판을 받으러 가는 것을 인간적으로 생각할 때 슬픈 일이 될지 모르겠습니다. 그러나 그렇지 않습니다. 하나님은 약한 자를 들어 강한 자를 부끄럽게 하시며 (고전 1:27, 28) 더 나아가 세계 만민을 구속하시려는 뜻이 있었던 것입니다(롬 8:21, 22).

우리가 어떤 처지에 있든지 하나님은 우리에게 크신 뜻을 두고 계십니다. 우리는 무슨 문제든지 하나님의 종의 의견을 듣기도 하며 또 성경을 읽고 기도하는 중에 하나님의 뜻을 찾는 것이 좋습니다. 우리가 어려운 일이 생길 때 지혜로우신 하나님께 맡기면 주님께서 모든 일을 빈틈없고 편안하게 처리해 주실 것입니다.

살아계신 하나님, 하나님의 말씀보다 우리의 경험이나 지식을 앞세우지 말게 하시고 조용히 주님의 섭리를 기다리는 자세를 갖게 하옵소서. 우리로 어떤 형편, 어떤 처지에서나 주님을 깊이 사랑할 수 있게 하옵소서. 우리에게 무엇보다 영적인 문제가 바로 되기를 원합니다. 영적 지도자의 조력을 받게 하시고 영적인 문제를 신중히 처리할 수 있는 분별력을 주옵소서. 예수님의 이름으로 기도드립니다. 아멘.

♪ 461, 462　　　▶ 행 27:13~26

하나님을 믿노라

1. 섬 가운데로 어떤 광풍이 불었습니까? (13절)
2. 바울이 사람들에게 용기를 촉구한 말이 무엇입니까? (22, 25절)
3. 바울이 하나님의 사자로부터 받은 약속이 무엇입니까? (24절)

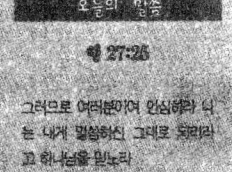

우리는 우리에게 주어진 감각을 사용함으로 물질 세계를 이해할 수 있습니다. 마찬가지로 우리는 성령의 주장하심을 따라 사용하기만 한다면 하나님을 알 수 있는 영적인 감각 기능을 가지고 있습니다. 그러나 거듭나지 않는 사람들이 가지고 있는 영적인 감각기능은 아직 깨어나지 않는 것과 마찬가지입니다. 그 기능들은 거듭난 후 성령님이 이끄셔야만 비로소 제 구실을 다할 수 있습니다.

광풍에 밀려 무척 고생만 하고 짐은 바다에 버리고 그래도 안 되어서 이젠 살지 못할 것으로 생각하고 낙심천만이었습니다(20). 이럴 때 어떻게 해야 합니까? 하나님을 믿는 바울을 보십시오. 타고 가던 배까지 다 잃어 버리게 되고 겨우 목숨만 건지게 되었지만 그 무서운 풍랑을 주장하시는 분은 하나님이십니다. 그래서 바울은 안심할 수 있었습니다. 그는 하나님의 인도를 믿고 안심했습니다(25).

모든 역경 가운데서 하나님을 믿는 믿음을 명백하게 선언한 그 사람은 다른 사람들로 하여금 하나님께서 과연 그들을 구원하시는지 지켜보도록 했으며, 그 가운데서도 승리를 쟁취하였습니다. 왜냐하면, 하나님께서는 결코 실패하지 않으시기 때문입니다. "나는 하나님을 믿는다" 이것이 여러분의 고백이 되시기 바랍니다.

자연을 다스리시는 하나님, 우리 인생 항로에 찾아오는 폭풍우를 잔잔케 하옵소서. 풍우대작 할 때도 안심할 수 있는 믿음을 주옵소서. 풍랑을 만나는 것보다 풍랑을 지배하시는 하나님의 음성을 듣지 못하는 것을 더 무서워 하게 하옵소서. 기술과 금력과 권력만 의지하는 불신앙의 자리에 빠지지 않게 하옵소서. 예수님의 이름으로 기도드립니다. 아멘.

♪ 427, 429　　▶ 행 27:27~44

276명의 구조

1. 배의 사공들이 어떻게 하고자 했습니까? (30절)
2. 바울은 뭐라고 역설하였습니까? (34절)
3. 하나님의 약속대로 결과가 어떻게 되었습니까? (44절)

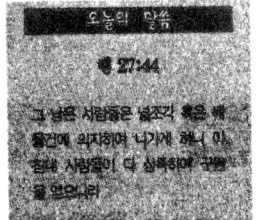

어느 곳에나 리더감은 많습니다. 그러나 '리더쉽'은 거의 없습니다. 사도 바울은 자신과 일행들이 어떤 상황에 처해 있는가 하는 사실을 잘 깨닫고 있었습니다. '리더쉽'을 발휘하려면 현재 나와 내 동료들이 어떤 처지에 있으며, 어떤 난관에 부딪치고 있는가 하는 상황판단을 잘 해야 합니다.

하나님을 의지하는 자는 어디에 가든지 지도자가 될 수 있습니다. 하나님의 솜씨를 뼈저리게 체험한 276명의 식구들은 이제 바울의 지시만을 따를 수밖에 없었습니다. 백부장도 바울의 지시를 따르게 되었으니 바울이 진짜 선장이요 백부장인 셈입니다. 31절에서 바울의 첫 지시가 순종되었고 식사하라는 지시와 하나님께 기도하자는 말에도 다 순종하게 되었습니다(35). 다음 날 아침 모두가 무사히 육지에 상륙할 수 있었습니다.

자연도 우리의 생명도 모두가 하나님의 손에 달려 있습니다. 그 누가 거역할 수 있으며 스스로의 힘으로 살거나 죽거나 할 수 있습니까? 하나님을 의지하고 내 생명과 직업과 학업 등 모두를 그분에게 일임합시다. 풍랑과 파도를 지으신 하나님이 내게 다가오셔서 말씀하시는 음성을 들읍시다. 주 앞에 이 고난을 아뢰는 기도를 드립시다. 이렇게 늘 하나님을 신뢰하며 살아가시기를 바랍니다.

생명과 평강의 길로 인도하시는 하나님, 주께서는 우리가 처한 상황을 통해 우리를 만들어 가시는 하나님이심을 믿습니다. 우리가 먼저 하나님의 통치와 인도하심을 철저히 받아 사람들 앞에 서는 지도자가 되게 하옵소서. 우리의 생사화복이 주의 손에 있음을 믿고 오직 주만 신뢰하게 하옵소서. 예수님의 이름으로 기도드립니다. 아멘.

♪ 94, 363　　▶ 행 28:1~10　　　　년　월　일

토인들의 친절

1. 바울 일행이 구원받아 상륙한 섬이 어디입니까? (1절)
2. 사람들이 바울을 보고 누구라 하였습니까? (6절)
3. 바울은 어떻게 병자를 고쳤습니까? (8절)

오늘의 말씀
행 28:10
후한 예로 우리를 대접하고 떠날 때에 우리 쓸 것을 배에 올리더라

우리는 조금만 어려운 일에 부딪치면 인과 보응의 원리로 해석할 때가 많습니다. 어려운 일은 모두가 하나님의 벌이라고 오해하는 경향이 많은데 이는 잘못된 생각입니다. 그래서 낙심하기도 하고 회의에 빠지기도 하고 귀중한 하나님의 뜻을 놓칠 때가 많습니다. 또는 형제를 정죄하는가 하면 신이라고 높여주어서 교주로 모시는 무서운 죄악까지 범하고 있는 경우도 봅니다.

파선으로 죽음 직전에서 한 섬에 상륙하니 그 섬의 이름은 멜리데요, 그 곳에는 토인들이 살고 있었습니다. 바울은 이곳에서 두 가지 사건을 통하여 하나님의 능력을 나타내 토인들을 돕고 석 달 동안이나 그 많은 식구들이 대접을 받고 배와 쓸 것을 얻어 로마에 들어가게 되었습니다.

하나님께서는 우리를 통해 그분의 은혜와 능력을 나타내시기 위하여 종종 우리에게 고난이 임하는 것을 허용하십니다. 우리들 각자의 삶 속에서도 우리를 무는 독사들이 있습니다. 하나님의 도우심을 받아 우리는 그 독사들을 떨어버릴 수가 있습니다. 그 독사들은 부정적, 세상적, 절제하지 않은 감정, 미움, 방종 등입니다. 이런 것들에 대하여 그리스도께 간구하십시오. 그분이 여러분을 자유롭게 해 주실 수 있습니다. 여러분 자신의 힘으로는 실패하겠지만, 유혹받을 때에 그분께서 여러분을 구원해 주실 것입니다.

만병의 의사이신 주님, 우리를 악한 질병과 시험, 고난에서 건져 주옵소서. 우리에게는 독사와 같은 요소가 있습니다. 이것이 우리를 괴롭히고 있사오니 주님의 능력과 권세로 이 독사를 제하여 주옵소서. 주 안에서 낙심하지 않고 살아가기를 원하옵고 예수님의 이름으로 기도드립니다. 아멘.

♪ 268, 316　　▶ 행 28:11~21　　　년　월　일

로마에 들어가니

1. 바울이 누구의 배를 타고 갔습니까? (11절)
2. 무엇이 바울을 위로하고 담대하게 하였습니까? (15절)
3. 바울이 어떤 허락을 받았습니까? (16절)

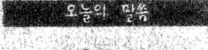
행 28:16
우리가 로마에 들어가니 바울은 자기를 지키는 한 군사와 함께 따로 있게 허락하더라

로마는 전 세계의 식민지와 직접 통하도록 군사 대로를 만들어 놓았습니다. 그 중 압비오와 삼관을 거쳐 로마로 들어가는 이 길도 개선장군이 포로들을 이끌고 입성하던 길입니다. 그 길에 바울 사도가 오늘 입성하는 것입니다(15).

바울은 하나님의 도우심으로 드디어 로마에 도착하게 되었습니다. 와서 보니 형제들이 바울을 맞으러 나와 있었습니다. 그들을 본 바울의 심정이 어떻했을까요? 바울은 하나님께 감사기도 드렸습니다. 그리고 담대한 마음을 얻었습니다. 주님의 종들은 아무리 세상적으로 힘든 일이 많아도 형제들의 기도와 격려와 사랑으로 위로 받고 힘을 얻어 주님의 일을 합니다.

바울이 로마를 중심으로 세계 복음화를 이룩할 수 있었던 것은 바울 한 사람이 뛰어난 영웅적인 행동 때문만은 아니라는 사실을 기억하시길 바랍니다. 바울과 함께 세계 복음화의 꿈을 가슴에 안고 땀흘리며 수고했던 그리고 한 목숨을 위해서 목숨이라도 내어 놓을 수 있었던 이름 없는 사람들의 그 절대적인 헌신이 바로 세계 복음화의 추진력이라는 사실입니다. 한국을 복음화하고 나아가 세계 선교에 우리의 온 힘을 모읍시다.

갈 길을 밝히시는 주님, 우리가 주님가신 길을 따르기를 원합니다. 주께서 도우시면 우리 갈길을 힘있게 걸어갈 수 있을 것을 믿습니다. 복음 안에는 능력이 있음을 믿습니다. 이 복음을 들고 나갈 때 복음의 위력이 나타나게 하옵소서. 주신 복음을 증거하기 위해 우리 모두 힘과 뜻을 모으게 하옵소서. 복음화의 목표 앞에 주저하거나 망설이지 않게 하옵소서. 예수님의 이름으로 기도드립니다. 아멘.

♪ 274, 276　　▶ 행 28:22~31

셋집에서

1. 바울은 로마에서 어떻게 복음역사를 감당합니까? (23절)
2. 바울의 가르침에 대한 반응이 어떠합니까? (24)
3. 사도행전의 마지막 모습이 어떠합니까? (31절)

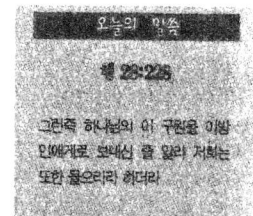

전도할 때마다 유의할 것은 내 지식에 근거한 논쟁이나 철학이론이나 설교보다 성경을 통한 전도가 효과적임을 명심할 일입니다. 성령의 도우심을 간구하면서 성경을 직접 읽게 하고 성경을 풀어 이야기하여 줍시다.

이스라엘의 소망을 인하여 쇠사슬의 대사가 된 사도 바울은 어디에서 무슨 일을 했습니까? 그는 셋집에서 성경을 가르쳤습니다. 귀가 뚫리지 않아 알아듣지 못하지만 성경을 풀어, 주 예수를 아침부터 저녁까지 가르쳤습니다. 셋집에서 몇 사람을 모아 놓고 성경을 가르친 이 일이 지극히 미미하게 보이지만 사실 큰 댐에 구멍을 내는 것과 같은 위대한 도전입니다.

바울은 쇠사슬에 매인 죄수였지만 그 심령 심비에 쓰여져 있는 복음은 매이지 않았습니다. 결국 그 속에 로마와 세계를 정복하는 위력이 숨겨져 있었던 것입니다. 사도행전은 바울의 로마 전도 서론만을 소개하고 갑자기 끝을 맺습니다. "담대히 하나님 나라를 전파하며 주 예수 그리스도께 관한 것을 가르치되 금하는 사람이 없었더라." 결론이 없습니다. 왜냐하면 사도행전 역사는 아직도 계속 되고 있기 때문입니다. 아직 끝나지 않은 복음 역사에 대열에 나는 어떻게 참여해야 할까요?

성경을 주신 하나님, 이 말씀으로 교훈, 책망, 바르게 함, 의로 교육받게 하심을 감사드립니다. 성경을 잘 풀 수 있게 하시고 성경의 중심이신 그리스도를 찾고, 만나고, 전하게 하옵소서. 우리 가운데 사도행전 역사가 계속 되기를 소원합니다. 우리가 완성시켜야 할 복음의 부분을 힘있게 감당케 하옵소서. 우리 교회가 바울의 셋집이 되기를 원하옵고 예수님의 이름으로 기도드립니다. 아멘.

새벽강단 8 <누가복음~사도행전>

1판 1쇄 발행	1997. 12. 1.
1판 10쇄 발행	2017. 9. 1.

엮은이	김원태
펴낸이	박성숙
펴낸곳	도서출판 예루살렘
주소	(10252) 경기도 고양시 일산동구 고봉로 776-92
전화ㅣ팩스	031)976-8972, 976-8973 ㅣ 031)976-8974
이메일	jerusalem80@naver.com
출판등록	1980년 5월 24일(제 16-75호)

ISBN 978-89-7210-231-1 03230
책값 뒤표지에 있습니다.

ⓒ 이 출판물은 저작권법에 의해 보호를 받는 저작물이므로
무단 전재와 복제를 할 수 없습니다.

도서출판 예루살렘은 하나님을 사랑하며 하나님 말씀대로 순종하며 살기를 원하는
청소년, 성도, 목회자들을 문서로 섬기며 이를 위하여 기도하며 정성을 다하여
모든 사역과 책을 기획, 편집, 출판하고 있습니다.

오직 성령이 너희에게 임하시면 너희가 권능을 받고
예루살렘과 온 유대와 사마리아와 땅끝까지 이르러 내 증인이 되리라(행 1:8)

• 설교사전 시리즈 •

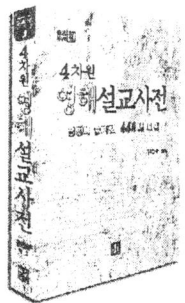

설교사전시리즈 ❶
4차원 영해설교사전
편집부 엮음

444편의 설교가 가나다라 순으로 정리되어 필요한 내용을 뽑아 쓸 수가 있으며, 책을 펼친 한 면에 설교가 한 편씩 들어가도록 편집하였다. 신구약 성경에서 네 가지와 연관된 것만 뽑았으며, 각각 다른 4개의 대지가 관계 성경 구절과 함께 명시되어 있다.

설교사전시리즈 ❷ ❸
새설교사전 상/하
윤도중 편저

각 주제별 가나다라 순으로 총 500여편의 설교가 들어있다. 한 편의 설교마다 각종 십계명, 예화, 해설, 명상 등의 자료들이 충분하게 들어가 있기 때문에 풍성한 설교를 도와줄 것이다.

설교사전시리즈 ❹ ❺
주제별용어설교사전 상/하
편집부 엮음

이 책은 성경에 나타난 용어를 풀이하여 설교에 도움이 되도록 기획된 설교사전이다. 주제별로 나누어진 설교 제목과 본문을 기본 틀로 하여 다양하게 설교에 활용할 수 있도록 많은 자료와 용어 해설이 들어 있다.

설교사전시리즈 ❻ ❼
성경인명설교사전 상/하
편집부 엮음

이 책은 성경에 기록된 성경 인물 가운데 성도들에게 신앙적 귀감이 되거나 경계로 삼아야 할 인물을 엄선하여 기획된 설교사전이다. 상권은 121명에 대한 핵심설교 428편, 하권은 85명에 대한 핵심설교 428편으로 구성되어 있으며, 각종 설교자료의 노하우를 총망라한 대작으로 평가되고 있다.

핵심요약 심방설교 (1~3)

편집부 엮음

약 100편의 주제로 분류하여 500여 편의 설교자료를 편집하였다. 설교자에게 실제로 필요한 내용과 구성으로 큰 도움을 줄 것이다. 참고자료가 풍부하여 응용하기에 좋다. 1권은 핵심요약 심방설교, 2권은 핵심요약 새심방설교, 3권은 최신 심방설교로 구성되어 있다.

피종진 목사 능력요약설교 (1~5)

피종진 지음

구원의 확신과 성령의 뜨거운 능력을 체험하는 축복의 말씀을 요약하여 창세기부터 요한계시록까지 정리하였다. 목회자, 부흥사, 전도사, 신학생은 물론 평신도에까지 말씀이 능력됨을 깨닫게 해 줄 것이다.

설교자료뱅크 (1~3)

편집부 엮음

방대한 설교자료들을 주제별로 분류하여 설교 내용을 찾기 쉽도록 편집하였다. 주일 예배 외에도 심방, 기도회, 기관모임 등의 설교에서도 활용할 수 있다. 총 3권으로 되어 있으며 더 많은 자료를 빠른 시간 안에 참고하도록 각 권이 서로 연결되어 풍부한 설교를 준비할 수 있다.

새벽강단 (1~10)

김원태 외 2명 지음

성경 66권의 풍성한 생명의 양식을 나누라!

매일 예배를 드릴 수 있도록 간결하면서도 주제가 있는 설교들이 들어있다. 새벽기도 외에도 여러가지 예배와 소규모 모임에도 함께 나눌 수 있는 묵상을 준다. 구역예배와 큐티에도 활용할 수 있어서 꾸준하게 성도들에게 사랑받는 설교집이다.